今注本二十四史

晋書

二二

傳〔一二〕

唐 房玄齡等 撰

梁滿倉 主持校注

中国社会科学出版社

晋書　卷九六

列傳第六十六

烈女

夫三才分位，[2]室家之道克隆；二族交歡，貞烈之風斯著。振高情而獨秀，魯册於是飛華；[3]挺峻節而孤標，[4]周篇於焉騰茂。[5]徽烈兼劭，柔順無愆，隔代相望，諒非一緒。然則虞興嬀汭，[6]夏盛塗山，[7]有娀、有娎廣隆殷之業，[8]大姙、大姒衍昌姬之化，[9]馬鄧恭儉，[10]漢朝推德，宣昭懿淑，[11]魏代揚芬，斯皆禮極中闈，[12]義殊月室者矣。至若恭姜誓節，[13]孟母求仁，[14]華率傅而經齊，[15]樊授規而霸楚，[16]譏文伯於奉劍，[17]讓子發於分菽，[18]少君之從約禮，[19]孟光之符隱志，[20]既昭婦則，且擅母儀。子政緝之於前，[21]元凱編之於後，[22]具宣閨範，有裨陰訓。故上從泰始，下迄恭安，一操可稱，一藝可紀，咸加撰録，爲之傳云。或位極后妃，或事因夫子，各隨本傳，今所不録。在諸僞國，暫阻王猷，天下之善，[23]足以懲勸，亦同搜次，附于篇末。

[1]苻堅：苻，原本卷首目録作“符”，宋本、殿本目録作“苻”，據原本總目録及其載記、宋本、殿本改，本卷下文此姓字同。“吕紹妻張氏”，原本卷首目録無，總目録列爲主傳人名，據正文及中華本目録改爲附傳人名。

[2]三才：天地人。

[3]魯冊：指《春秋》。

[4]孤標：標，宋本作“摽”。

[5]周篇：指《逸周書》。

[6]嬀汭：位於今山西省永濟市南，嬀水入黄河之口。

[7]塗山：山名。位於今安徽省懷遠縣東南，淮河東岸，又名當塗山。《左傳·哀公七年》：“禹合諸侯於塗山，執玉帛者萬國。”杜預注：“塗山在壽春東北。”

[8]有娀：殷人先祖契的母族。《史記》卷三《殷本紀》：“殷契，母曰簡狄，有娀氏之女，爲帝嚳次妃。三人行浴，見玄鳥墮其卵，簡狄取吞之，因孕生契。”娀，原本、宋本、殿本作“娥”，據

中華本改。　有娎：商湯之妃。《列女傳·母儀傳》："湯妃有娎者，有娎氏之女也。殷湯娶以爲妃，生仲壬、外丙，亦明教訓，致其功。有娎之妃湯也，統領九嬪，後宫有序，咸無妒媢逆理之人，卒致王功。"

[9]大姙：即太妊，又作太任，周文王之母。《列女傳·母儀傳》："太任者，文王之母，摯任氏中女也。王季娶爲妃。太任之性，端一誠莊，惟德之行。及其有娠，目不視惡色，耳不聽淫聲，口不出敖言，能以胎教。溲於豕牢，而生文王。"殿本作"太任"。　大姒：即太姒，周武王之母。《列女傳·母儀傳》："太姒者，武王之母，禹後有莘姒氏之女，仁而明道。文王嘉之，親迎於渭，造舟爲梁。及入，太姒思媚太姜、太任，旦夕勤勞，以進婦道。太姒號曰文母，文王治外，文母治内。"

[10]馬：馬皇后，東漢明帝馬皇后，扶風茂陵（今陜西省興平市東北）人，馬援小女。十三歲入太子劉莊宫。劉莊即位，封爲貴人，後立爲皇后。因無子，撫養皇子劉炟。每與明帝言及政事，多所補益。曾勸明帝寬宥，使楚王之獄免多冤濫。性恭敬節儉，章帝即位後，爲皇太后，勸誡章帝封爵諸舅。　鄧：鄧皇后，東漢和帝鄧皇后，名綏，南陽新野（今河南省新野縣）人，鄧禹孫女。永元七年（95）入宫，八年封爲貴人，十四年立爲皇后。和帝亡後，臨朝聽政近二十年。爲政寬簡，不尚奢華，在位期間多德政。

[11]宣昭懿淑：宣昭指司馬懿夫人張春華。懿淑，婦德美善。

[12]中闈：后妃所居内宫。

[13]恭姜誓節：恭姜，人名，春秋衛世子恭伯（一作共伯）之妻。《詩·鄘風·柏舟序》："《柏舟》，共姜自誓也，衛世子共伯早死，其妻守義，父母欲奪而嫁之，誓而弗許，故作是詩以絶之。"

[14]孟母求仁：孟軻年少時，家離墓地很近，常嬉游爲墓間之事。孟母曰："此非吾所以居處子。"乃去，舍市傍。孟子又嬉戲爲賈人衒賣之事。孟母又曰："此非吾所以居處子也。"復徙舍學宫之傍。其嬉游乃設俎豆，揖讓進退。孟母曰："真可以居吾子矣。"遂

居。事見《列女傳·母儀傳》。

[15]華率傅而經齊：華，齊孝公之夫人孟姬，華氏之長女。好禮貞壹，過時不嫁。齊國内有名的貞節女。孝公聞之，乃修禮親迎之爲妻。後華孟姬隨孝公出游，車奔，姬墮車毁，孝公派人用駟馬立車載華孟姬以歸。姬使侍御者舒帷以自障蔽，而使傅母應使者曰："妾聞妃后逾閾必乘安車輜軿，下堂必從傅母保阿。進退則鳴玉環佩，内飾則結紐綢繆，野處則帷裳擁蔽。所以正心壹意，自歛制也。今立車無軿，非所敢受命也。野處無衛，非所敢久居也。三者失禮多矣。夫無禮而生，不若早死。"使者馳以告公，孝公更派安車。等到使者返回時，華孟姬已經上吊了，多虧傅母救之没有死。傅母曰："使者至，輜軿已具。"姬氏蘇，然後乘而歸。事見《列女傳·貞順傳》。

[16]樊授規而霸楚：樊，楚莊王之夫人樊姬。莊王即位，好狩獵。樊姬諫，不止，乃不食禽獸之肉，王改過，勤於政事。莊王曾聽朝罷晏，告訴樊姬自己與賢人談話而忘記了疲勞與飢餓。樊姬聽説這個賢人是虞邱子，便勸莊王説虞邱子賢則賢矣，但不是忠臣。因爲他相楚十餘年，所薦非子弟則族昆弟，未聞進賢退不肖，是蔽君而塞賢路。知賢不進是不忠，不知其賢是不智。莊王便改任孫叔敖爲令尹。治楚三年，而莊王以霸。楚史書曰："莊王之霸，樊姬之力也。"事見《列女傳·賢明傳》。

[17]譏文伯於奉劍：魯季敬姜訓子文伯之事。魯季敬姜，莒女也，號戴己，魯大夫公父穆伯之妻，文伯之母，季康子之從祖叔母。博達知禮。穆伯先死，敬姜守寡養子。文伯出學而還歸，敬姜側目而盼之，見其友上堂，從後階降而却行，奉劍而正履，若事父兄。文伯自以爲成人矣。敬姜召而數之曰："昔者武王罷朝，而結絲袜絶，左右顧，無可使結之者，俯而自申之，故能成王道；桓公坐友三人，諫臣五人，日舉過者三十人，故能成伯業；周公一食而三吐哺，一沐而三握髮，所執贄而見於窮閭隘巷者七十餘人，故能存周室。彼二聖一賢者，皆霸王之君也，而下人如此。其所與游

者，皆過己者也，是以日益而不自知也。今以子年之少而位之卑，所與游者，皆爲服役，子之不益，亦以明矣。”文伯乃謝罪。事見《列女傳·母儀傳》。

[18]讓子發於分菽：子發受母親責備之事。子發爲春秋楚國大將，率軍攻秦，糧食吃完了，派人向楚王請求軍糧，藉此讓使者看望自己的母親。子發的母親從使者那裏聽説軍中無糧，士兵們都分菽粒而食，而將軍豢養的牲畜都朝夕吃黍粱。當子發得勝而歸，其母親却閉門而不見他，並派人責備子發説：“子不聞越王句踐之伐吴？客有獻醇酒一器，王使人往江之上流，使士卒飲其下流，味不及加美，而士卒戰自五也。異日，有獻一囊糗糒者，王又以賜軍士，分而食之，甘不逾嗌，而戰自十也。今子爲將，士卒并分菽粒而食之，子獨朝夕芻豢黍粱，何也？《詩》不云乎：‘好樂無荒，良士休休。’言不失和也。夫使人入於死地，而自康樂於其上，雖有以得勝，非其術也。子非吾子也，無入吾門。”子發於是向母親承認錯誤，然後才被接納。事見《列女傳·母儀傳》。

[19]少君之從約禮：少君，東漢鮑宣妻，字少君。《後漢書》卷八四《列女傳》：鮑宣曾“就少君父學，父奇其清苦，故以女妻之，裝送資賄甚盛。宣不悦，謂妻曰：‘少君生富驕，習美飾，而吾實貧賤，不敢當禮。’妻曰：‘大人以先生修德守約，故使賤妾侍執巾櫛。既奉承君子，唯命是從。’”於是悉歸侍御服飾，改穿短布裳，與宣共挽鹿車歸鄉里。拜姑禮畢，提甕出汲。修行婦道，鄉邦稱之。

[20]孟光之符隱志：《後漢書》卷八三《逸民傳》：東漢人梁鴻，風節高尚，權勢之家慕其高節，多欲以女妻之，梁鴻不娶。同縣孟氏有女，狀肥醜而黑，聲言欲嫁梁鴻這樣的賢人。梁鴻聞而娉之。孟氏女始嫁，盛妝入門，梁鴻七日不予理睬。孟氏女問何故，梁鴻説：“吾欲裘褐之人，可與俱隱深山者爾。今乃衣綺縞，傅粉墨，豈鴻所願哉？”孟氏女説：“以觀夫子之志耳。妾自有隱居之服。”乃更爲椎髻，著布衣，操作而前。梁鴻大喜曰：“此真梁鴻妻

也。能奉我矣！”字之曰德曜，名孟光。符，宋本作“苻”。

[21]子政：劉向，字子政，西漢沛郡豐（今江蘇省豐縣）人，楚元王四世孫。曾任諫大夫、散騎宗正給事、光禄大夫等職。撰有《五經通義》《洪範五行傳》等，均已佚。另撰有《列女傳》《説苑》《新序》等存世。

[22]元凱：杜預，字元凱，本書卷三四有傳。

[23]天下之善：天，宋本作“大”。

羊耽妻辛氏

羊耽妻辛氏，字憲英，隴西人，[1]魏侍中毗之女也。[2]聰朗有才鑒。初，魏文帝得立爲太子，抱毗項謂之曰：“辛君知我喜不？”毗以告憲英，憲英嘆曰：“太子，代君主宗廟社稷者也。代君不可以不戚，主國不可以不懼，宜戚而喜，何以能久！魏其不昌乎？”

[1]隴西：郡名，治所原在狄道縣（今甘肅省臨洮縣），曹魏時徙治襄武縣（今甘肅省隴西縣東南）。

[2]侍中：官名，東漢建安中與給事黄門侍郎出入禁中，省尚書事。曹魏時爲門下之侍中省長官，常侍衛皇帝左右，掌顧問應對、諫諍糾察、平議奏事、駁奏異議等，權力甚重。三品。　毗：辛毗，三國時潁川陽翟（今河南省禹州市）人，字佐治。先爲袁紹屬下，後歸順曹操。歷任議郎、丞相長史、侍中、衛尉等職。

弟敞爲大將軍曹爽參軍，[1]宣帝將誅爽，因其從魏帝出而閉城門，爽司馬魯芝率府兵斬關赴爽，[2]呼敞同去。敞懼，問憲英曰：“天子在外，太傅閉城門，[3]人云將不利國家，於事可得爾乎？”憲英曰：“事有不可知，然以吾度之，太傅殆不得不爾。明皇帝臨崩，把太傅臂，屬以後事，此言猶在朝士之耳。且曹爽與太傅俱受寄託之任，而獨專權勢，於王室不忠，於人道不直，此舉不過以誅爽耳。”敞曰：“然則敞無出乎？”憲英曰：“安可以不出！職守，人之大義也。凡人在難，猶或恤之；爲人執鞭而棄其事，不祥也。且爲人任，爲人死，親昵之職也，汝從衆而已。”敞遂出。宣帝果誅爽。事定後，敞嘆曰：“吾不謀於姊，幾不獲於義！”

[1]大將軍：官名，高級軍事統帥。曹魏時多以之屯駐長安，對付蜀漢，蜀漢以其爲最高軍事長官，孫吴則别置上大將軍居其上。西晋時爲八公之一，位居上公、大司馬下，三公之上。東晋時常專擅軍政事務。一品。　曹爽：三國時沛國譙縣（今安徽省亳州市）人，字昭伯，曹真子。明帝死，受遺詔與司馬懿共同輔政。後與司馬懿争權，爲司馬懿所殺。　參軍：官名，亦作參軍事，謂參謀軍事。兩晋公府、軍府皆置。

[2]司馬：官名，此指大將軍府司馬。大將軍府的高級幕僚，掌參讚軍務、管理府内武職，位僅次於長史。六品。　魯芝：字世英，本書卷九〇有傳。

[3]太傅：官名，晋爲八公之一。位上公，太宰之下、太保之上。一品。

其後鍾會爲鎮西將軍，[1]憲英謂耽從子祜曰：[2]“鍾士季何故西出？”祜曰：“將爲滅蜀也。”憲英曰：“會在事縱恣，非持久處下之道，[3]吾畏其有他志也。”及會將行，請其子琇爲參軍，[4]憲英憂曰：“他日吾爲國憂，今日難至吾家矣。”琇固請於文帝，帝不聽。憲英謂琇曰：

“行矣，戒之！古之君子入則致孝於親，出則致節於國；在職思其所司，在義思其所立，不遺父母憂患而已。軍旅之間可以濟者，其惟仁恕乎！”[5]會至蜀果反，琇竟以全歸。祜嘗送錦被，憲英嫌其華，反而覆之，其明鑒儉約如此。泰始五年卒，年七十九。

[1]鍾會：三國時潁川長社（今河南省長葛市東）人，字士季。鍾繇之子。歷任秘書郎、尚書郎、中書侍郎、黄門侍郎、司隸校尉等職。破蜀後因與姜維謀叛，失敗被殺。　鎮西將軍：官名，與鎮東、鎮南、鎮北將軍合稱四鎮將軍。多爲持節都督，出鎮方面。曹魏二品。晉改三品，加持節都督者二品。

[2]耽從子祜：羊祜，字叔子，本書卷三四有傳。

[3]非持久處下之道：持，原本作“特”，宋本、殿本作“持”，據宋本、殿本改。

[4]琇：羊琇，字稚舒，本書卷九三有傳。

[5]其惟仁恕乎：惟，宋本、殿本作“唯”。

杜有道妻嚴氏

杜有道妻嚴氏，字憲，京兆人也。[1]貞淑有識量。年十三，適于杜氏，十八而嫠居。子植、女韡並孤藐，[2]憲雖少，誓不改節，撫育二子，教以禮度，植遂顯名於時，韡亦有淑德，傅玄求爲繼室，[3]憲便許之。時玄與何晏、鄧颺不穆，[4]晏等每欲害之，時人莫肯共婚。及憲許玄，内外以爲憂懼。或曰：“何、鄧執權，必爲玄害，亦由排山壓卵，以湯沃雪耳，奈何與之爲親？”憲曰：“爾知其一，不知其他。晏等驕侈，必當自敗，司馬太傅獸睡耳，吾恐卵破雪銷，行自有在。”遂與玄爲婚。晏等尋亦爲宣帝所誅。植後爲南安太守。[5]

[1]京兆：郡名，治所在長安縣（今陝西省西安市西北）。

[2]女韡：韡，原本作"韡"，宋本、殿本作"韡"，據宋本、殿本改。本卷下文此人名同。

[3]傅玄：字休奕，本書卷四七有傳。

[4]何晏：三國魏南陽宛（今河南省南陽市）人，字平叔，玄學家。曹爽親信，官至尚書，典選舉，司馬懿政變後被殺。　鄧颺：三國時南陽新野（今河南省新野縣）人，字玄茂。歷任曹魏尚書郎、洛陽令、潁川太守、大將軍長史、侍中、尚書等職。曹爽親信，司馬懿政變後被殺。

[5]南安：郡名，治所在獂道縣（今甘肅省隴西縣東南）。

植從兄預爲秦州刺史，[1]被誣，[2]徵還，憲與預書戒之曰："諺云：忍辱至三公。卿今可謂辱矣，能忍之，公是卿坐。"[3]預後果爲儀同三司。[4]玄前妻子咸年六歲，[5]嘗隨其繼母省憲，謂咸曰："汝千里駒也，必當遠至。"以其妹之女妻之。咸後亦有名於海内。其知人之鑒如此。年六十六卒。

[1]秦州：治所在冀縣（今甘肅省甘谷縣東）。

[2]被誣：據本書杜預本傳，杜預任秦州刺史，領東羌校尉、輕車將軍、假節。屬虜兵强盛，石鑒時爲安西將軍，使預出兵擊之。預以虜乘勝馬肥，而官軍懸乏，宜並力大運，須春進討，陳五不可、四不須。鑒大怒，復奏預擅飾城門官舍，稽乏軍興，遣御史檻車徵詣廷尉。被誣即指此。

[3]公是卿坐：中華本校勘記："《御覽》五一三引'公'上有

‘三’字。”

[4]儀同三司：官名，即開府儀同三司。三國魏始置。爲大臣加號，意謂與太尉、司徒、司空三司待遇相同，許開設府署，任命僚屬。

[5]玄前妻子咸：傅咸，字長虞，本書卷四七有傳。

王渾妻鍾氏

王渾妻鍾氏，[1]字琰，潁川人，[2]魏太傅繇曾孫也。[3]父徽，黄門郎。[4]琰數歲能屬文，及長，聰慧弘雅，博覽記籍。美容止，善嘯咏，禮儀法度爲中表所則。[5]既適渾，生濟。[6]渾嘗共琰坐，濟趨庭而過，渾欣然曰：“生子如此，足慰人心。”琰笑曰：“若使新婦得配參軍，生子故不翅如此。”[7]參軍，謂渾中弟淪也。琰女亦有才淑，爲求賢夫。時有兵家子甚俊，[8]濟欲妻之，白琰，琰曰：“要令我見之。”濟令此兵與群小雜處，琰自幃中察之，既而謂濟曰：“緋衣者非汝所拔乎？”濟曰：“是。”琰曰：“此人才足拔萃，然地寒壽促，不足展其器用，不可與婚。”遂止。其人數年果亡。琰明鑒遠識，皆此類也。

[1]王渾：字玄冲，本書卷四二有傳。

[2]潁川：郡名，治所在許昌縣（今河南省許昌市東）。潁，原本、宋本作“穎”，殿本作“潁”，據殿本改。本卷下文此地名同。

[3]魏太傅繇：鍾繇，三國時潁川長社（今河南省長葛市東）人，字元常。東漢建安二年（197），被曹操表爲侍中，守司隸校尉，持節都督關中諸軍事。二十四年，受魏諷謀反牽連，被免官。

曹魏文帝時復爲廷尉，官至太傅。古代著名書法家。

[4]黄門郎：官名，黄門侍郎或給事黄門侍郎的省稱。五品。

[5]中表：指與祖父、父親的姐妹的子女的親戚關係，或與祖母、母親的兄弟姐妹的子女的親戚關係。

[6]濟：王濟，字武子，本書卷四二有傳。

[7]不翅：不啻。不僅，不止。

[8]兵家子：兵家後代。魏晋士家制度，士兵列入軍籍，世代爲兵。此稱“兵家”或“軍户”。

渾弟湛妻郝氏亦有德行，[1]琰雖貴門，與郝雅相親重，郝不以賤下琰，琰不以貴陵郝，時人稱鍾夫人之禮、郝夫人之法云。

[1]渾弟湛：王湛，字處冲，本書卷七五有傳。

鄭袤妻曹氏

鄭袤妻曹氏，[1]魯國薛人也。[2]袤先娶孫氏，早亡，娉之爲繼室。事舅姑甚孝，[3]躬紡績之勤，以充奉養，至於叔妹群娣之間，盡其禮節，咸得歡心。及袤爲司空，[4]其子默等又顯朝列，[5]時人稱其榮貴。曹氏深懼盛滿，每默等升進，輒憂之形於聲色。然食無重味，服浣濯之衣，袤等所獲禄秩，曹氏必班散親姻，務令周給，家無餘資。[6]

[1]鄭袤：字林叔，本書卷四四有傳。

[2]魯國：治所在魯縣（今山東省曲阜市東）。　薛：縣名，治所在今山東省滕州市南皇殿崗。

[3]舅姑：公婆。

[4]司空：官名，魏晋南北朝爲名譽宰相，多爲大臣加官。晋八公之一，位在三公之末。一品。

[5]其子默：鄭默，字思元，本書卷四四有傳。

[6]家無餘資：資，宋本、殿本作“貲”。

初，孫氏瘞于黎陽，[1]及袤薨，議者以久喪難舉，欲不合葬。曹氏曰：“孫氏元妃，[2]理當從葬，[3]不可使孤魂無所依邪。”於是備吉凶導從之儀以迎之，具衣衾几筵，親執雁行之禮，[4]聞者莫不嘆息，以爲趙姬之下叔隗，[5]不足稱也。太康元年卒，年八十三。[6]

[1]黎陽：縣名，治所在今河南省浚縣東北。

[2]孫氏元妃：宋本“元”上有“是”字。

[3]理當從葬：宋本無“當”字。

[4]雁行之禮：《禮記·王制》：“父之齒隨行，兄之齒雁行，朋友不相逾。”陳澔集説：“父之齒，兄之齒，謂其人年與父等，或與兄等也。隨行，隨其後也；雁行，並行而稍後也。”曹氏與孫氏爲同輩，屬“兄之齒”，又爲繼室和前妻，故稱。

[5]趙姬之下叔隗：事見《列女傳·賢明傳》：趙姬爲春秋晋國大夫趙衰妻，晋文公之女。晋文公在外流亡時，曾與趙衰奔狄。狄人入其二女叔隗、季隗於晋文公，晋文公以叔隗妻趙衰，生趙盾。後來晋文公回國即位，又將女兒嫁給趙衰，生原同、屏括、樓嬰。趙姬請迎趙盾與其母而納之，趙衰辭而不敢。趙姬堅决要求這樣做。叔隗和趙盾回來後，趙姬以趙盾爲賢，請立爲嫡子，讓自己的三個兒子下之。又讓叔隗爲趙衰嫡妻，自己等而下之。

[6]八十三：三，殿本作“二”。

愍懷太子妃王氏

愍懷太子妃王氏，[1]太尉衍女也，[2]字惠風。貞婉有志節。太子既廢居于金墉，[3]衍請絶婚，惠風號哭而歸，行路爲之流涕。及劉曜陷洛陽，[4]以惠風賜其將喬屬，屬將妻之。惠風拔劍距屬曰：“吾太尉公女，皇太子妃，義不爲逆胡所辱。”屬遂害之。

[1]愍懷太子：即司馬遹，字熙祖，本書卷五三有傳。

[2]太尉：官名，曹操爲丞相後，太尉府屬官歸相府，晋時太尉雖爲八公之一、三公之首，實爲名譽宰相，多爲大臣加官。一品。　衍：王衍，字夷甫，本書卷四三有傳。

[3]金墉：金墉城，三國魏明帝時築。在今河南省洛陽市東北漢魏洛陽故址西北角。三面開門，南曰乾光門，東曰含春門，北曰𨱇門。城内又置西宫，西晋改爲永昌宫。魏晋時被廢的皇帝及后妃都安置於此。城小而固，爲攻占戍守要地。

[4]劉曜：字永明，劉淵族子，本書卷一〇三有載記。　洛陽：古都名，位於今河南省洛陽市東北。

鄭休妻石氏

鄭休妻石氏，不知何許人也。少有德操，年十餘歲，鄉邑稱之。既歸鄭氏，爲九族所重。休前妻女既幼，又休父布臨終，有庶子沉生，命棄之，石氏曰：“奈何使舅之胤不存乎！”遂養沉及前妻女。力不兼舉，九年之中，三不舉子。

陶侃母湛氏

陶侃母湛氏，[1]豫章新淦人也。[2]初，侃父丹娉爲妾，生侃，而陶氏貧賤，湛氏每紡績資給之，使交結勝己。侃少爲尋陽縣吏，[3]嘗監魚梁，[4]以一坩鮓遺母。[5]湛氏封鮓及書，責侃曰："爾爲吏，以官物遺我，非唯不能益吾，乃以增吾憂矣。"鄱陽孝廉范逵寓宿於侃，[6]時大雪，湛氏乃撤所卧新薦，[7]自剉給其馬，又密截髮賣與鄰人，供肴饌。逵聞之，嘆息曰："非此母不生此子！"侃竟以功名顯。

[1]陶侃：字士行，本書卷六六有傳。

[2]豫章：郡名，治所在南昌縣（今江西省南昌市）。　新淦：縣名，治所在今江西省樟樹市。

[3]尋陽：縣名，治所在今湖北省黄梅縣西南。

[4]監魚梁：監管捕魚。魚梁，攔截水流以捕魚的設施。

[5]坩：陶制的器皿。宋本作"拑"，殿本作"蚶"。　鮓：腌魚。

[6]鄱陽：郡名，治所在廣晋縣（今江西省鄱陽縣東北）。　孝廉：漢代選拔人才的科目。

[7]撤所卧新薦：撤，宋本、殿本作"徹"。

賈渾妻宗氏

賈渾妻宗氏，[1]不知何許人也。渾爲介休令，[2]被劉元海將喬晞攻破，[3]死之。宗氏有姿色，晞欲納之。宗氏駡曰："屠各奴！[4]豈有害人之夫而欲加無禮，於爾安乎？何不促殺我！"因仰天大哭。晞遂害之，時年二十餘。

[1]賈渾：本書卷八九有傳。

[2]介休：縣名，治所在今山西省介休市東南。

[3]劉元海：劉淵，字元海，本書卷一〇一有載記。

[4]屠各奴：屠各，匈奴部落名。各，原本、殿本作“販”，宋本作“各”，據宋本改。

梁緯妻辛氏

梁緯妻辛氏，隴西狄道人也。[1]緯爲散騎常侍，[2]西都陷没，爲劉曜所害。辛氏有殊色，曜將妻之。辛氏據地大哭，仰謂曜曰：“妾聞男以義烈，女不再醮。妾夫已死，理無獨全。且婦人再辱，明公亦安用哉！乞即就死，下事舅姑。”遂號哭不止。曜曰：“貞婦也，任之。”乃自縊而死。曜以禮葬之。

[1]狄道：縣名，治所在今甘肅省臨洮縣。

[2]散騎常侍：官名，三國魏文帝黄初年間置，侍從皇帝左右，諫諍得失，顧問應對，與侍中等共平尚書奏事。也用作宰相、諸公等加官，入宫議政。三品。

許延妻杜氏

許延妻杜氏，不知何許人也。延爲益州別駕，[1]爲李驤所害。[2]驤欲納杜氏爲妻，杜氏號哭守夫尸，罵驤曰：“汝輩逆賊無道，死有先後，寧當久活！我杜家女，豈爲賊妻也！”驤怒，遂害之。

[1]益州：治所在成都縣（今四川省成都市）。

[2]李驤：十六國時略陽臨渭（今甘肅省天水市東北渭河北岸）人，原籍巴西宕渠（今四川省渠縣東北），字玄龍，李特幼

弟。本書卷一二〇、一二一及《華陽國志》有詳載。

虞潭母孫氏

虞潭母孫氏,[1]吴郡富春人,[2]孫權族孫女也。初適潭父忠，恭順貞和，甚有婦德。及忠亡，遺孤藐爾，孫氏雖少，誓不改節，躬自撫養，劬勞備至。[3]性聰敏，識鑒過人。潭始自幼童，便訓以忠義，故得聲望允洽，爲朝廷所稱。

[1]虞潭：字思奥，本書卷七六有傳。

[2]吴郡：治所在吴縣（今江蘇省蘇州市）。　富春：縣名，治所在今浙江省杭州市富陽區。

[3]劬勞：辛苦勞累。

永嘉末，潭爲南康太守,[1]值杜弢構逆,[2]率衆討之。孫氏勉潭以必死之義，俱傾其資産以餽戰士，潭遂克捷。及蘇峻作亂,[3]潭時守吴興,[4]又假節征峻。[5]孫氏戒之曰:“吾聞忠臣出孝子之門，汝當捨生取義，勿以吾老爲累也。”仍盡發其家僮,[6]令隨潭助戰，貿其所服環珮以爲軍資。于時會稽内史王舒遣子允之爲督護,[7]孫氏又謂潭曰:“王府君遣兒征，汝何爲獨不?”潭即以子楚爲督護，與允之合勢。其憂國之誠如此。拜武昌侯太夫人，加金章紫綬。[8]潭立養堂於家，王導以下皆就拜謁。[9]咸和末卒，年九十五。成帝遣使吊祭，謚曰定夫人。

[1]南康：郡名，西晋治所在雩都縣（今江西省于都縣東北），東晋永和五年（349）移治贛縣（今江西省贛州市西南）。

[2]杜弢：字景文，本書卷一〇〇有傳。

[3]蘇峻：字子高，本書卷一〇〇有傳。

[4]吴興：郡名，治所在烏程縣（今浙江省湖州市南）。

[5]假節：假以節杖。指大臣臨時持節出巡，爲權臣掌軍、秉政的地位象徵和政治待遇。

[6]仍盡發其家僮：中華本校勘記："《斠注》：《錢塘先賢傳》贊引'仍'作'乃'。"

[7]會稽：郡名，治所在山陰縣（今浙江省紹興市）。　内史：官名，西晋武帝太康十年（289）改諸王國相爲内史，掌管民政。五品。周家禄《晋書校勘記》認爲："晋制，以郡爲國，内史治民事，若郡太守。國除爲郡，復稱太守。然二名往往混淆，史家亦互稱之。"　王舒：字處明，本書卷七六有傳。　允之：王允之，字深猷，本書卷七六有傳。　督護：官名，州郡及出鎮方面將軍府皆設，掌兵事。兩晋時常統軍征伐，祇督一軍。

[8]金章紫綬：黄金印章紫色綬帶。

[9]王導：字茂弘，本書卷六五有傳。

周顗母李氏

周顗母李氏，[1]字絡秀，汝南人也。[2]少時在室，顗父浚爲安東將軍，[3]時嘗出獵，[4]遇雨，過止絡秀之家。會其父兄不在，絡秀聞浚至，[5]與一婢於内宰猪羊，具數十人之饌，甚精辦而不聞人聲。浚怪使覘之，獨見一女子甚美，浚因求爲妾。其父兄不許，絡秀曰："門户殄瘁，[6]何惜一女！若連姻貴族，將來庶有大益矣。"父兄許之。遂生顗及嵩、謨。而顗等既長，絡秀謂之曰：

“我屈節爲汝家作妾，門户計耳。汝不與我家爲親親者，吾亦何惜餘年！”顗等從命，由此李氏遂得爲方雅之族。

[1]周顗：字伯仁，本書卷六九有傳。

[2]汝南：郡名，東漢治所在平輿縣（今河南省平輿縣北），西晉治所在新息縣（今河南省息縣西南），東晉移治懸瓠城（今河南省汝南縣）。

[3]浚：周浚，字開林，本書卷六一有傳。　安東將軍：官名，東漢建安年間置，與安西、安南、安北將軍合稱四安將軍，爲出鎮某一地區的軍事長官，或作爲刺史等兼理軍務的加官，權任頗重。三品，加持節都督者二品。

[4]時嘗出獵：嘗，宋本作“常”。

[5]絡秀聞浚至：浚，原本作“峻”，宋本、殿本作“浚”，據上下文及宋本、殿本改正。

[6]門户殄瘁：門户困窮。瘁，宋本、殿本作“悴”。

中興時，[1]顗等並列顯位。嘗冬至置酒，絡秀舉觴賜三子曰：“吾本度江，[2]託足無所，不謂爾等並貴，列吾目前，吾復何憂！”嵩起曰：“恐不如尊旨。伯仁志大而才短，名重而識暗，好乘人之弊，此非自全之道。嵩性抗直，亦不容於世。唯阿奴碌碌，[3]當在阿母目下耳。”阿奴，謨小字也。後果如其言。

[1]中興：指東晉。

[2]度江：度，宋本、殿本作“渡”。

[3]碌碌：平庸。

張茂妻陸氏

張茂妻陸氏，吳郡人也。茂爲吳郡太守，被沈充所害，[1]陸氏傾家産，率茂部曲爲先登以討充。充敗，陸詣闕上書，爲茂謝不克之責。詔曰："茂夫妻忠誠，舉門義烈，宜追贈茂太僕。"[2]

[1]沈充：字士居，本書卷九八有傳。

[2]太僕：官名，掌皇帝車馬、田獵、兵器及全國牧業。三品。

尹虞二女

尹虞二女，長沙人也。[1]虞前任始興太守，[2]起兵討杜弢，戰敗，二女爲弢所獲，並有國色，弢將妻之。女曰："我父二千石，終不能爲賊婦，有死而已！"弢並害之。

[1]長沙：郡名，治所在臨湘縣（今湖南省長沙市）。

[2]始興：郡名，治所在曲江縣（今廣東省韶關市東南蓮花嶺下）。

荀崧小女灌

荀崧小女灌，[1]幼有奇節。崧爲襄城太守，[2]爲杜曾所圍，[3]力弱食盡，欲求救於故吏平南將軍石覽，[4]計無從出。灌時年十三，乃率勇士數十人，逾城突圍夜出。賊追甚急，灌督厲將士，且戰且前，得入魯陽山獲免。[5]自詣覽乞師，又爲崧書與南中郎將周訪請援，[6]仍結爲兄弟，訪即遣子撫率三千人會石覽俱救崧。[7]賊聞兵至，散走，灌之力也。

［1］荀崧：字景猷，本書卷七五有傳。

［2］襄城：郡名，西晋武帝置，治所在襄城縣（今河南省襄城縣）。

［3］杜曾：西晋新野（今河南省新野縣）人，始爲新野王司馬歆鎮南參軍，有勇力。永嘉之亂中任胡亢竟陵太守，後殺胡亢，併其衆，自號南中郎將。後被周訪打敗，被殺。

［4］平南將軍：官名，與平東、平西、平北將軍合稱四平將軍。多持節都督或監某一地區的軍事，有時作爲刺史等地方官員監理軍務的加官。三品，加持節都督者二品。

［5］魯陽山：位於今河南省魯山縣西南。

［6］南中郎將：官名，與東、西、北中郎將並稱四中郎將，統兵征戰，權職甚重。四品。　周訪：字士達，本書卷五八有傳。

［7］撫：周撫，字道和，本書卷五八有傳。

王凝之妻謝氏

王凝之妻謝氏，[1]字道韞，安西將軍奕之女也。[2]聰識有才辯。叔父安嘗問：[3]"《毛詩》何句最佳？"道韞稱："吉甫作頌，穆如清風，仲山甫永懷，以慰其心。"[4]安謂有雅人深致。又嘗内集，俄而雪驟下，安曰："何所似也？"安兄子朗曰：[5]"散鹽空中差可擬。"道韞曰："未若柳絮因風起。"安大悦。

［1］王凝之：《世説新語·言語》注引《王氏譜》：王凝之，字叔平，右將軍羲之第二子。歷江州刺史、左將軍、會稽内史等職。信奉五斗米道。

[2]安西將軍：官名，東漢建安年間置，與安東、安南、安北將軍合稱四安將軍，爲出鎮某一地區的軍事長官，或作爲刺史等兼理軍務的加官，權任頗重。三品，加持節都督者二品。　奕：謝奕，字無奕，本書卷七九有傳。奕，宋本、殿本作“弈”。

[3]安：謝安，字安石，本書卷七九有傳。

[4]“吉甫作頌”句：語出《詩·大雅·烝民》。

[5]朗：謝朗，字長度，本書七九有傳。

初適凝之，還，甚不樂。安曰：“王郎，逸少子，[1]不惡，汝何恨也?”[2]答曰：“一門叔父則有阿大、中郎，群從兄弟復有封、胡、羯、末，[3]不意天壤之中乃有王郎!”封謂謝韶，[4]胡謂謝朗，羯謂謝玄，[5]末謂謝淵，[6]皆其小字也。又嘗譏玄學植不進，曰：“爲塵務經心，[7]爲天分有限邪?”凝之弟獻之嘗與賓客談議，[8]詞理將屈，道韞遣婢白獻之曰：“欲爲小郎解圍。”乃施青綾步鄣自蔽，[9]申獻之前議，客不能屈。

[1]逸少：王羲之，字逸少，本書卷八〇有傳。

[2]恨：遺憾。

[3]羯：宋本作“竭”。下文“羯謂謝玄”同。

[4]謝韶：韶，原本、宋本、殿本作“歆”，據中華本校勘記改。

[5]謝玄：字幼度，本書卷七九有傳。

[6]謝淵：淵，宋本、殿本作“川”。

[7]塵務：務，宋本作“霧”。

[8]凝之弟獻之：王獻之，字子敬，本書卷八〇有傳。

[9]步鄣：用以遮蔽風塵或隱身的幕帳。

及遭孫恩之難,[1]舉厝自若，既聞夫及諸子已爲賊所害，方命婢肩輿抽刃出門,[2]亂兵稍至,[3]手殺數人，乃被虜。其外孫劉濤時年數歲，賊又欲害之，道韞曰："事在王門，何關他族！必其如此，寧先見殺。"恩雖毒虐，爲之改容，乃不害濤。自爾嫠居會稽，家中莫不嚴肅。太守劉柳聞其名,[4]請與談議。道韞素知柳名，亦不自阻，乃簪髺素褥坐於帳中，柳束修整帶造于别榻。道韞風韵高邁，叙致清雅，先及家事，慷慨流漣，徐酬問旨，詞理無滯。柳退而嘆曰："實頃所未見，瞻察言氣,[5]使人心形俱服。"道韞亦云："親從凋亡，始遇此士，聽其所問，殊開人胸府。"

[1]孫恩：字靈秀，本書卷一〇〇有傳。

[2]肩輿：兩個人抬的小轎子。

[3]稍至：漸漸地逼近。

[4]太守：太，宋本作"大"。

[5]瞻察：瞻，宋本作"膽"。

初，同郡張玄妹亦有才質，適於顧氏,[1]玄每稱之，以敵道韞。有濟尼者，游於二家，或問之，濟尼答曰："王夫人神情散朗，故有林下風氣。[2]顧家婦清心玉映，自是閨房之秀。"道韞所著詩賦誄頌並傳於世。

[1]適：出嫁。

[2]林下風氣：稱頌婦女閑雅飄逸的風采。

劉臻妻陳氏

劉臻妻陳氏者，亦聰辯能屬文。嘗正旦獻《椒花頌》，其詞曰："旋穹周迴，三朝肇建。[1]青陽散輝，澄景載焕。標美靈葩，[2]爰采爰獻。聖容映之，永壽於萬。"又撰元日及冬至進見之儀，行於世。

[1]三朝：正月初一爲歲之始，月之始，日之始，故稱三朝。肇建：創始，開始。

[2]標美：標，宋本作"摽"。

皮京妻龍氏

皮京妻龍氏，字憐，西道縣人也。[1]年十三適京，[2]未逾年而京卒，京二弟亦相次而隕，既無胤嗣，又無期功之親。[3]憐貨其嫁時資裝，躬自紡織，[4]數年間三喪俱舉，葬斂畢，[5]每時享祭無闕。州里聞其賢，屢有娉者，憐誓不改醮，守節窮居五十餘載而卒。

[1]西道縣：治所在今越南社會主義共和國安沛省安沛市附近。

[2]年十三：三，宋本作"二"。

[3]無期功之親：五服之内的宗親。期，服喪一年。功，按關係親疏分大功和小功，大功服喪九月，小功服喪五月。

[4]紡織：織，殿本作"績"。

[5]葬斂畢：宋本"斂"下有"既"字。

孟昶妻周氏

孟昶妻周氏，[1]昶弟顗妻又其從妹也。二家並豐財産。初，桓玄雅重昶而劉邁毁之，[2]昶知，深自惋失。

及劉裕將建義，[3]與昶定謀，昶欲盡散財物以供軍糧，[4]其妻非常婦人，可語以大事，乃謂之曰："劉邁毁我於桓公，便是一生淪陷，决當作賊。卿幸可早爾離絶，脱得富貴，相迎不晚也。"周氏曰："君父母在堂，欲建非常之謀，豈婦人所諫！事之不成，當於奚官中奉養大家，[5]義無歸志也。"昶愴然久之而起。周氏追昶坐，云："觀君舉厝，非謀及婦人者，不過欲得財物耳。"時其所生女在抱，推而示之曰："此而可賣，亦當不惜，况資財乎！"遂傾資産以給之，而託以他用。及事之將舉，周氏謂顗妻云："一昨夢殊不好，門内宜浣濯沐浴以除之，且不宜赤色，我當悉取作七日藏厭。"顗妻信之，所有絳色者悉斂以付焉。乃置帳中，潛自剔綿，以絳與昶，遂得數十人被服赫然，悉周氏所出，[6]而家人不之知也。

[1]孟昶：東晋末任吏部尚書、尚書左僕射等職。盧循於桑落洲大敗朝廷軍，孟昶懼，自殺。

[2]桓玄：字敬道，本書卷九九有傳。　雅重昶：雅，原本、殿本作"推重"，宋本作"雅"，據宋本改。

[3]劉裕：字德輿，小名寄奴，彭城（今江蘇省徐州市）人，南朝宋開國皇帝。世居京口，初爲東晋冠軍司馬，後被劉牢之任爲參軍。歷任鎮軍將軍、都督十六州諸軍事，官至相國，受封宋王。元熙二年（420）代晋稱帝。卒謚武皇帝，廟號高祖。

[4]軍糧：糧，宋本作"量"。

[5]奚官：奚官局，官署名。隸少府。《資治通鑑》卷七九《晋紀》武帝泰始五年胡三省注："少府有奚官令，凡男女没入者屬焉。魏以來鄴都又有奚官督。"　大家：妻子稱丈夫的母親。

[6]周氏：周，宋本、殿本作“孟”。

何無忌母劉氏

何無忌母劉氏，[1]征虜將軍建之女也。[2]少有志節。弟牢之爲桓玄所害，[3]劉氏每銜之，常思報復。及無忌與劉裕謀，[4]而劉氏察其舉厝有異，喜而不言。會無忌夜於屏風裏制檄文，劉氏潛以器覆燭，徐登梯於屏風上窺之，[5]既知，泣而撫之曰：“我不如東海吕母明矣！[6]既孤其誠，常恐壽促，汝能如此，吾仇耻雪矣。”因問其同謀，知事在裕，彌喜，乃説桓玄必敗、義師必成之理以勸勉之。後果如其言。

[1]何無忌：東晋東海郯縣（今山東省郯城縣北）人，在京口常參議舅父劉牢之大事等職。隨劉裕討桓玄，歷任江州刺史、都督荆江豫三州八郡諸軍事。後戰死。

[2]征虜將軍：既是武官名，也作爲高級文職官員的加官。三品。

[3]牢之：劉牢之，字道堅，本書卷八四有傳。

[4]與劉裕謀：宋本“謀”上有“定”字。

[5]徐登梯於屏風上：梯，宋本、殿本作“橙”。

[6]東海吕母：西漢末期，王莽建立新朝。各地起兵反。琅邪女子吕母亦起。初，吕母子爲縣吏，爲宰所冤殺。吕母乃散家財，以酤酒買兵弩，陰厚貧窮少年，得百餘人，遂攻海曲縣，殺其宰以祭子墓。後引兵入海，其衆浸多，後皆萬數。

劉聰妻劉氏

劉聰妻劉氏，[1]名娥，字麗華，僞太保殷女也。[2]幼而聰慧，[3]晝營女工，夜誦書籍，傅母恒止之，娥敦習彌厲。每與諸兄論經義，理趣超遠，諸兄深以嘆伏。性孝友，善風儀進止。

[1]劉聰：字玄明，一名載，本書卷一〇二有載記。

[2]太保：官名，史上屢次廢置，三國魏末年復置。晋爲八公之一，位上公，在太宰、太傅之下。安置元老重臣，無職掌。一品。　殷：劉殷，十六國前趙人，歷任侍中、左光禄大夫、大司徒、太保等職。

[3]聰慧：慧，宋本作“彗”。

聰既僭位，召爲右貴嬪，[1]甚寵之。俄拜爲后，將起䳨儀殿以居之，其廷尉陳元達切諫，[2]聰大怒，將斬之。娥時在後堂，私敕左右停刑，手疏啓曰：“伏聞將爲妾營殿，今昭德足居，䳨儀非急。四海未一，禍難猶繁，動須人力資財，尤宜慎之。廷尉之言，國家大政。夫忠臣之諫，豈爲身哉？帝王距之，亦非顧身也。妾仰謂陛下上尋明君納諫之昌，下忿暗主距諫之禍，宜賞廷尉以美爵，酬廷尉以列土，如何不惟不納，而反欲誅之？陛下此怒由妾而起，廷尉之禍由妾而招，人怨國疲，咎歸於妾，距諫害忠，亦妾之由。自古敗國喪家，未始不由婦人者也。妾每覽古事，忿之忘食，何意今日妾自爲之！後人之觀妾，亦猶妾之視前人也，[3]復何面目仰侍巾櫛，[4]請歸死此堂，以塞陛下誤惑之過。”聰覽之色變，謂其群下曰：“朕比得風疾，[5]喜怒過常。元達，忠臣也。朕甚愧之。”以娥表示元達曰：“外輔如公，内輔如此后，朕無憂矣。”及娥死，僞謚武宣皇后。其姊英，字麗芳，亦聰敏涉學，而文詞機辯，曉達政事，過於娥。初與娥同召拜左貴嬪，尋卒，僞追謚武德皇后。

[1]右貴嬪：漢魏之制，貴嬪爲皇帝三夫人之一。劉聰納劉殷二女，分爲左、右。

[2]廷尉：官名，中央最高司法審判機構長官，負責會審朝中有罪文武大臣，覆核審决郡國疑獄等。三品。　陳元達：西晋時匈奴後部人，本姓高，字長宏。劉淵稱漢王，拜黄門郎。劉聰立，爲御史大夫。多次勸諫劉聰，因此屢遭迫害。後自殺。

[3]亦猶：猶，宋本作“由”。

[4]仰侍巾櫛：侍奉丈夫。

[5]比得風疾：近日身患風疾。

王廣女

王廣女者，不知何許人也。容質甚美，慷慨有丈夫之節。廣仕劉聰，爲西揚州刺史。蠻帥梅芳攻陷揚州，而廣被殺。王時年十五，芳納之。俄於暗室擊芳，不中，芳驚起曰：“何故反邪？”王罵曰：“蠻畜！我欲誅反賊，可謂反乎？[1]吾聞父仇不同天，母仇不同地，汝反逆無狀，害人父母，而復以無禮陵人，吾所以不死者，欲誅汝耳！今死自吾分，不待汝殺，但恨不得梟汝首於通逵，[2]以塞大耻。”辭氣猛厲，言終乃自殺，芳止之不可。

[1]可謂：可，宋本作“何”。

［2］通逵：大街。

陝婦人

陝婦人，不知姓氏，[1]年十九。劉曜時嫠居陝縣，[2]事叔姑甚謹，其家欲嫁之，此婦毀面自誓。後叔姑病死，其叔姑有女在夫家，先從此婦乞假不得，[3]因而誣殺其母，有司不能察而誅之。時有群鳥悲鳴尸上，其聲甚哀，盛夏暴尸十日，不腐，亦不爲蟲獸所敗，其境乃經歲不雨。曜遣呼延謨爲太守，既知其冤，[4]乃斬此女，設少牢以祭其墓，[5]謚曰孝烈貞婦，其日大雨。

［1］不知姓氏：氏，宋本、殿本作“字”。

［2］嫠居：寡居。　陝縣：治所在今河南省三門峽市陝州區。

［3］乞假：請假。

［4］既知其冤：既，宋本作“不”。

［5］少牢：衹用羊、豕二牲的祭品。

靳康女

靳康女者，不知何許人也。美姿容，有志操。劉曜之誅靳氏，將納靳女爲妾，[1]靳曰：“陛下既滅其父母兄弟，復何用妾爲！妾聞逆人之誅也，尚污宫伐樹，而況其子女乎！”因號泣請死，曜哀之，免康一子。

［1］將納靳女爲妾：宋本無“女”字；妾，原本、殿本作“妻”，宋本作“妾”，據下文及宋本改。

韋逞母宋氏

韋逞母宋氏，不知何郡人也，家世以儒學稱。宋氏幼喪母，其父躬自養之。及長，授以《周官》音義，謂之曰：“吾家世學《周官》，傳業相繼，此又周公所制，經紀典誥，百官品物，備於此矣。吾今無男可傳，汝可受之，勿令絶世。”屬天下喪亂，宋氏諷誦不輟。

其後爲石季龍徙之于山東，[1]宋氏與夫在徙中，推鹿車，[2]背負父所授書，到冀州，[3]依膠東富人程安壽，壽養護之。逞時年小，宋氏晝則樵采，夜則教逞，然紡績無廢。壽每嘆曰：“學家多士大夫，得無是乎！”逞遂學成名立，仕苻堅爲太常。[4]堅嘗幸其太學，[5]問博士經典，乃憫禮樂遺闕。時博士盧壼對曰：“廢學既久，書傳零落，比年綴撰，正經粗集，唯《周官禮注》未有其師。竊見太常韋逞母宋氏世學家女，[6]傳其父業，得《周官》音義，今年八十，視聽無闕，自非此母無可以傳授後生。”於是就宋氏家立講堂，置生員百二十人，隔絳紗幔而受業，號宋氏爲宣文君，賜侍婢十人。《周官》學復行於世，時稱韋氏宋母焉。[7]

[1]石季龍：即石虎，字季龍，本書卷一〇六有載記。

[2]鹿車：古代一種又窄又小的車。

[3]冀州：三國魏治所在信都縣（今河北省衡水市冀州區），西晋移治房子縣（今河北省高邑縣西南）。

[4]苻堅：字永固，本書卷一一三有載記。　太常：官名，漢代稱奉常，本掌禮樂宗廟、社稷祭祀，魏晋時此職掌歸尚書裁定，太常成爲閑職。三品。

［5］太學：古代設於京城的最高學府，主要從事儒學教育。

［6］竊見：竊，宋本作“切”。

［7］時稱韋氏宋母焉：中華本校勘記：“周校：當作‘韋母宋氏’。”

張天錫妾閻氏薛氏

張天錫妾閻氏、薛氏，[1]並不知何許人也，[2]咸有寵於天錫。天錫寢疾，謂之曰：“汝二人將何以報我？吾死後，豈可爲人妻乎！”皆曰：“尊若不諱，妾請效死，供灑掃地下，誓無他志。”及其疾篤，二姬皆自刎。天錫疾瘳，追悼之，以夫人禮葬焉。

［1］張天錫：字純嘏，本書卷八六有傳。

［2］何許人也：宋本無“也”字。

苻堅妾張氏

苻堅妾張氏，不知何許人，明辯有才識。堅將入寇江左，[1]群臣切諫不從。張氏進曰：“妾聞天地之生萬物，聖王之馭天下，莫不順其性而暢之。故黄帝服牛乘馬，因其性也；禹鑿龍門，决洪河，因水之勢也；后稷之播殖百穀，因地之氣也；湯武之滅夏商，因人之欲也。是以有因成，無因敗。今朝臣上下皆言不可，陛下復何所因也？《書》曰：‘天聰明自我民聰明。’天猶若此，况于人主乎！妾聞人君有伐國之志者，[2]必上觀乾象，下采衆祥。天道崇遠，非妾所知。以人事言之，未見其可。諺言：‘鷄夜鳴者不利行師，犬群嗥者宫室必空，兵動馬驚，軍敗不歸。’秋冬已來，[3]每夜群犬大嗥，衆鷄夜鳴，伏聞厩馬驚逸，武庫兵器有聲，吉凶之理，誠非微妾所論，願陛下詳而思之。”堅曰：“軍旅之事非婦人所豫也。”遂興兵。張氏請從。堅果大敗於壽春，[4]張氏乃自殺。

[1]江左：江東。因自北方視之，江東在左，江西在右，故稱。
[2]伐國：伐，宋本作“代”。
[3]秋冬已來：已，殿本作“以”。
[4]壽春：縣名，治所在今安徽省壽縣東南。

竇滔妻蘇氏

竇滔妻蘇氏，始平人也，[1]名蕙，字若蘭。善屬文。滔，苻堅時爲秦州刺史，被徙流沙，[2]蘇氏思之，織錦爲迴文旋圖詩以贈滔。宛轉循環以讀之，詞甚悽惋，凡八百四十字，文多不録。

[1]始平：郡名，治所在槐里縣（今陝西省興平市）。
[2]流沙：指今新疆維吾爾自治區境内白龍堆沙漠。

苻登妻毛氏

苻登妻毛氏，[1]不知何許人，壯勇善騎射。登爲姚萇所襲，[2]營壘既陷，毛氏猶彎弓跨馬，率壯士數百人，與萇交戰，殺傷甚衆。衆寡不敵，爲萇所執。萇欲納之，毛氏罵曰：“吾天子后，豈爲賊羌所辱，何不速殺我！”因仰天大哭曰：“姚萇無道，前害天子，今辱皇后，皇天后土，寧不鑒照！”萇怒，殺之。

［1］苻登：字文高，本書卷一一五有載記。
［2］姚萇：字景茂，本書卷一一六有載記。

慕容垂妻段氏

慕容垂妻段氏，[1]字元妃，僞右光禄大夫儀之女也。[2]少而婉慧，有志操，常謂妹季妃曰：“我終不作凡人妻。”季妃亦曰：“妹亦不爲庸夫婦。”鄰人聞而笑之。垂之稱燕王，納元妃爲繼室，遂有殊寵。僞范陽王德亦娉季妃焉。[3]姊妹俱爲垂、德之妻，卒如其志。垂既僭位，拜爲皇后。

［1］慕容垂：字道明，本書卷一二三有載記。
［2］右光禄大夫：官名，齊王曹芳正始元年（240）在光禄大夫上增置左、右，位在光禄大夫上。在朝顯職的加官，或授予年老有病致仕者，或授予死者。西晋時禄賜與特進同。二品，開府位從公者一品。
［3］范陽王德：慕容德，字玄明，又名備德，十六國南燕創建者，本書卷一二七有載記。

垂立其子寶爲太子也，[1]元妃謂垂曰：“太子姿質雍容，柔而不斷，承平則爲仁明之主，處難則非濟世之雄，陛下託之以大業，妾未見克昌之美。遼西、高陽二王，[2]陛下兒之賢者，宜擇一以樹之。趙王麟奸詐負氣，[3]常有輕太子之心，陛下一旦不諱，必有難作。此陛下之家事，宜深圖之。”垂不納。寶及麟聞之，深以爲恨。其後元妃又言之，垂曰："汝欲使我爲晋獻公乎？"[4]元妃泣而退，告季妃曰："太子不令，群下所知，而主上比吾爲驪戎之女，[5]何其苦哉！主上百年之後，太子必亡社稷。范陽王有非常器度，若燕祚未終，其在王乎！"

[1]寶：慕容寶，字道祐，本書卷一二四有載記。

[2]遼西、高陽二王：遼西王爲慕容農，慕容垂之子，小字惡奴。任後燕幽州牧、侍中、司隸校尉等職。慕容寶嗣位，任都督并幽等六州諸軍事，官至都督中外諸軍事、大司馬、録尚書事。高陽王爲慕容隆，慕容垂少子，歷任冠軍大將軍、都督幽平二州諸軍事、征北大將軍、幽州牧等職。後被慕容會所殺。

[3]趙王麟：慕容麟，十六國後燕人，慕容垂庶子，任撫軍將軍、衛大將軍等職。慕容寶嗣位，任之爲尚書左僕射。因謀篡位失敗而出奔丁零。後在中山稱帝，年號延平。旋被北魏擊敗，逃奔南燕慕容德。後任南燕司空，領尚書令。因謀亂被賜死。

[4]晋獻公：春秋時晋國國君，名詭諸，晋武公之子。公元前676至前651年在位。伐驪戎時得美女，即驪姬，甚寵之。在位時先後滅耿、霍、虢、虞等國，國土拓寬，實力增强。晚年因聽信驪姬讒言，迫使太子申生自殺，公子重耳流亡，國内大亂。

[5]驪戎之女：即驪姬，春秋時晋獻公夫人，深受寵愛。晋獻公有子八人，以太子申生、公子重耳、公子夷吾有賢名。驪姬欲使己生之子奚齊爲太子，進讒言逼申生自殺，重耳、夷吾出走。事見《史記》卷三九《晋世家》。

垂死，寶嗣僞位，遣麟逼元妃曰："后常謂主上不能嗣守大統，今竟何如？宜早自裁，以全段氏。"元妃怒曰："汝兄弟尚逼殺母，安能保守社稷！吾豈惜死，念國滅不久耳。"遂自殺。寶議以元妃謀廢嫡統，無母后之道，不宜成喪，群下咸以爲然。僞中書令眭邃大言於朝曰：[1]"子無廢母之義，漢之安思閻后親廢順帝，[2]猶配饗安皇，先后言虚實尚未可知，宜依閻后故事。"寶從之。其後麟果作亂，寶亦被殺，德復僭稱尊號，終如元妃之言。

[1]僞中書令眭邃：眭，原本、宋本、殿本作"畦"，據中華本校勘記改。

[2]安思閻后：姓閻名姬，東漢安帝皇后，河南滎陽（今河南省滎陽市東北）人。元初元年（114）入宫爲貴人，次年立爲皇后。其兄閻顯等把持朝政。安帝死，與兄閻顯立少帝，以皇太后臨朝，誅除大將軍耿寶及其黨羽，閻氏盡居權要。少帝旋死，中黄門孫程等擁立濟陰王爲順帝，閻顯等被殺，閻后被遷於離宫。　順帝：東漢皇帝，名劉保。安帝子，公元125至144年在位。因宦官孫程迎立有功，封十九名宦官爲侯。外戚梁商、梁冀先後爲大將軍，朝政操於外戚、宦官之手。

段豐妻慕容氏

段豐妻慕容氏，德之女也。有才慧，善書史，能鼓琴。德既僭位，署爲平原公主。年十四，適於豐。豐爲人所譖，被殺，慕容氏寡歸，將改適僞壽光公餘熾。慕容氏謂侍婢曰："我聞忠臣不事二君，貞女不更二夫。段氏既遭無辜，己不能同死，豈復有心於重行哉！今主上不顧禮義嫁我，若不從，則違嚴君之命矣。"[1]於是克日交禮。慕容氏姿容婉麗，服飾光華，熾睹之甚喜。經再宿，慕容氏僞辭以疾，熾亦不之逼。三日還第，沐浴置酒，言笑自若，至夕，密書其裙帶云："死後當埋我於段氏墓側，[2]若魂魄有知，當歸彼矣。"遂於浴室自縊而死。及葬，男女觀者數萬人，莫不嘆息曰："貞哉公主！"路經餘熾宅前，熾聞挽歌之聲，慟絶良久。

[1]嚴君：對人稱自己父親。

[2]埋我於：埋，宋本作"理"。

吕纂妻楊氏

吕纂妻楊氏，[1]弘農人也。[2]美艷有義烈。纂被吕超所殺，[3]楊氏與侍婢十數人殯纂于城西。將出宫，超慮賫珍物出外，使人搜之。楊氏厲聲責超曰："爾兄弟不能和睦，手刃相屠，我旦夕死人，[4]何用金寶！"超慚而退。又問楊氏玉璽所在，楊氏怒曰："盡毁之矣。"超將妻之，謂其父桓曰："后若自殺，禍及卿宗。"桓以告楊氏，楊氏曰："大人本賣女與吕以圖富貴，[5]一之已甚，[6]其可再乎！"乃自殺。

[1]吕纂：字永緒，本書卷一二二有載記。纂，宋本作"纂"，下文此人名同。

[2]弘農：郡名，治所在弘農縣（今河南省靈寶市）。

[3]吕超：十六國後凉人，氐族，吕寳子。任驍騎將、番禾太守等職。後擁立吕隆即天王位，自任司隸校尉、録尚書事。後降於後秦，任安定太守。

[4]旦夕：旦，宋本作"且"。

[5]賣女與吕：吕，宋本、殿本作"氏"。

[6]一之已甚：已，宋本作“以”。

時吕紹妻張氏亦有操行，[1]年十四，紹死，便請爲尼。吕隆見而悦之，[2]欲穢其行，張氏曰：“欽樂至道，誓不受辱。”遂升樓自投於地，二脛俱折，口誦佛經，俄然而死。

[1]吕紹：字永業，吕光子，吕光死後即位後凉主。後被其兄吕纂所逼自殺。

[2]吕隆：字永基，本書卷一二二有載記。

凉武昭王李玄盛后尹氏

凉武昭王李玄盛后尹氏，[1]天水冀人也。[2]幼好學，清辯有志節。初適扶風馬元正，[3]元正卒，爲玄盛繼室。以再醮之故，三年不言。撫前妻子踰於己生。玄盛之創業也，謨謀經略多所毗贊，故西州諺曰：[4]“李、尹王敦煌。”[5]

[1]李玄盛：即十六國西凉創始人李暠，字玄盛，本書卷八七有傳。

[2]天水：郡名，東漢、三國魏治所在冀縣（今甘肅省甘谷縣東南），西晋治所在上邽縣（今甘肅省天水市）。　冀：縣名，治所在今甘肅省甘谷縣東。

[3]扶風：封國名，治所在郿縣（今陝西省眉縣東北渭河北岸）。

[4]西州：泛指凉州，相當於今甘肅省中部與西北部。

[5]敦煌：郡名，西漢武帝置，治所在敦煌縣（今甘肅省敦煌

市西)。

及玄盛薨，子士業嗣位，[1]尊爲太后。士業將攻沮渠蒙遜，[2]尹氏謂士業曰："汝新造之國，地狹人稀，靖以守之猶懼其失，云何輕舉，闚冀非望！[3]蒙遜驍武，善用兵，汝非其敵。吾觀其數年已來有并兼之志，且天時人事似欲歸之。今國雖小，足以爲政。知足不辱，道家明誡也。且先王臨薨，遺令殷勤，志令汝曹深慎兵戰，俟時而動。言猶在耳，奈何忘之！不如勉修德政，蓄力以觀之。彼若淫暴，人將歸汝；汝苟德之不建，事之無日矣。汝此行也，非唯師敗，國亦將亡。"士業不從，果爲蒙遜所滅。

[1]士業：李歆，字士業，本書卷八七有傳。

[2]沮渠蒙遜：盧水胡人，十六國北凉主，本書卷一二九有載記。

[3]闚冀非望：闚，殿本作"窺"。

尹氏至姑臧，[1]蒙遜引見勞之，對曰："李氏爲胡所滅，知復何言！"或諫之曰："母子命懸人手，奈何倨傲！[2]且國敗子孫屠滅，何獨無悲？"尹氏曰："興滅死生，理之大分，何爲同凡人之事，起兒女之悲！吾一婦人，不能死亡，豈憚斧鉞之禍，求爲臣妾乎！若殺我者，吾之願矣。"蒙遜嘉之，不誅，爲子茂虔娉其女爲妻。[3]及魏氏以武威公主妻茂虔，尹氏及女遷居酒泉。[4]既而女卒，撫之不哭，曰："汝死晚矣！"沮渠無諱時鎮酒泉，[5]每謂尹氏曰："后諸孫在伊吾，[6]后能去不？"尹氏未測其言，答曰："子孫流漂，託身醜虜，老年餘命，當死於此，不能作氈裘鬼也。"俄而潛奔伊吾，無諱遣騎追及之。尹氏謂使者曰："沮渠酒泉許我歸北，何故來追？汝可斬吾首歸，終不回矣。"使者不敢逼而還。年七十五，卒于伊吾。

[1]姑臧：縣名，治所在今甘肅省武威市。

[2]倨傲：倨，宋本作"居"。

[3]茂虔：即沮渠牧健，十六國北凉主，沮渠蒙遜第三子。初歷酒泉、敦煌太守，後立爲世子。公元433至439年在位。在位期間嘉奬文學，重用闞駰、劉昞等文人。北凉後被北魏所滅，沮渠牧健被遷平城。後以謀反罪被賜死。

[4]酒泉：郡名，西漢武帝置，治所在福禄縣（今甘肅省酒泉市）。

[5]沮渠無諱：沮渠茂虔弟，北凉亡後奔晋昌，圍張掖，據酒泉。後被北魏任爲征西大將軍、凉州牧，封酒泉王。後與弟沮渠安周西渡流沙，據高昌，重建北凉，並遣使稱臣於劉宋，被封爲河西王。

[6]伊吾：縣名，治所在今甘肅省瓜州縣北。

史臣曰：夫繁霜降節，彰勁心於後凋；横流在辰，表貞期於上德。[1]匪伊君子，抑亦婦人焉。自晋政陵夷，罕樹風檢，虧閑爽操，相趨成俗，薦之以劉、石，[2]汩之以苻、姚。[3]三月歌胡，唯見争新之飾；[4]一朝辭漢，曾微戀舊之情。馳騖風埃，脱落名教，頽縱忘反，於兹爲極。至若惠風之數喬屬，道韞之對孫恩，荀女釋急於重圍，張妻報怨於强寇，僭登之后，蹈死不回，僞纂之妃，捐生匪吝，宗、辛抗情而致夭，王、靳守節而就終，斯皆冥踐義途，匪因教至。聳清漢之喬葉，[5]有裕徽音；[6]振幽谷之貞蕤，[7]無慚雅引。[8]比夫懸梁靡顧，齒劍如歸，異日齊風，可以激揚千載矣。

[1]貞期：貞節。

[2]薦之以劉、石：流傳到前趙、後趙。劉、石，十六國前趙、後趙的建立者。

[3]洎之以苻、姚：流傳到前秦、後秦。苻、姚，十六國前秦、後秦的建立者。

[4]争新之飾：争着爲新朝粉飾。

[5]喬葉：高大喬木的枝葉。

[6]徽音：美譽。

[7]貞蕤：指常青耐寒植物的枝條花葉。

[8]雅引：雅樂之正曲。

贊曰：從容陰禮，婉娩柔則。載循六行，[1]爰昭四德。[2]操潔風霜，[3]譽流邦國。彤管貽訓，[4]清芬靡忒。

[1]六行：指孝、友、睦、婣、任、恤六種善行。

[2]爰昭：昭，宋本作“照”。　四德：婦女的四種美德。《周禮·天官·九嬪》：“掌婦學之法，以教九御婦德、婦言、婦容、婦功。”鄭玄注：“婦德謂貞順，婦言謂辭令，婦容謂婉娩，婦功謂絲枲。”

[3]操潔：潔，殿本作“絜”。

[4]彤管：大筆。

晉書　卷九七

列傳第六十七

四夷

東夷 夫餘國 馬韓 辰韓 肅愼氏 倭人 裨離等十國　西戎 吐谷渾（吐延 葉延 辟奚 視連 視羆 烏紇堤 樹洛干） 焉耆國 龜兹國 大宛 康居國 大秦國　南蠻 林邑國 扶南　北狄 匈奴[1]

夫恢恢乾德，萬類之所資始；蕩蕩坤儀，九區之所均載。[2]考羲軒於往統，肇承天而理物；訊炎昊於前辟，[3]爰制地而疏疆。[4]襲冠帶以辨諸華，限要荒以殊遐裔，[5]區分中外，其來尚矣。九夷八狄，被青野而亘玄方；[6]七戎六蠻，綿西宇而横南極。[7]繁種落，異君長，遇有道則時遵聲教，鍾無妄則争肆虔劉，[8]趨扇風塵，蓋其常性也。詳求遐議，歷選深謨，[9]莫不待以羈縻，[10]防其猾夏。[11]

[1]原本卷首無目録，原本總目録“肅慎”後無“氏”字，

“夫餘、焉耆、龜兹、康居、大秦、林邑”等後無“國”字，皆據正文取首字作標題規律補。“吐谷渾”後所附七個附傳，係結合正文及中華本目録補。其中中華本目録無“烏紇堤”，因其在位八年，理當與其他六位首領同入附傳，今補。

[2]九區：九州。

[3]訊炎昊於前辟：向炎帝和太昊問詢前代的法度。

[4]爰制地而疏疆：治理土地，梳理疆域。

[5]限要荒以殊遐裔：畫出要荒的界限以顯示與邊遠地方的區别。

[6]被青野而亘玄方：夷狄等族遍及北方茫茫草原。

[7]綿西宇而横南極：戎蠻等族連綿於西方、南方。

[8]虔劉：劫掠，殺戮。

[9]歷選深謨：選編了深謀大計。

[10]羈縻：籠絡，懷柔。

[11]猾夏：擾亂中華；侵犯華夏。《尚書·舜典》：“蠻夷猾夏。”孔安國傳：“猾，亂也。夏，華夏。”

武帝受終衰魏，廓境全吴，威略既申，招携斯廣，迷亂華之議，矜來遠之名，撫舊懷新，歲時無怠，凡四夷入貢者，有二十三國。既而惠皇失德，中宗遷播，凶徒分據，天邑傾淪，[1]朝化所覃，[2]江外而已，[3]賝貢之禮，於兹殆絶，殊風異俗，所未能詳。故采其可知者，爲之傳云。北狄竊號中壤，備于載記；在其諸部種類，今略書之。

[1]天邑傾淪：帝都淪陷。天邑，天子之邑，即國都。

[2]朝化所覃：朝廷的政教和風化所延及的地方。

[3]江外：指江南。

東夷

夫餘國

夫餘國，在玄菟北千餘里，[1]南接鮮卑，[2]北有弱水。[3]地方二千里，户八萬，有城邑宫室，地宜五穀。其人强勇，會同揖讓之儀有似中國。其出使，乃衣錦罽，以金銀飾腰。其法，殺人者死，没入其家；盗者一責十二；男女淫，婦人妒，皆殺之。若有軍事，殺牛祭天，以其蹄占吉凶，蹄解者爲凶，合者爲吉。死者以生人殉葬，有椁無棺。其居喪，男女皆衣純白，婦人著布面衣，去玉佩。[4]出善馬及貂豽、美珠，珠大如酸棗。其國殷富，自先世以來，未嘗被破。其王印文稱“穢王之印”。國中有古穢城，本穢貊之城也。[5]

[1]玄菟：郡名，西漢武帝置，治所在沃沮縣（今朝鮮民主主義人民共和國咸鏡南道咸興市），昭帝時移治高句麗縣（今遼寧省新賓滿族自治縣），東漢治所在高句麗縣（今遼寧省沈陽市東）。

[2]鮮卑：中國古代北方少數民族名，有拓拔、宇文、慕容、秃髮、乞伏、段諸部。

[3]弱水：《後漢書》卷八五《東夷傳》載：夫余國“北有弱水”；本卷肅慎氏“北極弱水”，所指當在今黑龍江省境内。

[4]玉佩：佩，宋本、殿本作“珮”。

[5]穢貊：即穢貉，古時東夷國名。《史記》卷一一〇《匈奴列傳》：“漢使楊信於匈奴。是時漢東拔穢貉、朝鮮以爲郡。”張守節正義：“即玄菟、樂浪二郡。”

武帝時，頻來朝貢，至太康六年，爲慕容廆所襲破，[1]其王依慮自殺，子弟走保沃沮。[2]帝爲下詔曰：

“夫餘王世守忠孝，爲惡虜所滅，甚愍念之。若其遺類足以復國者，當爲之方計，使得存立。”有司奏護東夷校尉鮮于嬰不救夫餘，[3]失於機略。詔免嬰，以何龕代之。明年，[4]夫餘後王依羅遣詣龕，[5]求率見人還復舊國，仍請援。龕上列，遣督郵賈沉以兵送之。[6]廆又要之於路，沉與戰，大敗之，廆衆退，羅得復國。耳後每爲廆掠其種人，[7]賣於中國。帝愍之，又發詔以官物贖還，下司冀二州，[8]禁市夫餘之口。[9]

[1]慕容廆：字弈洛瓌，本書卷一〇八有載記。

[2]沃沮：古族名，有東沃沮和北沃沮之分。漢武帝元封二年（前 109）擊朝鮮，次年在其境設玄菟郡，置沃沮城。東漢時隸屬高句麗。

[3]有司：有關部門。古代設官分職，各有專司，故稱。　護東夷校尉：官名，亦稱東夷校尉，掌東北地區少數民族事務。駐平州（今遼寧省遼陽市）。四品。

[4]明年：年，宋本作“平”。

[5]夫餘後王依羅遣詣龕：王，宋本作“主”。中華本校勘記：“《御覽》七八一引‘遣’下有‘使’字。”

[6]遣督郵：中華本校勘記：“周校：當照《慕容廆載記》作‘督護’。按：《通鑑》八一亦作‘督護’。”

[7]耳後：耳，宋本、殿本作“爾”。

[8]司：司州，治所在洛陽縣（今河南省洛陽市東北）。　冀：冀州，三國魏治所在信都縣（今河北省衡水市冀州區），西晋移治房子縣（今河北省高邑縣西南）。

[9]禁市夫餘之口：口，宋本作“人”。

馬韓

韓種有三：一曰馬韓，二曰辰韓，三曰弁韓。辰韓在帶方南，東西以海爲限。

馬韓，居山海之間，無城郭，凡有小國五十六所，大者萬户，小者數千家，各有渠帥。俗少綱紀，無跪拜之禮。居處作土室，形如冢，其户向上，舉家共在其中，無長幼男女之别。不知乘牛馬，畜者但以送葬。俗不重金銀錦罽，而貴瓔珠，[1]用以綴衣或飾髮垂耳。其男子科頭露紒，[2]衣布袍，履草蹻，[3]性勇悍。國中有所調役，及起築城隍，年少勇健者皆鑿其背皮，貫以大繩，以杖摇繩，終日讙呼力作，不以爲痛。善用弓楯矛櫓，雖有鬥争攻戰，而貴相屈服。俗信鬼神，常以五月耕種畢，群聚歌舞以祭神；至十月農事畢，亦如之。國邑各立一人主祭天神，謂爲天君。又置别邑，名曰蘇塗，立大木，懸鈴鼓。其蘇塗之義，有似西域浮屠也，[4]而所行善惡有異。

[1]瓔珠：瓔，殿本作“纓”。

[2]科頭露紒：不戴冠帽裸露髮結。

[3]蹻：屐、鞋。古代多指草鞋。《莊子·天下》：“使後世之墨者，多以裘褐爲衣，以跂蹻爲服。”成玄英疏：“木曰跂，草曰蹻也。”

[4]西域：古代對玉門關以西地區的總稱。狹義西域指玉門關以西、葱嶺以東地區，廣義則指通過狹義西域所能到達的地區。浮屠：寺塔。

武帝太康元年、二年，[1]其主頻遣使入貢方物，七年、八年、十年，又頻至。太熙元年，詣東夷校尉何龕上獻。咸寧三年復來，[2]明年又請内附。

[1]太康：太，殿本作“大”。

[2]咸寧三年復來：中華本校勘記：“《斠注》：咸寧建元在太康、太熙之前，本傳先後互倒。”

辰韓

辰韓，在馬韓之東，自言秦之亡人避役入韓，韓割東界以居之，立城栅，言語有類秦人，由是或謂之爲秦韓。初有六國，後稍分爲十二，又有弁辰，亦十二國，合四五萬户，各有渠帥，[1]皆屬於辰韓。辰韓常用馬韓人作主，雖世世相承，而不得自立，明其流移之人，故爲馬韓所制也。地宜五穀，俗饒蠶桑，善作縑布，[2]服牛乘馬。其風俗可類馬韓，[3]兵器亦與之同。初生子，便以石押其頭使扁。喜舞，善彈瑟，瑟形似筑。[4]武帝太康元年，其王遣使獻方物。二年復來朝貢，七年又來。

[1]渠帥：首領。

[2]縑布：絲織品。

[3]風俗可類馬韓：可，殿本作“有”。

[4]筑：古弦樂器名。《説文·竹部》：“筑，以竹曲、五弦之樂也。”段玉裁注：“《吴都賦》李注作似箏，五弦之樂也。”“高注《淮南》曰筑曲二十一弦。”“《樂書》云十三弦。筑弦數未審。”

肅慎氏

肅慎氏，一名挹婁，在不咸山北，[1]去夫餘可六十日行。東濱大海，西接寇漫汗國，北極弱水。其土界廣袤數千里，居深山窮谷，其路險阻，車馬不通。夏則巢居，冬則穴處。父子世爲君長。無文墨，以言語爲約。有馬不乘，但以爲財産而已。無牛羊，多畜猪，食其肉，衣其皮，績毛以爲布。有樹名雒常，若中國有聖帝代立，則其木生皮可衣。無井竈，作瓦鬲，受四五升以食。坐則箕踞，[2]以足挾肉而啖之，得凍肉，坐其上令暖。土無鹽鐵，燒木作灰，灌取汁而食之。俗皆編髮，以布作襜，[3]徑尺餘，以蔽前後。將嫁娶，男以毛羽插女頭，女和則持歸，然後致禮聘之。[4]婦貞而女淫，貴壯而賤老，死者其日即葬之於野，交木作小椁，殺猪積其上，以爲死者之糧。性凶悍，以無憂哀相尚。父母死，男子不哭泣，哭者謂之不壯。相盜竊，無多少皆殺之，故雖野處而不相犯。有石砮，[5]皮骨之甲，檀弓三尺五寸，楛矢長尺有咫。[6]其國東北有山出石，其利入鐵，將取之，必先祈神。

[1]不咸山：又名徒太山、太白山、白山，即今吉林省長白山。

[2]箕踞：兩腿張開坐，形似簸箕。古人認爲是一種無禮坐姿。

[3]襜：圍裙。

[4]聘之：聘，宋本、殿本作“娉”。

[5]石砮：石製的箭頭。《國語·魯語下》：“仲尼在陳，有隼集於陳侯之庭而死，楛矢貫之，石砮，其長尺有咫。”韋昭注：“砮，鏃也，以石爲之。”

［6］楛矢：以楛木做杆的箭。

周武王時，獻其楛矢、石砮。逮于周公輔成王，復遣使入賀。爾後千餘年，雖秦漢之盛，莫之致也。及文帝作相，魏景元末，來貢楛矢、石砮、弓甲、貂皮之屬。魏帝詔歸于相府，賜其王褥鷄、錦罽、綿帛。[1]至武帝元康初，復來貢獻。[2]元帝中興，又詣江左貢其石砮。[3]至成帝時，通貢於石季龍，[4]四年方達。季龍問之，[5]答曰"每候牛馬向西南眠者三年矣，[6]是知有大國所在，故來"云。

［1］褥鷄：高句麗産的鷄。褥，宋本、殿本作"傉"。　錦罽：絲織品和毛織品。

［2］至武帝元康初，復來貢獻：中華本校勘記："《斠注》：《武紀》獻楛矢、石砮在咸寧五年。'元康'爲惠帝年號，大誤。按：咸寧五年十二月使來，翌年春即改元太康，疑'元康'爲'太康'之誤。"元，宋本作"大"。

［3］江左：江東。因自北方視之，江東在左，江西在右，故稱。

［4］石季龍：即石虎，石勒從子，本書卷一〇六有載記。

［5］通貢於石季龍，四年方達。季龍問之：原本、殿本無"四年方達季龍"六字，宋本有，據宋本補。

［6］每候牛馬：牛，宋本作"車"。

倭人

倭人，在帶方東南大海中，依山島爲國，地多山林，無良田，食海物。舊有百餘小國相接，至魏時，有三十國通好。户有七萬。男子無大小，悉黥面文身。自謂太伯之後,[1]又言上古使詣中國，皆自稱大夫。昔夏少康之子封於會稽,[2]斷髮文身以避蛟龍之害，今倭人好沉没取魚，亦文身以厭水禽。計其道里，當會稽東冶之東。其男子衣以横幅，但結束相連，略無縫綴。婦人衣如單被，穿其中央以貫頭，而被髮徒跣。[3]其地温暖，俗種禾稻紵麻而蠶桑織績。土無牛馬，有刀楯弓箭，以鐵爲鏃。有屋宇，父母兄弟卧息異處。食飲用俎豆。[4]嫁娶不持錢帛，以衣迎之。死有棺無椁，封土爲冢。初喪，哭泣，不食肉。已葬，舉家入水澡浴自潔,[5]以除不祥。其舉大事，輒灼骨以占吉凶。[6]不知正歲四節，但計秋收之時以爲年紀。人多壽百年，或八九十。國多婦女，不淫不妒。無争訟，犯輕罪者没其妻孥，重者族滅其家。舊以男子爲主。漢末，倭人亂，攻伐不定，乃立女子爲王，名曰卑彌呼。

[1]太伯：即吴太伯，其與弟仲雍皆周太王之子，季歷之兄。周太王欲立季歷及姬昌，於是太伯、仲雍二人乃奔荆蠻，文身斷髮，示不可用，以避季歷，自號句吴。荆蠻義之，從而歸之千餘家，立爲吴太伯。

[2]少康：夏王，相之子。夏太康失位，后羿取代夏政，寒浞又殺后羿。夏相之后緡逃回母家，生少康。後夏臣伯靡聚衆殺寒浞，迎少康復位。史稱少康中興。　會稽：郡名，治所在山陰縣(今浙江省紹興市)。

[3]而被髮徒跣：宋本、殿本“被”上有“皆”字。

[4]俎：切肉用的砧板。　豆：食器。形似高足盤，大多有蓋。多爲陶質，也有用青銅、木、竹製成的。

[5]自潔：潔，殿本作“絜”。

[6]占吉凶：占，殿本作“古”。

宣帝之平公孫氏也，[1]其女王遣使至帶方朝見，其後貢聘不絶。及文帝作相，又數至。泰始初，遣使重譯入貢。[2]

[1]宣帝：司馬懿，本書卷一有紀。　公孫氏：公孫淵，三國時遼東襄平（今遼寧省遼陽市）人，字文懿，公孫康子，公孫康死後，奪弟公孫恭之權，自立爲燕王。後被司馬懿征討攻殺。

[2]重譯：輾轉翻譯。

裨離等十國

裨離國，在肅慎西北，馬行可二百日，領户二萬。養雲國去裨離馬行又五十日，領户二萬。寇莫汗國去養雲國又百日行，領户五萬餘。一群國去莫汗又百五十日，計去肅慎五萬餘里。[1]其風俗土壤並未詳。

[1]計去：計，宋本作“訃”。

泰始三年，各遣小部獻其方物。至太熙初，復有牟奴國帥逸芝惟離、模盧國帥沙支臣芝、于離末利國帥加牟臣芝、蒲都國帥因末、繩余國帥馬路、沙樓國帥鈔加，各遣正副使詣東夷校尉何龕歸化。

西戎

吐谷渾

吐谷渾，慕容廆之庶長兄也，其父涉歸分部落一千七百家以隸之。及涉歸卒，廆嗣位，而二部馬鬥，廆怒曰："先公分建有别，奈何不相遠離，而令馬鬥!"吐谷渾曰："馬爲畜耳，鬥其常性，何怒於人！乖别甚易，[1]當去汝於萬里之外矣。"於是遂行。廆悔之，遣其長史史那樓馮及父時耆舊追還之。[2]吐谷渾曰："先公稱卜筮之言，當有二子克昌，祚流後裔。我卑庶也，理無並大，今因馬而别，殆天所啓乎！諸君試驅馬令東，馬若還東，我當相隨去矣。"樓馮遣從者二千騎，擁馬東出數百步，輒悲鳴西走。如是者十餘輩，樓馮跪而言曰："此非人事也。"遂止。鮮卑謂兄爲阿干，[3]廆追思之，作《阿干之歌》，歲暮窮思，常歌之。

［1］乖别甚易：易，原本、宋本、殿本作"異"，據中華本校勘記改。

［2］長史：官名，掌顧問參謀，爲所在官署掾屬之長。魏晋南北朝時王府、公府、軍府、邊郡均置。八至六品。　耆舊：德高望重的老者。

［3］阿干：干，宋本作"千"。下文"《阿干之歌》"同。

吐谷渾謂其部落曰："我兄弟俱當享國，廆及曾玄纔百餘年耳。我玄孫已後，庶其昌乎!"於是乃西附陰山。[1]屬永嘉之亂，始度隴而西，其後子孫據有西零已西甘松之界，[2]極乎白蘭數千里。[3]然有城郭而不居，隨逐水草，廬帳爲屋，以肉酪爲糧。其官置長史、司馬、將軍，頗識文字。其男子通服長裙，帽或戴冪䍦。[4]婦人以金花爲首飾，辮髪縈後，綴以珠貝。其婚姻，富家厚出娉財，[5]竊女而去。父卒，妻其群母；兄亡，妻其諸嫂。喪服制，葬訖而除。國無常税，調用不給，輒斂富室商人，取足而止。殺人及盗馬者罪至死，他犯則徵物以贖。地宜大麥，而多蔓菁，頗有菽粟。出蜀馬、氂牛。西北雜種謂之爲阿柴虜，或號爲野虜焉。吐谷渾年七十二卒，有子六十人，長曰吐延，嗣。

[1]陰山：即今内蒙古自治區境内的陰山山脉。

[2]甘松：地名，指今甘肅省迭部縣一帶。

[3]白蘭：白蘭山，即今青海省黄河源西北布爾汗布達山。

[4]羃䍦：吐谷渾人戴的一種頭巾。

[5]娉財：娉，殿本作“聘”。

吐延，身長七尺八寸，雄姿魁傑，羌虜憚之，號曰項羽。性俶儻不群，[1]嘗慷慨謂其下曰：[2]“大丈夫生不在中國，當高光之世，與韓、彭、吴、鄧並驅中原，[3]定天下雌雄，使名垂竹帛，而潛竄窮山，隔在殊俗，不聞禮教於上京，不得策名於天府，生與麋鹿同群，死作氈裘之鬼，雖偷觀日月，獨不愧於心乎！”性酷忍，而負其智，不能恤下，爲羌酋姜聰所刺。劍猶在其身，謂其將紇拔泥曰：“豎子刺吾，吾之過也，上負先公，下愧士女。所以控制諸羌者，以吾故也。吾死之後，善相葉延，速保白蘭。”言終而卒。在位十三年，有子十二人，長子葉延嗣。

[1]俶儻不群：卓異不凡。

[2]嘗慷慨謂其下曰：嘗，宋本、殿本作“常”。

[3]韓：韓信，秦末淮陰（今江蘇省淮安市淮陰區南）人，早年家貧，常從人寄食。後隨項羽起兵，因不受重用，轉投劉邦。受蕭何舉薦，拜大將軍。功勛卓著，爲漢初三傑之一。漢立封楚王，後貶爲淮陰侯。終爲吕后設計所殺。 彭：彭越，秦末昌邑（今山東省巨野縣東南）人，字仲。秦末起兵，助劉邦擊昌邑。楚漢相争時，受劉邦所賜將軍印，助漢擊楚。西漢建立後封梁王。陳豨反叛，劉邦親征，徵梁國兵，彭越稱病不行。劉邦疑其反叛，廢其爲庶人，後信吕后之言，將其誅殺，夷其宗族。 吴：吴漢，東漢初南陽宛（今河南省南陽市）人，字子顔。新莽末亡命漁陽，以販馬爲業。後爲劉秀偏將軍，遷大將軍。東漢建立後任大司馬。屢建戰功，雲臺二十八將之一。 鄧：鄧禹，東漢南陽新野（今河南省新野縣）人，字仲華。新莽末年隨劉秀起兵，任前將軍。劉秀稱帝後，拜爲大司徒。由於兵敗長安，免大司徒。後拜右將軍，因功以特進奉朝請，復行司徒事。明帝即位後爲太傅，卒於官。

葉延，年十歲，其父爲羌酋姜聰所害，每旦縛草爲姜聰之象，哭而射之，中之則號泣，不中則瞋目大呼。其母謂曰：“姜聰，諸將已屠鱠之矣，汝何爲如此？”葉延泣曰：“誠知射草人不益於先仇，以申罔極之志耳。”性至孝，母病，五日不食，葉延亦不食。

長而沉毅，好問天地造化、帝王年曆。司馬薄洛鄰曰：“臣等不學，實未審三皇何父之子，五帝誰母所生。”延曰：“自羲皇以來，[1]符命玄象昭言著見，而卿等面墻，何其鄙哉！語曰‘夏蟲不知冬冰’，良不虚也。”又曰：“《禮》云公孫之子得以王父字爲氏，吾祖始自昌黎光宅於此，[2]今以吐谷渾爲氏，尊祖之義也。”在位二十三年卒，年三十三。有子四人，長子辟奚嗣。

[1]羲皇：又稱庖犧氏、伏羲、伏戲、伏犧、包羲、宓犧等。即太昊，或稱黄熊氏。神話中的人類始祖，八卦創始人。

[2]吾祖始自：祖始，原本、殿本作“始祖”，宋本作“祖始”，據宋本改。　昌黎：郡名，治所在昌黎縣（今遼寧省義縣）。　光宅：光，宋本作“先”。

辟奚，性仁厚慈惠。初聞苻堅之盛，[1]遣使獻馬五十匹，金銀五百斤。堅大悦，拜爲安遠將軍。[2]

[1]苻堅：字永固，本書卷一一三有載記。

[2]安遠將軍：官名，東漢末始置，多用以封降將或邊遠地區地方長官。三品。

時辟奚三弟皆專恣，長史鍾惡地恐爲國害，謂司馬乞宿雲曰：“昔鄭莊公、秦昭王以一弟之寵，[1]宗祀幾傾，况今三孽並驕，[2]必爲社稷之患。吾與公忝當元輔，若獲保首領以没于地，先君有問，其將何辭！吾今誅之矣。”宿雲請白辟奚，惡地曰：“吾王無斷，不可以告。”於是因群下入覲，遂執三弟而誅之。辟奚自投于床，惡地等奔而扶之，曰：“臣昨夢先王告臣云：‘三弟將爲逆亂，汝速除之。’臣謹奉先王之命矣。”辟奚素友愛，[3]因恍惚成疾，謂世子視連曰：“吾禍滅同生，何以見之於地下！國事大小，汝宜攝之，吾餘年殘命，寄食而已。”遂以憂卒。在位二十五年，時年四十二。有子六人，視連嗣。

[1]鄭莊公：春秋時鄭國國君，名寤生。鄭武公之子。即位後封弟共叔段於京，號京城大叔。後共叔段以京城叛亂，母武姜欲爲內應。莊公發兵平叛，叔段出奔，武姜被遷於城穎（今河南省登封市西）。　秦昭王：即秦昭襄王，戰國時秦國國君。名稷。秦武王異母弟。即位時年十九，由其母宣太后執政。在位期間以司馬錯、白起等人爲將，伐三晋，攻齊楚。取魏之河東、南陽，楚之巫郡、黔中，北定太原，盡有上黨。爲秦國統一六國奠定了堅實的基礎。

[2]况今：况，殿本作“見”。

[3]友愛：友，宋本作“犮”。本卷下文“先生追友于之痛”同。

視連既立，通娉於乞伏乾歸，[1]拜爲白蘭王。視連幼廉慎有志性，[2]以父憂卒，不知政事，不飲酒游田七年矣。鍾惡地進曰：“夫人君者，以德御世，以威齊衆，養以五味，娱以聲色。此四者，聖帝明王之所先也，而公皆略之。昔昭公儉嗇而喪，[3]偃王仁義而亡，[4]然則仁義所以存身，亦所以亡己。經國者，德禮也；濟世者，刑法也。[5]二者或差，則綱維失緒。明公奕葉重光，恩結西夏，雖仁孝發於天然，猶宜憲章周孔，不可獨追徐偃之仁，使刑德委而不建。”視連泣曰：“先王追友于之痛，[6]悲憤升遐，孤雖纂業，尸存而已。[7]聲色游娱，豈所安也！綱維刑禮，付之將來。”臨終，謂其子視羆曰：“我高祖吐谷渾公常言子孫必有興者，永爲中國之西藩，慶流百世。吾已不及，汝亦不見，當在汝之子孫輩耳。”

在位十五年而卒。有二子，長曰視羆，少曰烏紇堤。

［1］通娉：娉，殿本作“聘”。　乞伏乾歸：十六國時西秦國主，本書卷一二五有載記。

［2］視連：宋本無此二字。

［3］昭公儉嗇而喪：昭公，晋昭公。《詩·國風·山有樞序》：“《山有樞》，刺晋昭公也。不能修道以正其國，有財不能用，有鍾鼓不能以自樂，有朝廷不能灑掃，政荒民散，將以危亡。四鄰謀取其國家而不知，國人作詩以刺之也。”

［4］偃王仁義而亡：事見《説苑·指武》：“王孫厲謂楚文王曰：‘徐偃王好行仁義之道，漢東諸侯三十二國盡服矣！王若不伐，楚必事徐。’王曰：‘若信有道，不可伐也。’對曰：‘大之伐小，强之伐弱，猶大魚之吞小魚也，若虎之食豚也，惡有其不得理？’文王興師伐徐，殘之。徐偃王將死，曰：‘吾賴於文德而不明武備，好行仁義之道而不知詐人之心，以至於此。’”

［5］刑法：刑，宋本作“形”。

［6］友于：借指兄弟。

［7］尸存而已：尸，原本、殿本作“户”，宋本作“尸”，據宋本改。

視羆，性英果，有雄略，嘗從容謂博士金城騫苞曰：“《易》云：‘動静有常，剛柔斷矣。’[1]先王以仁宰世，不任威刑，所以剛柔靡斷，取輕鄰敵。當仁不讓，豈宜拱默者乎！今將秣馬厲兵，争衡中國，先生以爲何如？”苞曰：“大王之言，高世之略，秦隴英豪所願聞也。”[2]於是虚襟撫納，衆赴如歸。

［1］“動静有常”句：語出《易·繫辭上》。

［2］秦隴：地區名，指今陝西、甘肅兩省地區。

乞伏乾歸遣使拜爲使持節、都督龍涸已西諸軍事、沙州牧、白蘭王。[1]視羆不受，謂使者曰：“自晋道不綱，奸雄競逐，劉、石虐亂，[2]秦、燕跋扈，[3]河南王處形勝之地，[4]宜當糾合義兵，以懲不順，奈何私相假署，擬僭群凶！寡人承五祖之休烈，[5]控弦之士二萬，方欲掃氛秦隴，清彼沙凉，[6]然後飲馬涇渭，[7]戮問鼎之豎，[8]以一丸泥封東關，[9]閉燕趙之路，迎天子於西京，以盡遐藩之節，終不能如季孟、子陽妄自尊大。[10]爲吾白河南王，何不立勛帝室，策名王府，建當年之功，流芳來葉邪！”乾歸大怒，然憚其强，初猶結好，後竟遣衆擊之。視羆大敗，退保白蘭。在位十一年，年三十三卒。子樹洛干年少，[11]傳位於烏紇堤。

［1］使持節：漢朝官吏奉使外出時，或由皇帝授予節杖，以提高其權力。魏晋以後，凡重要軍事長官出征或出鎮，加使持節，可誅殺二千石以下官員。　都督龍涸已西諸軍事：龍涸城以西地區最高軍事行政長官。龍涸城，地名，在今四川省松潘縣。龍，原本作“罷”，宋本、殿本作“龍”，據宋本、殿本及下文改。　沙州：治所在敦煌縣（今甘肅省敦煌市西）。

［2］劉：劉淵建立的漢及前趙政權。　石：石勒建立的後趙政權。

［3］秦：十六國前秦政權。　燕：十六國前燕政權。

［4］形勝之地：險要之地。

［5］五祖之休烈：吐谷渾、吐延、葉延、辟奚、視連五世盛美

的事業。

[6]沙涼：沙州和涼州。

[7]涇：涇水，即涇河，源出今寧夏回族自治區涇源縣南六盤山，東南流至陝西省涇陽縣東南入渭河。　渭：渭水，即渭河，黄河支流，源出今甘肅省渭源縣西鳥鼠山。

[8]問鼎：典出《左傳·宣公三年》："楚子伐陸渾之戎，遂至於雒，觀兵於周疆。定王使王孫滿勞楚子，楚子問鼎之大小輕重焉。"禹鑄九鼎，三代視之爲國寶。楚王問鼎，有取而代周之意。後遂稱圖謀王位爲"問鼎"。

[9]以一丸泥封東關：據守雄關。語出《後漢書》卷一三《隗囂傳》："請以一丸泥爲大王東封函谷關，此萬世一時也。"

[10]季孟：即隗囂，西漢末天水成紀（今甘肅省静寧縣西南）人，字季孟。新莽末年起兵，攻占隴西、武都、酒泉等地。東漢建立後歸附劉秀，但内心圖謀割據。公孫述割據蜀地，隗囂予以響應配合，後手下大將王遵等率兵十餘萬歸降東漢，因大勢已去，憂憤而死。　子陽：即公孫述，扶風茂陵（今陝西省興平市）人，字子陽。西漢末任更始政權蜀郡太守，後自立爲蜀王，旋又稱帝，建都成都，國號成家，建元龍興。後爲劉秀派兵所滅。

[11]年少：少，宋本作"小"。

烏紇堤，一名大孩，性懦弱，耽酒淫色，不恤國事。乞伏乾歸之入長安也，烏紇堤屢抄其境。乾歸怒，率騎討之。烏紇堤大敗，亡失萬餘口，保于南涼，遂卒於胡國。[1]在位八年，時年三十五。視羆之子樹洛干立。

[1]遂卒於胡國：中華本校勘記："《斠注》：《通鑑》作'胡園'。"

樹洛干，九歲而孤，其母念氏聰惠有姿色，烏紇堤妻之，有寵，遂專國事。洛干十歲便自稱世子，年十六嗣立，率所部數千家奔歸莫何川，[1]自稱大都督、車騎大將軍、大單于、吐谷渾王。[2]化行所部，衆庶樂業，號爲戊寅可汗，沙漒雜種莫不歸附。乃宣言曰："孤先祖避地於此，暨孤七世，思與群賢共康休緒。今士馬桓桓，控弦數萬，孤將振威梁益，稱霸西戎，觀兵三秦，[3]遠朝天子，諸君以爲何如？"衆咸曰："此盛德之事也，願大王自勉！"

[1]莫何川：地名，在今甘肅省東南西傾山東北一帶。

[2]大都督：官名，高級軍事長官。三國初作爲加官於戰時臨時設置，後逐漸成爲常設加官官職，地位極高。　車騎大將軍：官名，西晋置，位在車騎將軍之上，多授予元老重臣，以示尊崇。開府置僚屬，一般不領兵。二品，開府位從公者一品。

[3]三秦：項羽三分關中，封章邯爲雍王、司馬欣爲塞王、董翳爲翟王，合稱三秦。其地相當於今陝西省關中地區及甘肅省東部。

乞伏乾歸甚忌之，率騎二萬，攻之於赤水。[1]樹洛干大敗，遂降乾歸，乾歸拜爲平狄將軍、赤水都護，[2]又以其弟吐護真爲捕虜將軍、層城都尉。[3]其後屢爲乞伏熾磐所破，[4]又保白蘭，慚憤發病而卒。在位九年，時年二十四。熾磐聞其死，喜曰："此虜矯矯，所謂有豕白蹢也。"有子四人，世子拾虔嗣。其後世嗣不絕。

［1］赤水：即今甘肅省隴西縣東渭河支流赤亭河。

［2］平狄將軍：官名，東漢建安間曹操置，統兵。三品。十六國時西秦亦置。　赤水都護：赤水地區統兵武官。

［3］捕虜將軍：東漢初置，爲雜號將軍，統兵出征。後省，獻帝建安中曹操復置。十六國西秦亦置。　層城都尉：負責層城守衛的軍事長官。

［4］乞伏熾磐：磐，原本作“盤”，宋本、殿本作“磐”，據下文及宋本、殿本、中華本校勘記改。下文“熾磐聞其死”，宋本“磐”作“盤”。

焉耆國

焉耆國，[1]西去洛陽八千二百里，其地南至尉犁，[2]北與烏孫接，[3]方四百里。四面有大山，道險隘，百人守之，千人不過。其俗丈夫剪髮，[4]婦人衣襦，著大袴。婚姻同華夏。好貨利，任奸詭。王有侍衛數十人，皆倨慢無尊卑之禮。

［1］焉耆國：焉，原本作“馬”，宋本、殿本作“焉”，據上文及宋本、殿本改。

［2］尉犁：尉犁國，本西域諸國之一，國都在尉犁城（今新疆維吾爾自治區焉耆回族自治縣西南紫泥泉）。西漢神爵二年（前60）後屬西域都護府。

［3］烏孫：烏孫國，一作烏珠國。本西域諸國之一，國都在赤谷城（今吉爾吉斯共和國境内伊什提克一帶）。西漢神爵二年（前60）後屬西域都護府。

［4］丈夫剪髮：剪，宋本、殿本作“翦”。

武帝太康中，其王龍安遣子入侍。安夫人獪胡之女，妊身十二月，剖脅生子，曰會，立之爲世子。會少而勇傑，安病篤，謂會曰："我嘗爲龜兹王白山所辱，不忘於心。汝能雪之，乃吾子也。"及會立，襲滅白山，遂據其國，遣子熙歸本國爲王。會有膽氣籌略，遂霸西胡，葱嶺以東莫不率服。[1]然恃勇輕率，嘗出宿于外，爲龜兹國人羅雲所殺。

[1]葱嶺：即今帕米爾高原與喀喇崑崙山脉的總稱。

其後張駿遣沙州刺史楊宣率衆疆理西域，[1]宣以部將張植爲前鋒，所向風靡。軍次其國，熙距戰於賁崙城，爲植所敗。植進屯鐵門，[2]未至十餘里，熙又率衆先要之於遮留谷。[3]植將至，或曰："漢祖畏於柏人，[4]岑彭死於彭亡，[5]今谷名遮留，殆將有伏?"植單騎嘗之，果有伏發。植馳擊敗之，進據尉犁，熙率其群下四萬人肉袒降于宣。吕光討西域，[6]復降于光。及光僭位，熙又遣子入侍。

[1]張駿：字公庭，本書卷八六有傳。　疆理：劃分，治理。語本《詩·小雅·信南山》："我疆我理，南東其畝。"毛亨傳："疆，畫經界也；理，分地理也。"高亨注："疆，劃田界。"疆，原本作"彊"，宋本、殿本作"疆"，據宋本、殿本改。

[2]鐵門：鐵門關，位於今中亞烏兹别克斯坦共和國卡爾西東南。

[3]遮留谷：即今新疆維吾爾自治區庫爾勒市北、焉耆縣西南的哈滿溝。

[4]漢祖畏於柏人：《漢書》卷一《高祖紀下》："八年冬，上

東擊韓信餘寇於東垣。還過趙，趙相貫高等耻上不禮其王，陰謀欲弑上。上欲宿，心動，問：‘縣名何？’曰：‘柏人。’上曰：‘柏人者，迫於人也。’去弗宿。”柏人，縣名，治所在今河北省隆堯縣西北。

[5]岑彭死於彭亡：岑彭，東漢初南陽棘陽（今河南省南陽市南）人，字君然，劉秀手下大將。《後漢書》卷一七《岑彭傳》：“彭所營地名彭亡，聞而惡之，欲徙，會日暮，蜀刺客詐爲亡奴降，夜刺殺彭。”

[6]吕光：字世明，本書卷一二二有載記。

龜兹國

龜兹國，西去洛陽八千二百八十里，俗有城郭，其城三重，中有佛塔廟千所。人以田種畜牧爲業，男女皆翦髮垂項。王宫壯麗，焕若神居。

武帝太康中，其王遣子入侍。惠懷末，以中國亂，遣使貢方物於張重華。[1]苻堅時，堅遣其將吕光率衆七萬伐之，其王白純距境不降，光進軍討平之。

[1]張重華：字泰臨，本書卷八六有傳。

大宛

大宛，西去洛陽萬二千三百五十里，[1]南至大月氏，[2]北接康居，大小七十餘城。土宜稻麥，有蒲陶酒，[3]多善馬，馬汗血。其人皆深目多鬚。其俗娶婦先以金同心指鐶爲娉。又以三婢試之，不男者絶婚。奸淫有子，皆卑其母。與人馬乘不調墜死者，馬主出斂具。善市賈，争分銖之利，[4]得中國金銀，輒爲器物，不用爲幣也。

[1]萬二千：二，宋本、殿本作“三”。

[2]大月氏：古族名，秦至漢初游牧於今甘肅省河西走廊一帶，稱月氏。後遭匈奴攻擊，被迫西遷，過大宛，擊大夏，在嬀水北建立政權，稱大月氏。兩漢時均與中原政權有聯繫。

[3]蒲陶：陶，殿本作“萄”。本卷下文“蒲陶”同。

[4]分銖之利：一點點小利。

太康六年，武帝遣使楊顥拜其王藍庾爲大宛王。[1]藍庾卒，其子摩之立，遣使貢汗血馬。[2]

[1]藍庾：庾，原本、宋本作“瘦”，殿本作“庾”，據殿本改。本卷下文此人名同。

[2]汗血馬：西域良馬。《漢書》卷六《武帝紀》：“四年春，貳師將軍廣利斬大宛王首，獲汗血馬來。”顔師古注引應劭曰：“大宛舊有天馬種，蹋石汗血，汗從前肩髆出，如血。號一日千里。”

康居國

康居國，在大宛西北可二千里，與粟弋、伊列鄰接。[1]其王居蘇薤城。風俗及人貌、衣服略同大宛。地和暖，饒桐、柳、蒲陶，多牛羊，出好馬。泰始中，其王那鼻遣使上封事，并獻善馬。

[1]粟弋：古地名，始見於《後漢書》卷八八《西域傳》。指今中亞阿姆河、錫爾河之間以澤拉夫善河流域爲中心的地區。　伊列：古地名，在今新疆維吾爾自治區伊犁河地區。

大秦國

大秦國，一名犂鞬，在西海之西，[1]其地東西南北各數千里。有城邑，其城周迴百餘里。屋宇皆以珊瑚爲棁栭，[2]琉璃爲墻壁，水精爲柱礎。其王有五宫，其宫相去各十里，每旦於一宫聽事，終而復始。若國有灾異，輒更立賢人，放其舊王，被放者亦不敢怨。有官曹簿領，而文字習胡，亦有白蓋小車、旌旗之屬，及郵驛制置，一如中州。其人長大，貌類中國人而胡服。其土多出金玉寶物、明珠、大貝，有夜光璧、駭鷄犀及火浣布，[3]又能刺金縷綉及織錦縷罽。以金銀爲錢，銀錢十當金錢之一。安息、天竺人與之交市於海中，[4]其利百倍。鄰國使到者，輒廩以金錢。途經大海，海水鹹苦不可食，商客往來皆賫三歲糧，是以至者稀少。

[1]西海：指今波斯灣。

[2]棁栭：房屋梁上的短柱及柱上支撑大梁的方木。

[3]夜光璧：璧，宋本作“壁”。

[4]安息：即今伊朗伊斯蘭共和國，始見於《史記》卷一二三《大宛列傳》。　天竺：古印度。

漢時都護班超遣掾甘英使其國，[1]入海，船人曰：“海中有思慕之物，往者莫不悲懷。若漢使不戀父母妻子者，可入。”英不能渡。武帝太康中，其王遣使貢獻。

[1]都護：此即西域都護，亦稱都護西域、使西域都護。主管西域地區軍政事務。　班超：東漢扶風安陵（今陝西省咸陽市東

北）人，字仲昇，班彪子。投筆從戎，隨竇固出擊匈奴，又受命出使西域，爲打通西域立有大功，被任爲西域都護。　甘英：東漢人，和帝時爲西域都護班超屬吏，受命出使大秦，至條支國西海（今波斯灣）受阻返回。

南蠻

林邑國

林邑國，本漢時象林縣，[1]則馬援鑄柱之處也，[2]去南海三千里。後漢末，縣功曹姓區，[3]有子曰連，殺令自立爲王，子孫相承。其後王無嗣，外孫范熊代立。熊死，子逸立。其俗皆開北户以向日，[4]至於居止，或東西無定。人性凶悍，果於戰鬥，便山習水，不閑平地。四時暄暖，無霜無雪，人皆倮露徒跣，以黑色爲美。貴女賤男，同姓爲婚，婦先娉婿。女嫁之時，著迦盤衣，横幅合縫如井欄，[5]首戴寶花。居喪翦鬢謂之孝，燔尸中野以爲葬。其王服天冠，被纓絡，每聽政，子弟侍臣皆不得近之。

[1]象林縣：治所在今越南社會主義共和國廣南省維川縣南茶蟜。

[2]馬援：東漢扶風茂陵（今陝西省興平市）人，字文淵。先依凉州隗囂，後歸劉秀。歷任隴西太守、伏波將軍等職，出征交趾、匈奴、烏桓等。六十二歲時率軍征五溪蠻，病逝軍中。

[3]功曹：官名，即功曹史。郡縣屬官，執掌人事，參與郡縣政務。兩晋時，不開府將軍、太子二傅、特進、郡縣皆置。

[4]開北户：北，殿本作“地”。

[5]井欄：井，原本作“升”，宋本、殿本作“井”，據宋本、

殿本改。

自孫權以來，不朝中國。至武帝太康中，始來貢獻。咸康二年，范逸死，奴文篡位。

文，日南西卷縣夷帥范椎奴也。[1]嘗牧牛澗中，獲二鯉魚，化成鐵，用以爲刀。刀成，乃對大石嶂而咒之曰：[2]"鯉魚變化，冶成雙刀，[3]石嶂破者，是有神靈。"進斫之，石即瓦解。文知其神，乃懷之。隨商賈往來，[4]見上國制度，至林邑，遂教逸作宫室、城邑及器械。逸甚愛信之，使爲將。文乃譖逸諸子，或徙或奔。

[1]日南：郡名，治所在西卷縣（今越南社會主義共和國廣治河與甘露河合流處）。

[2]咒之：咒，殿本作"祝"。

[3]冶成雙刀：冶，原本作"治"，宋本、殿本作"冶"，據宋本、殿本改。

[4]賈：宋本作"估"。

及逸死，無嗣，文遂自立爲王。以逸妻妾悉置之高樓，從己者納之，不從者絶其食。於是乃攻大岐界、小岐界、式僕、徐狼、屈都、乾魯、扶單等諸國，并之，有衆四五萬人。遣使通表入貢於帝，其書皆胡字。至永和三年，文率其衆攻陷日南，[1]害太守夏侯覽，殺五六千人，餘奔九真，[2]以覽尸祭天，鏟平西卷縣城，遂據日南。告交州刺史朱蕃，[3]求以日南北鄙橫山爲界。[4]

[1]文率其衆：文，宋本作“又”。

[2]九真：郡名，西漢文帝時南越王趙佗置。漢武帝時爲漢郡，治所在胥浦縣（今越南社會主義共和國清化省清化市西北）。

[3]交州：又稱交趾，公元前2世紀初南越王趙佗置，後屬西漢。東漢改爲交州，治所在番禺縣（今廣東省廣州市）。三國時移治龍編縣（今越南社會主義共和國河北省仙游縣東）。

[4]北鄙：北部邊界。　横山：在今越南社會主義共和國河静、廣平二省交界處。

初，徼外諸國嘗賫寶物自海路來貿貨賄，而交州刺史、日南太守多貪利侵侮，十折二三。至刺史姜壯時，使韓戢領日南太守，戢估較太半，又伐船調枹，聲云征伐，由是諸國恚憤。且林邑少田，貪日南之地，[1]戢死絶，[2]繼以謝擢，侵刻如初。及覽至郡，又耽荒于酒，政教愈亂，故被破滅。

[1]日南之地：之地，宋本作“文燕”。

[2]戢死絶：中華本校勘記：“‘絶’字疑衍。《册府》一〇〇〇引無。”

既而文還林邑。是歲，朱蕃使督護劉雄戍于日南，文復攻陷之。四年，文又襲九真，害士庶十八九。明年，征西督護滕畯率交廣之兵伐文於盧容，爲文所敗，退次九真。其年，文死，子佛嗣。

升平末，廣州刺史滕含率衆伐之，[1]佛懼，請降，含與盟而還。至孝武帝寧康中，遣使貢獻。至義熙中，每歲又來寇日南、九真、九德等諸郡，[2]殺傷甚衆，交州遂致虚弱，而林邑亦用疲弊。佛死，子胡達立，上疏貢金盤碗及金鉦等物。

[1]廣州：治所在番禺縣（今廣東省廣州市）。　滕含：東晋人，歷任奮威長史、奮武司馬、輕車長史、建威長史、平南將軍、廣州刺史等職。

[2]九德：郡名，三國孫吴置，治所在九德縣（今越南社會主義共和國義安省榮市）。

扶南

扶南，西去林邑三千餘里，在海大灣中，其境廣袤三千里，有城邑宫室。人皆醜黑拳髮，裸身跣行。性質直，不爲寇盗，以耕種爲務，一歲種，三歲穫。又好雕文刻鏤，食器多以銀爲之，貢賦以金銀珠香。亦有書記府庫，文字有類於胡。喪葬婚姻略同林邑。

其王本是女子，字葉柳。時有外國人混潰者，先事神，夢神賜之弓，又教載舶入海。混潰旦詣神祠，[1]得弓，遂隨賈人泛海至扶南外邑。[2]葉柳率衆禦之，混潰舉弓，葉柳懼，遂降之。於是混潰納以爲妻，而據其國。後胤衰微，子孫不紹，其將范尋復世王扶南矣。

[1]旦詣神祠：旦，宋本作“且”。

[2]賈人：賈，宋本作“估”。

武帝泰始初，遣使貢獻。太康中，又頻來。穆帝升平初，復有竺旃檀稱王，遣使貢馴象。帝以殊方異獸，恐爲人患，詔還之。

北狄

匈奴

匈奴之類，總謂之北狄。匈奴地南接燕趙，北暨沙漠，東連九夷，西距六戎。世世自相君臣，不禀中國正朔。夏曰薰鬻，殷曰鬼方，周曰獫狁，漢曰匈奴。其强弱盛衰、風俗好尚、區域所在，皆列于前史。

前漢末，匈奴大亂，五單于争立，而呼韓邪單于失其國，携率部落，入臣於漢。漢嘉其意，割并州北界以安之。[1]於是匈奴五千餘落入居朔方諸郡，[2]與漢人雜處。呼韓邪感漢恩，來朝，漢因留之，賜其邸舍，猶因本號，聽稱單于，歲給綿絹錢穀，有如列侯。子孫傳襲，歷代不絶。其部落隨所居郡縣，使宰牧之，與編户大同，而不輸貢賦。多歷年所，户口漸滋，彌漫北朔，轉難禁制。後漢末，天下騷動，群臣競言胡人猥多，懼必爲寇，宜先爲其防。建安中，魏武帝始分其衆爲五部，部立其中貴者爲帥，選漢人爲司馬以監督之。魏末，復改帥爲都尉。其左部都尉所統可萬餘落，居于太原故兹氏縣；[3]右部都尉可六千餘落，居祁縣；[4]南部都尉可三千餘落，居蒲子縣；[5]北部都尉可四千餘落，居新興縣；[6]中部都尉可六千餘落，居大陵縣。[7]

[1]并州：治所在晋陽縣（今山西省太原市西南）。

[2]朔方：郡名，治所在朔方縣（今内蒙古自治區杭錦旗北），轄境相當於今内蒙古自治區前套西北部及後套地區。

[3]太原：郡名，治所在晋陽縣（今山西省太原市西南）。兹氏縣：兹，原本、殿本作“泫”。南北監本同。宋本、汲古閣本、中華本均作“兹”。此從宋本。兹氏縣，治所在今山西省汾陽市。

[4]祁縣：治所在今山西省祁縣東南祁城。

[5]蒲子縣：治所在今山西省隰縣東北蒲子村。

[6]新興縣：治所在今山西省忻州市。

[7]大陵縣：大，原本、宋本、殿本作“太”，據中華本校勘記改。大陵縣，治所在今山西省文水縣東北武陵村。

武帝踐阼後，塞外匈奴大水，塞泥、黑難等二萬餘落歸化，帝復納之，使居河西故宜陽城下。[1]後復與晋人雜居，由是平陽、西河、太原、新興、上黨、樂平諸郡靡不有焉。[2]泰始七年，單于猛叛，[3]屯孔邪城。[4]武帝遣婁侯何楨持節討之。[5]楨素有志略，以猛衆凶悍，非少兵所制，乃潛誘猛左部督李恪殺猛，[6]於是匈奴震服，積年不敢復反。其後稍因忿恨，殺害長史，[7]漸爲邊患。侍御史西河郭欽上疏曰：[8]“戎狄强獷，歷古爲患。魏初人寡，西北諸郡皆爲戎居。今雖服從，若百年之後有風塵之警，胡騎自平陽、上黨不三日而至孟津，[9]北地、西河、太原、馮翊、安定、上郡盡爲狄庭矣。[10]宜及平吴之威，謀臣猛將之略，出北地、西河、安定，復上郡，實馮翊，於平陽已北諸縣募取死罪，徙三河、三魏見士四萬家以充之。[11]裔不亂華，漸徙平陽、弘農、魏郡、京兆、上黨雜胡，[12]峻四夷出入之防，明先王荒服之制，萬世之長策也。”帝不納。至太康五年，復有匈奴胡太阿厚率其部落二萬九千三百人歸化。七年，又有匈奴胡都大博及萎莎胡等各率種類大小凡十萬餘口，詣雍州刺史、扶風王駿降附。[13]明年，匈奴都督大豆得一育鞠等復率種落大小萬一千五百口，牛二萬二千頭，羊十萬五千口，車廬什物不可勝紀，來降，并貢其方物，帝並撫納之。

[1]河西：地區名，指陝西、山西兩省間黄河南段之西。　宜陽城：《後漢書》卷一一《劉盆子傳》："積兵甲宜陽城西。"李賢注："宜陽，縣，故城韓國城也，在今洛州福昌縣東。"

[2]平陽：郡名，治所在平陽縣（今山西省臨汾市西南）。　西河：郡國名，治所在離石縣（今山西省吕梁市離石區）。　新興：郡名，治所在九原縣（今山西省忻州市）。　上黨：郡名，治所在潞縣（今山西省黎城縣南）。　樂平：郡名，治所在沾縣（今山西省昔陽縣西南）。

[3]猛：劉猛，東漢末建安年間，曹操把入居塞内的匈奴分左、右、南、北、中五部，劉猛爲中部帥。後舉兵反叛，被李恪斬殺。

[4]孔邪城：孔，原本作"扎"，宋本、殿本作"孔"，據宋本、殿本改。

[5]何楨：字元幹，廬江（今安徽省廬江縣西南）人，有文學器幹，容貌甚偉。曹魏時歷幽州刺史、廷尉等職，入晋爲尚書、光禄大夫。　持節：官員外出持有皇帝授予的節杖，代表高等權威，常用於軍事長官出征。

[6]左部督：官名，匈奴左部帥屬官。

[7]殺害長史：中華本校勘記："周校：'長吏'誤'長史'。"

[8]侍御史：官名，簡稱御史、侍御。御史臺屬官，曹魏時分掌治書、課第等八曹，尚書、符節等三臺。西晋時分掌吏、課第、直事、印、中都督、外都督、媒、符節、水、中壘、軍營、法、算十三曹。六品。

[9]孟津：一作盟津，又名富平津。位於今河南省孟州市西南黄河上。

[10]北地：郡名，三國魏治所在祋祤城（今陝西省銅川市耀州區城東），西晋移治泥陽縣（今甘肅省寧縣東南）。　馮翊：郡名，三國魏以左馮翊改置，治所在臨晋縣（今陝西省大荔縣）。　安定：郡名，西漢置，治所在高平縣（今寧夏回族自治區固原市），東漢治所在臨涇縣（今甘肅省鎮原縣東南），東晋改治安定縣（今甘肅省涇川縣北）。　上郡：治所在膚施縣（今陝西省榆林市東南）。

[11]三河：河南、河内、河東三郡的合稱，相當今河南省伊河、洛河流域與黄河以北及山西省南部一帶。　三魏：即古代魏郡地區。西漢置魏郡，後來魏郡分置東、西部都尉，故有“三魏”之稱。《元和郡縣圖志》云魏文帝“黄初二年，以廣平、陽平、魏三郡爲三魏”。

[12]弘農：郡名，治所在弘農縣（今河南省靈寶市）。　魏郡：治所在鄴縣（今河北省臨漳縣西南）。　京兆：郡名，治所在長安縣（今陝西省西安市西北）。

[13]雍州：治所在姑臧縣（今甘肅省武威市）。東漢建安十八年（213）移治長安縣（今陝西省西安市西北）。　扶風王駿：司馬駿，字子臧，本書卷三八有傳。

北狄以部落爲類，其入居塞者有屠各種、鮮支種、寇頭種、烏譚種、赤勒種、捍蛭種、黑狼種、赤沙種、鬱鞞種、萎莎種、禿童種、勃蔑種、羌渠種、賀賴種、鍾跂種、大樓種、雍屈種、真樹種、力羯種，[1]凡十九種，皆有部落，不相雜錯。屠各最豪貴，故得爲單于，統領諸種。其國號有左賢王、右賢王、左奕蠡王、右奕蠡王、左于陸王、右于陸王、左漸尚王、右漸尚王、左朔方王、右朔方王、左獨鹿王、右獨鹿王、左顯禄王、右顯禄王、左安樂王、右安樂王，[2]凡十六等，皆用單于親子弟也。其左賢王最貴，唯太子得居之。其四姓，有呼延氏、卜氏、蘭氏、喬氏。而呼延氏最貴，則有左日逐、右日逐，世爲輔相；卜氏則有左沮渠、右沮渠；蘭氏則有左當户、右當户；喬氏則有左都侯、右都侯。又有車陽、沮渠、餘地諸雜號，猶中國百官也。其國人有綦母氏、勒氏，皆勇健，好反叛。武帝時，有騎督綦母俔邪伐吴有功，遷赤沙都尉。[3]

[1]烏譚：烏，宋本作“自”。　捍蛭種：捍，宋本作“禆”。

[2]左奕蠡王：奕，宋本、殿本作“弈”。下文“右奕蠡王”同。　左于陸王：于，宋本、殿本作“於”。下文“右于陸王”同。

[3]赤沙都尉：赤沙城軍事長官。赤沙城位於今陝西省黄陵縣西。

惠帝元康中，匈奴郝散攻上黨，[1]殺長吏，[2]入守上郡。明年，散弟度元又率馮翊、北地羌胡攻破二郡。自此已後，北狄漸盛，中原亂矣。

[1]郝散：西晋人，匈奴族。元康四年（294）率衆反晋，攻上黨，殺長吏，據上郡。後率衆降，被殺。

[2]長吏：吏，原本、殿本作“史”，宋本作“吏”，據宋本改。

史臣曰：夫肖形禀氣，[1]是稱萬物之靈；繫土隨方，乃有群分之異。蹈仁義者爲中宇，肆凶獷者爲外夷，譬諸草木，區以別矣。夷狄之徒，名教所絶，闚邊候隙，自古爲患，稽諸前史，憑陵匪一。[2]軒皇北逐，唐帝南征，殷后東戡，周王西狩，皆所以禦其侵亂也。嬴劉之際，匈奴最强；元成之間，呼韓委質，漢嘉其節，處之中壤。歷年斯永，種類逾繁，舛號殊名，不可勝載。爰及泰始，匪革前迷，廣闢塞垣，更招種落，納萎莎之後附，[3]開育鞠之新降，[4]接帳連韝，[5]充郊掩甸。既而沸脣成俗，鳴鏑爲群，振鴞響而挻灾，[6]恣狼心而逞暴。何楨縱策，弗沮於奸萌；郭欽馳疏，無救於妖漸。未環星紀，[7]坐傾都邑，黎元塗地，凶族滔天。迹其所由，抑武皇之失也。吐谷渾分緒僞燕，遠辭正嫡，率東胡之餘衆，掩西羌之舊宇，綱疏政暇，地廣兵全，廓萬里之基，貽一匡之訓，弗忘忠義，良可嘉焉。吐延夙標宏偉，[8]見方於項籍，[9]始遵朝化，遽夭於姜聰，高節不群，亦殊藩之秀也。葉延至孝，寄新哀於射草；辟奚深友，邁古烈於分荆；[10]視連蒸蒸，[11]光奉先之義；視羆矯矯，蘊經時之略；洛干童幼，早擅英規，[12]未騁雄心，先摧凶手，奉順者必敗，豈天亡晋乎！且渾廆連枝，生自邊極，各謀孫而翼子，咸革裔而希華。廆胤奸凶，假鳳圖而竊號；渾嗣忠謹，距龍涸而歸誠。懷奸者數世而亡，資忠者累葉彌劭，積善餘慶，[13]斯言信矣。

[1]肖形：肖，宋本作“宵”。

[2]憑陵：侵犯。

[3]納萎莎之後附：即上文所説“又有匈奴胡都大博及萎莎胡

等各率種類大小凡十萬餘口，詣雍州刺史、扶風王駿降附”。

［4］開育鞠之新降：即上文所説“匈奴都督大豆得一育鞠等復率種落大小萬一千五百口，牛二萬二千頭，羊十萬五千口，車廬什物不可勝紀，來降，并貢其方物，帝並撫納之”。

［5］接帳連鞲：帳即匈奴人所居屋帳，鞲即匈奴人打獵用的臂套。形容匈奴人多。

［6］鴞響而挺灾：貓頭鷹叫而招致灾殃。

［7］未環星紀：不滿一周歲。星紀，歲月。

［8］吐延夙標宏偉：標，宋本作“摽”。

［9］項籍：即項羽，名籍，字羽。

［10］分荆：指兄弟分開。

［11］視連：連，原本作“達”，宋本、殿本作“連”，據上文及宋本、殿本改。

［12］早擅英規：宋本無“早”字，作一字空白。

［13］積善餘慶：語出《易·坤·文言》：“積善之家，必有餘慶。”

贊曰：逖矣前王，區别群方。叛由德弛，朝因化昌。武后升圖，智昧遷胡。遽淪家國，多謝明謨。谷渾英奮，思矯頽運；克昌其緒，實資忠訓。

晋書　卷九八

列傳第六十八

王敦 沈充　桓温 子熙 濟 歆 禕 偉 孟嘉[1]

王敦

王敦，字處仲，司徒導之從父兄也。[2]父基，治書侍御史。[3]敦少有奇人之目，尚武帝女襄城公主，拜駙馬都尉，[4]除太子舍人。[5]時王愷、石崇以豪侈相尚，[6]愷嘗置酒，[7]敦與導俱在坐，有女伎吹笛小失聲韵，愷便歐殺之，一坐改容，敦神色自若。他日，又造愷，愷使美人行酒，以客飲不盡，輒殺之。酒至敦、導所，敦故不肯持，美人悲懼失色，而敦傲然不視。導素不能飲，恐行酒者得罪，遂勉强盡觴。導還，嘆曰："處仲若當世，心懷剛忍，非令終也。"洗馬潘滔見敦而目之曰：[8]"處仲蜂目已露，但豺聲未振，若不噬人，亦當爲人所噬。"及太子遷許昌，[9]詔東宫官屬不得送。敦及洗馬江統、潘滔，[10]舍人杜蕤、魯瑶等，冒禁於路側望拜流涕，時論稱之。遷給事黄門侍郎。[11]

［1］原本卷首目録將“沈充”“孟嘉”列爲主傳人名，據正文及原本總目録改爲附傳人名。原本卷首目録及總目録無桓温五子附傳人名，據正文及中華本目録補。

［2］司徒：官名，西漢哀帝元壽二年（前1）改丞相爲大司徒，東漢光武帝時改名爲司徒，東漢末又改爲丞相。三國魏恢復三公制，改丞相爲司徒，管理民政。兩晋沿制，爲八公之一，在太尉之下、司空之上。與丞相通職，一般不並置，爲名譽宰相。一品。　導：王導，字茂弘，本書卷六五有傳。

［3］治書侍御史：官名，簡稱治書御史、御史治書、侍書。屬諸侍御史之一種，亦簡稱侍御史、侍御、御史。西漢時掌圖籍文書，東漢時屬御史臺，職掌也變爲審理疑獄、平廷尉奏事。魏晋南北朝時爲御史中丞佐貳，掌監察、彈劾高級官員，也奉命出使、緝拿犯官。六品。

［4］駙馬都尉：官名，與奉車都尉、騎都尉並稱三都尉，多用於宗室、外戚、功臣子、貴族、近臣的加官，亦用於尚公主者。六品。

［5］太子舍人：官名，掌行書令、表啓等。初隸太子太傅、太子少傅，後隸太子詹事。七品。

［6］王愷：字君夫，本書卷九三有傳。　石崇：字季倫，本書卷三三有傳。

［7］愷嘗置酒：嘗，殿本作“常”。

［8］洗馬：官名，即太子洗馬，東宫屬官。掌太子圖籍、經書，太子出行則前導威儀。七品。　潘滔：西晋滎陽（今河南省滎陽市東北）人，任散騎侍郎、黄門郎、司馬越長史及司馬等職。時稱越府有三才：潘滔大才、劉輿長才、裴邈清才。

［9］許昌：縣名，治所在許昌城（今河南省許昌市東）。

［10］江統：字應元，本書卷五六有傳。

［11］給事黄門侍郎：官名，魏晋時爲侍中省或門下省次官。與侍中俱掌門下衆事，職掌略同，地位隨皇帝旨意或侍中地位變化而

定。五品。

趙王倫篡位,[1]敦叔父彦爲兖州刺史,[2]倫遣敦慰勞之。會諸王起義兵,[3]彦被齊王冏檄,[4]懼倫兵强，不敢應命，敦勸彦起兵應諸王，故彦遂立勛績。惠帝反正，敦遷散騎常侍、左衛將軍、大鴻臚、侍中,[5]出除廣武將軍、青州刺史。[6]

[1]趙王倫：司馬倫，字子彝，本書卷五九有傳。

[2]兖州：三國魏治所在廪丘縣（今山東省鄆城縣西北），晋惠帝末，兖州闔境淪没於石勒。東晋元帝僑置兖州，治京口（今江蘇省鎮江市）。

[3]起義兵：宋本無“兵”字。

[4]齊王冏：司馬冏，字景治，本書卷五九有傳。

[5]散騎常侍：官名，三國魏文帝黄初年間置，侍從皇帝左右，諫諍得失，顧問應對，與侍中等共平尚書奏事。也用作宰相、諸公等加官，入宫議政。三品。　左衛將軍：官名，三國魏咸熙二年(265)，司馬炎即晋王位，分中衛將軍爲左、右衛將軍。掌佽飛虎賁及前驅、由基、强弩三部司馬，屬下還有虎賁、羽林、上騎、異力、命中共五部督，負責宫禁侍衛。西晋屬中軍將軍，後屬領軍將軍。爲禁衛軍主要統帥之一，權任很重。四品。　大鴻臚：官名，九卿之一，掌賓客迎送接待、贊襄引導朝會百官等。三品。　侍中：官名，東漢建安中與給事黄門侍郎出入禁中，省尚書事。曹魏時爲門下之侍中省長官，常侍衛皇帝左右，掌顧問應對、諫諍糾察、平議奏事、駁奏異議等，權力甚重。三品。

[6]廣武將軍：官名，曹魏、西晋皆置。名號將軍中地位較高。四品。　青州：治所在臨淄縣（今山東省淄博市東北）。

永嘉初，徵爲中書監。[1]于時天下大亂，敦悉以公主時侍婢百餘人配給將士，金銀寶物散之於衆，單車還洛。東海王越自滎陽來朝，[2]敦謂所親曰："今威權悉在太傅，[3]而選用表請，尚書猶以舊制裁之，[4]太傅今至，必有誅罰。"俄而越收中書令繆播等十餘人殺之。[5]越以敦爲揚州刺史，[6]潘滔説越曰："今樹處仲於江外，使其肆豪强之心，是見賊也。"越不從。

[1]中書監：官名，中書省長官之一。三國魏文帝初年分秘書置中書省，長官爲中書監、中書令。掌收納奏章、草擬詔令。平常不分高下，入朝時監略高於令。三品。

[2]東海王越：司馬越，字元超，本書卷五九有傳。　滎陽：郡名，治所在滎陽縣（今河南省滎陽市東北）。

[3]太傅：官名，晋爲八公之一。位上公，太宰之下、太保之上。一品。此指司馬越。

[4]尚書：官名，東漢尚書臺六曹各置尚書，秩六百石。魏晋出爲朝官，分掌尚書省諸曹，品秩提高。三品。

[5]中書令：官名，掌收納尚書奏事、傳達皇帝詔旨。三國魏文帝初年分秘書置中書省，設中書監和中書令，職權甚重。三品。　繆播：字宣則，本書卷六〇有傳。

[6]揚州：三國魏、吴各置揚州，魏治所在壽春縣（今安徽省壽縣），吴治所在建業縣（今江蘇省南京市）。西晋統一後復合，治所在建鄴縣（今江蘇省南京市）。

其後徵拜尚書，不就。元帝召爲安東軍諮祭酒。[1]會揚州刺史劉陶卒，[2]帝復以敦爲揚州刺史，加廣武將軍。尋進左將軍、都督征討諸軍事、假節。[3]帝初鎮江東,[4]威名未著,敦與從弟導等同心翼戴,以隆中興,時人爲之語曰:“王與馬,共天下。”尋與甘卓等討江州刺史華軼,[5]斬之。

[1]安東軍諮祭酒:官名,安東將軍府軍諮祭酒。軍諮祭酒,即軍師祭酒,晋朝避司馬師名諱而改。亦稱軍咨祭酒、軍謀祭酒、軍祭酒,諸軍府屬官,參謀軍事,位在軍府諸僚佐之上。

[2]劉陶:西晋人,歷任揚州刺史、南中郎將等職。

[3]左將軍:官名,漢代爲重號將軍,與右、前、後將軍並爲上卿。魏晋時爲常設官職,權位較兩漢漸低,僅爲武官名號,略高於一般雜號將軍,不典禁兵。三品。　都督征討諸軍事:征討軍隊的最高統帥。　假節:假以節杖。指大臣臨時持節出巡,爲權臣掌軍、秉政的地位象徵和政治待遇。

[4]江東:亦稱江左,因自北方視之,江東在左,江西在右,故稱。

[5]甘卓:字季思,本書卷七〇有傳。　江州:治所在南昌縣(今江西省南昌市)。　華軼:字彦夏,本書卷六一有傳。

蜀賊杜弢作亂,[1]荆州刺史周顗退走,[2]敦遣武昌太守陶侃、豫章太守周訪等討弢,[3]而敦進住豫章,爲諸軍繼援。及侃破弢,敦上侃爲荆州刺史。既而侃爲弢將杜曾所敗,[4]敦以處分失所,自貶爲廣武將軍,帝不許。侃之滅弢也,敦以元帥進鎮東大將軍、開府儀同三司,[5]加都督江楊荆湘交廣六州諸軍事,[6]江州刺史,封漢安侯。敦始自選置,兼統州郡焉。頃之,杜弢將杜弘南走廣州,[7]求討桂林賊自效,[8]敦許之。陶侃距弘不得進,乃詣零陵太守尹奉降,[9]奉送弘與敦,敦以爲將,[10]遂見寵待。南康人何欽所居嶮固,[11]聚黨數千人,[12]敦就加四品將軍，於是專擅之迹漸彰矣。

[1]杜弢：字景文，本書卷一〇〇有傳。

[2]荆州：三國時曹魏治所在新野縣（今河南省新野縣），孫吴所在治江陵縣（今湖北省江陵縣），西晉統一後治所在江陵縣（今湖北省江陵縣）。　周顗：字伯仁，本書卷六九有傳。

[3]武昌：郡名，治所在武昌縣（今湖北省鄂州市鄂城區）。　陶侃：字士行，本書卷六六有傳。　豫章：郡名，治所在南昌縣（今江西省南昌市）。　周訪：字士達，本書卷五八有傳。

[4]杜曾：西晉新野（今河南省新野縣）人，始爲新野王司馬歆鎮南參軍，有勇力。永嘉之亂中任胡亢竟陵太守，後殺胡亢，併其衆，自號南中郎將。後被周訪打敗，被殺。

[5]鎮東大將軍：官名，三國魏置，執掌與鎮東將軍同，唯資歷深者得任此職。二品，開府位從公者一品。　開府儀同三司：官名，三國魏始置。爲大臣加號，意謂與太尉、司徒、司空三司待遇相同，許開設府署，任命僚屬。

[6]都督江楊荆湘交廣六州諸軍事：上述六州最高軍事行政長官。

[7]廣州：治所在番禺縣（今廣東省廣州市）。

[8]桂林：郡名，治所在潭中縣（今廣西壯族自治區柳州市東南柳江東南岸）。

[9]零陵：郡名，西漢置，治所在零陵縣（今廣西壯族自治區全州縣西南），東漢至晉治所在泉陵縣（今湖南省永州市）。

[10]敦以爲將：宋本無“爲”字。

[11]南康：郡名，西晉治所在雩都縣（今江西省于都縣東北），東晉永和五年（349）移治贛縣（今江西省贛州市西南）。

[12]聚黨：黨，殿本作“衆”。

建武初，又遷征南大將軍，[1]開府如故。中興建，拜侍中、大將軍、江州牧。[2]遣部將朱軌、趙誘伐杜曾，爲曾所殺，敦自貶，免侍中，并辭牧不拜。尋加荆州牧，敦上疏曰：

昔漢祖以神武革命，開建帝業，繼以文帝之賢，纂承洪緒，清虚玄默，擬迹成康。[3]賈誼嘆息，[4]以爲天下倒懸，雖言有抑揚，不失事體。今聖朝肇建，漸振宏綱，往段匹磾遣使求效忠節，[5]尚未有勞，便以方州與之。今靳明等爲國雪耻，欲除大逆，此之志望，皆欲附翼天飛。雖功大宜報，亦宜有以裁之，當杜漸防萌，慎之在始。中間不逞，互生事變，皆非忠義，率以一朝之榮。天下漸弊，實由於此。春秋之時，天子微弱，諸侯奢侈，晋文思崇周室，[6]至有求隧之請，[7]襄王讓之以禮，聞義而服，自爾諸侯莫敢越度。臣謂前者賊寇未殄，苟以濟事，朝廷諸所加授，頗多爵位兼重。今自臣以下，宜皆除之，且以塞群小矜功之望，夷狄無厭之求。若復遷延，顧望流俗，使奸狡生心，遂相怨謗，指擿朝廷，讒諛蜂起，臣有以知陛下無以正之。此安危之機，天下之望。

[1]征南大將軍：官名，屬將軍名號，多授予統兵出鎮在外、都督數州諸軍事者。位在征南將軍之上。二品，開府位從公者一品。

[2]大將軍：官名，高級軍事統帥。曹魏時多以之屯駐長安，對付蜀漢，蜀漢以其爲最高軍事長官，孫吴則别置上大將軍居其

上。西晋時爲八公之一，位居上公、大司馬下，三公之上。東晋時常專擅軍政事務。一品。

[3]成康：周成王和周康王。二人統治時期，社會安定，刑措不用，史稱“成康之治”。

[4]賈誼：西漢人，文帝時上書言國事：“臣竊惟事勢，可爲痛哭者一，可爲流涕者二，可爲長太息者六，若其它背理而傷道者，難遍以疏舉。進言者皆曰天下已安已治矣，臣獨以爲未也。曰安且治者，非愚則諛，皆非事實知治亂之體者也。夫抱火厝之積薪之下而寢其上，火未及燃，因謂之安，方今之勢，何以異此!”語見《漢書》卷四八《賈誼傳》。

[5]段匹磾：晋鮮卑段部酋帥，段務勿塵子，本書卷六三有傳。

[6]晋文：晋文公，春秋時晋國國君，名重耳。爲公子時，因獻公欲立寵妾之子奚齊而遭迫害，流亡於外十九年。後由秦軍護送返晋登王位。在位期間改革内政，擴建軍隊，幫助周王室平叛，大敗楚軍於城濮，主持踐土之盟，成爲齊桓公之後的又一霸主。

[7]求隧之請：事出《左傳・僖公二十五年》：晋文公朝見周天子，席間請求死後能進行隧葬。周天子不答應，指責他還没有取代周室的德行，却越禮。

臣門户特受榮任，備兼權重，渥恩偏隆，寵過公族。行路厮賤猶謂不可，臣獨何心可以安之。臣一宗誤陛下，傾覆亦將尋至；雖復灰身剖心，陛下追悔將何所及！伏願諒臣至款，及今際會，小解散之，並授賢雋，[1]少慰有識，各得盡其所懷，則人思競勸矣。州牧之號，所不敢當，輒送所假侍中貂蟬。[2]又宜并官省職，以塞群小覬覦之望。[3]

帝優詔不許。又固辭州牧，聽爲刺史。

[1]並授賢雋：雋，宋本、殿本作"儁"。

[2]貂蟬：貂尾和附蟬，古代爲侍中、常侍等貴近之臣的冠飾。《後漢書·輿服志下》："侍中、中常侍加黄金璫，附蟬爲文，貂尾爲飾，謂之'趙惠文冠'。"劉昭注："應劭《漢官》曰：'説者以金取堅剛，百鍊不耗。蟬居高飲絜，口在掖下，貂内勁捍而外温潤。'此因物生義也。"

[3]覬覦：覬，殿本作"覬"。

時劉隗用事，[1]頗疏間王氏，導等甚不平之。敦上疏曰：

導昔蒙殊寵，委以事機，虚己求賢，[2]竭誠奉國，遂藉恩私，居輔政之重。帝王體遠，事義不同，雖皇極初建，道教方闡，惟新之美，猶有所闕。臣每慷慨於遐遠，[3]愧憤於門宗，[4]是以前後表疏，何嘗不寄言及此。陛下未能少垂顧眄，暢臣微懷，云導頃見疏外，所陳如昨，而其萌已著，其爲咎責，豈惟導身而已。群從所蒙，並過才分。導誠不能自量，陛下亦愛忘其短。常人近情，恃恩昧進，獨犯龍鱗，[5]迷不自了。臣竊所自憂慮，[6]未詳所由，惶愧踧踖，[7]情如灰土。天下事大，盡理實難。導雖凡近，未有穢濁之累，既往之勛，疇昔之顧，情好綢繆，足以厲薄俗，明君臣，合德義，同古賢。昔臣親受嘉命，云："吾與卿及茂弘當管鮑之交。"[8]臣忝外任，漸冉十載，訓誘之誨，日有所忘；至於斯命，銘之於心，竊猶眷眷，謂前恩不得一朝而盡。

［1］劉隗：字大連，本書卷六九有傳。

［2］虚己求賢：賢，宋本作“當”。

［3］慷慨於遐遠：爲疏遠的人被重用而慨嘆。

［4］愧憤於門宗：爲親近的人被疏遠而感憤。

［5］獨犯龍鱗：觸犯龍的逆鱗。《韓非子·説難》：“夫龍之爲蟲也，柔可狎而騎也，然其喉下有逆鱗徑尺，若人有嬰之者，則必殺人。人主亦有逆鱗，説者能無嬰人主之逆鱗，則幾矣。”古人以龍比喻君主，因以觸“逆鱗”、批“逆鱗”等喻犯人主或强權之怒。

［6］臣竊所自憂慮：竊，宋本作“切”。

［7］惶愧踧踖：惶恐羞愧，恭敬而不安。

［8］管鮑之交：管仲和鮑叔牙之間的友誼。管仲曾這樣説他們之間的關係：“吾始困時，嘗與鮑叔賈，分財利多自與，鮑叔不以我爲貪，知我貧也。吾嘗爲鮑叔謀事而更窮困，鮑叔不以我爲愚，知時有利不利也。吾嘗三仕三見逐於君，鮑叔不以我爲不肖，知我不遭時也。吾嘗三戰三走，鮑叔不以我怯，知我有老母也。公子糾敗，召忽死之，吾幽囚受辱，鮑叔不以我爲無耻，知我不羞小節而耻功名不顯於天下也。生我者父母，知我者鮑子也。”語見《史記》卷六二《管晏列傳》。

伏惟陛下聖哲日新，廣延俊乂，臨之以政，齊之以禮。頃者令導内綜機密，出録尚書，[1]杖節京都，并統六軍，既爲刺史，兼居重號，殊非人臣之體。流俗好評，必有譏謗，宜省録尚書、杖節及都督。且王佐之器，當得宏達遠識、高正明斷、道德優備者，以臣暗識，未見其才。然於見人，未逾於導；加輔翼積年，實盡心力。霸王之主，何嘗不任賢使能，共相終始！管仲有三歸反坫之譏，[2]子犯有臨河要君之責，[3]蕭何、周勃得罪囹圄，[4]然終爲良佐。以導之才，何能無失！當令任不過分，役其所長，以功補過，要之將來。導性慎密，尤能忍事，善於斟酌，有文章才義，動静顧問，起予聖懷，外無過寵，公私得所。今皇祚肇建，八表承風；[5]聖恩不終，則遐邇失望。天下荒弊，人心易動；物聽一移，[6]將致疑惑。臣非敢苟私親親，惟欲忠於社稷。

表至，導封以還敦，敦復遣奏之。

[1]録尚書：官名，即録尚書事。初爲職銜名，重臣加此名義始得總知國事，綜理政務，成爲真宰相。魏晋多以公卿權重者居之，總領尚書省政務，凡重號將軍、刺史皆得命曹授用，位在三公之上。

[2]三歸反坫：三歸，娶三姓女子。反坫，屋頂四面翹起的飛檐。形容生活奢華。《史記》卷六二《管晏列傳》："管仲富擬於公室，有三歸、反坫，齊人不以爲侈。" 坫，原本作"玷"，宋本、殿本作"坫"，據宋本、殿本改。

[3]子犯有臨河要君之責：《史記》卷三九《晋世家》：晋文公結束了流亡生活，秦人送其回國，到了黄河邊，和文公一起流亡的子犯説："臣從君周旋天下，過亦多矣。臣猶知之，况於君乎？請從此去矣。" 文公曰："若反國，所不與子犯共者，河伯視之！" 乃投璧河中，以與子犯盟。是時介子推從，在船中，乃笑曰："天實開公子，而子犯以爲己功而要市於君，固足羞也。吾不忍與同位。" 乃自隱渡河。

[4]蕭何：秦末泗水沛縣豐邑（今江蘇省豐縣）人。隨劉邦起兵反秦。楚漢戰争中，留守關中，爲前綫籌集糧草。劉邦稱帝後，

因功高封酇侯。助吕后誅除韓信，封相國。劉邦死後復事惠帝，死前推薦曹參繼任。　周勃：秦末泗水沛縣豐邑（今江蘇省豐縣）人。隨劉邦起兵，爲劉邦功臣。西漢建立後封絳侯，歷任太尉、相國等職。

[5]八表承風：八方極遠處都接受教化。

[6]物聽一移：面對衆人的言論稍有動摇。

初，敦務自矯厲，雅尚清談，口不言財色。既素有重名，又立大功於江左，[1]專任閫外，[2]手控强兵，群從貴顯，威權莫貳，遂欲專制朝廷，有問鼎之心。[3]帝畏而惡之，遂引劉隗、刁協等以爲心膂。[4]敦益不能平，於是嫌隙始構矣。每酒後輒咏魏武帝樂府歌曰："老驥伏櫪，志在千里。烈士暮年，壯心不已。"以如意打唾壺爲節，壺邊盡缺。及湘州刺史甘卓遷梁州，[5]敦欲以從事中郎陳頒代卓，[6]帝不從，更以譙王承鎮湘州。[7]敦復上表陳古今忠臣見疑於君，而蒼蠅之人交構其間，欲以感動天子。帝愈忌憚之。俄加敦羽葆、鼓吹，[8]增從事中郎、掾屬、舍人各二人。[9]帝以劉隗爲鎮北將軍，[10]戴若思爲征西將軍，[11]悉發揚州奴爲兵，外以討胡，實禦敦也。[12]永昌元年，敦率衆内向，以誅隗爲名，上疏曰：

劉隗前在門下，[13]邪佞諂媚，譖毁忠良，疑惑聖聽，遂居權寵，撓亂天機，威福自由，有識杜口。大起事役，勞擾士庶；外託舉義，内自封植；奢僭過制，乃以黄散爲參軍，[14]晋魏已來，未有此比。傾盡帑藏，以自資奉；賦役不均，百姓嗟怨；

免良人奴，自爲惠澤。自可使其大田以充倉廩，今便割配，皆充隗軍。臣前求迎諸將妻息，聖恩聽許，而隗絶之，使三軍之士莫不怨憤。又徐州流人辛苦經載，家計始立，隗悉驅逼，以實己府。當陛下踐阼之始，投刺王官，[15]本以非常之慶使豫蒙榮分。而更充征役，復依舊名，普取出客，從來久遠，經涉年載，或死亡滅絶，或自贖得免，或見放遣，或父兄時事身所不及，有所不得，輒罪本主，百姓哀憤，怨聲盈路。身欲北渡，以遠朝廷爲名，而密知機要，潛行險慝，進人退士，高下在心，[16]奸狡饕餮，未有隗比，雖無忌、宰嚭、弘恭、石顯未足爲喻。[17]是以遐邇憤慨，群后失望。

[1]江左：江東。因自北方視之，江東在左，江西在右，故稱。

[2]閫外：朝廷之外。

[3]問鼎：典出《左傳·宣公三年》："楚子伐陸渾之戎，遂至於洛，觀兵於周疆。定王使王孫滿勞楚子，楚子問鼎之大小輕重焉。"禹鑄九鼎，三代視之爲國寶。楚王問鼎，有取而代周之意。後遂稱圖謀王位爲"問鼎"。

[4]刁協：字玄亮，本書卷六九有傳。

[5]湘州：治所在臨湘縣（今湖南省長沙市）。　梁州：三國曹魏治所在沔陽縣（今陝西省勉縣東），西晉移治南鄭縣（今陝西省漢中市東）。

[6]從事中郎：官名，東漢時爲大將軍屬官，地位較高。魏晋時爲將軍府或公府屬官。六品。此爲大將軍府從事中郎。

[7]譙王承：司馬承，字敬才，本書卷三七有傳。

[8]羽葆：帝王儀仗中以鳥羽聯綴爲飾的華蓋。　鼓吹：帝王

及高級官員儀仗中的樂隊，由管樂和打擊樂器組成，常用來賜予有軍功的高級武官。

［9］舍人：官名，魏晋時太子府、王國、公府、將軍府、王妃及公主府皆設舍人，掌文檄之事。

［10］鎮北將軍：官名，東漢建安年間置，與鎮西、鎮南、鎮東將軍合稱四鎮將軍，多爲持節都督，出鎮方面。曹魏二品。晋三品，加持節都督者二品。

［11］戴若思：戴淵，本書卷六九有傳。　征西將軍：官名，東漢永元年間置，地位與雜號將軍、偏將軍、裨將軍等同。建安年間與征東、征南、征北將軍合稱四征將軍，地位提高。三品，加持節都督者二品。

［12］龔敦：敦，原本作“敵”，宋本、殿本作“敦”，據宋本、殿本改。

［13］門下：即門下省。門下意爲黄門之下，官署設於宫禁之中，長官得出入宫禁，爲皇帝的親近侍從。劉隗長期擔任侍中，爲門下省官員，故言。

［14］黄散：官名，黄門侍郎、散騎侍郎等門下官員統稱。五品。　參軍：官名，亦作參軍事，謂參謀軍事。兩晋公府、軍府皆置。

［15］投刺王官：指徐州流民投奔到東晋。

［16］高下在心：憑自己心意提拔或貶斥人士。在，宋本、殿本作“任”。

［17］無忌：即春秋時楚國大夫費無忌。楚平王二年（前 527），楚派費無忌到秦國爲太子建取婦。秦婦生得漂亮，費無忌便勸平王自己娶之，給太子另則婦人。當時費無忌任太子少傅，不受太子寵信，便常常在楚王面前説太子壞話，最終逼走太子。又誣蔑太子師伍奢謀叛，使平王殺死伍奢父子。無忌最終爲令尹子常所殺。　宰嚭：春秋時吴國人，任太宰。性貪，吴越之戰中接受越國的賄賂，勸吴王不要滅掉越國。結果越國得以休養生息，反過手來將吴國滅

掉。越王滅吴後，認爲宰嚭不忠，將其殺掉。　弘恭：西漢沛（今江蘇省沛縣）人。宣帝、元帝時的寵臣，少坐法受腐刑，爲中黄門，以選爲中尚書。宣帝時因明習法令故事、善爲請奏，被任爲中書令。元帝即位後數年卒。　石顯：西漢濟南（今山東省章丘市西）人，字君房。受腐刑，爲中黄門、中尚書。宣帝時任中書僕射。元帝時被委以朝政，大小事皆由其所決。乃結黨營私，收受賄賂。成帝即位後失勢，被免官，回鄉途中病死。　未足爲喻：喻，原本作“踰”，宋本、殿本作“喻”，據宋本、殿本改。

臣備位宰輔，與國存亡，誠乏平勃濟時之略，[1]然自忘駑駘，[2]志存社稷，豈忍坐視成敗，以虧聖美。事不獲已，今輒進軍，同討奸孽，願陛下深垂省察，[3]速斬隗首，則衆望厭服，皇祚復隆。隗首朝懸，諸軍夕退。昔太甲不能遵明湯典，[4]顛覆厥度，幸納伊尹之勛，[5]殷道復昌。漢武雄略，亦惑江充讒佞邪説，[6]至乃父子相屠，流血丹地，終能克悟，不失大綱。今日之事，有逾於此，願陛下深垂三思，諮詢善道，則四海乂安，社稷永固矣。

[1]平：陳平，秦末陽武（今河南省原陽縣東南）人，少治黄老之術。秦末天下大亂，先後侍魏王咎、項羽，後歸劉邦。歷任都尉、亞將、護軍中尉等職，爲劉邦重要謀士，屢出奇計。漢朝建立後封户牖侯和曲逆侯。惠帝時歷任郎中令、左右丞相等職。吕后死，又與周勃等人誅除諸吕，迎立文帝。　勃：周勃，秦末泗水沛縣豐邑（今江蘇省豐縣）人。隨劉邦起兵，爲劉邦功臣。西漢建立後封絳侯，歷任太尉、相國等職。

［2］駑駘：劣馬。比喻才能低劣。

［3］深垂省察：宋本無“察”字。

［4］太甲：商王，名至，湯之孫，太丁之子。在王位時，不遵湯法，亂德，被伊尹囚禁於桐宫。

［5］伊尹：輔佐商湯及其後代外丙、仲壬、太甲的賢臣。

［6］江充：西漢趙國邯鄲（今河北省邯鄲市西南）人，字次倩。本名奇，後改名充。因告發趙太子淫亂和交通郡國豪猾，受漢武帝寵信，任之爲綉衣使者、水衡都尉。武帝晚年病重，江充害怕太子即位於己不利，遂製造巫蠱事件，致使太子自殺。後武帝知道真相，將江充滅族。

又曰：

陛下昔鎮揚州，虚心下士，優賢任能，寬以得衆，故君子盡心，小人畢力。臣以暗蔽，豫奉徽猷，[1]是以遐邇望風，有識自竭，王業遂隆，惟新克建，四海延頸，咸望太平。

［1］豫奉徽猷：參與奉行美善之道。徽猷，美善之道。《詩·小雅·角弓》：“君子有徽猷，小人與屬。”毛亨傳：“徽，美也。”鄭玄箋：“猷，道也。君子有美道以得聲譽，則小人亦樂與之而自連屬焉。”

自從信隗已來，刑罰不中，街談巷議，皆云如吴之將亡。聞之惶惑，精魂飛散，不覺胸臆摧破，泣血横流。陛下當全祖宗之業，存神器之重，察臣前後所啓，奈何棄忽忠言，遂信奸佞，誰不痛心！願出臣表，諮之朝臣，介石之幾，[1]不俟終日，令諸軍早還，不至虛擾。

敦黨吴興人沈充起兵應敦。[2]敦至蕪湖，[3]又上表罪狀刁協。帝大怒，下詔曰："王敦憑恃寵靈，敢肆狂逆，方朕太甲，欲見幽囚。是可忍也，孰不可忍也！今親率六軍，以誅大逆，有殺敦者，封五千户侯。"[4]召戴若思、劉隗並會京師。敦兄含時爲光禄勳，[5]叛奔于敦。

[1]介石之幾：幾，宋本作"機"。

[2]吴興：郡名，治所在烏程縣（今浙江省湖州市南）。

[3]蕪湖：縣名，治所在今安徽省蕪湖市東。

[4]五千户侯：侯，宋本作"侯"。

[5]含：王含，字處弘，歷任衛將軍、都督沔南軍事、領南蠻校尉、荆州刺史、征東將軍、都督揚州江西諸軍事等職，王敦兵敗後，被王舒沉江淹死。　光禄勳：官名，侍從皇帝左右，掌宫廷宿衛。西晋時兼掌原屬少府的一部分宫廷供御事務。三品。

敦至石頭，[1]欲攻劉隗，其將杜弘曰："劉隗死士衆多，未易可克，不如攻石頭。周札少恩，[2]兵不爲用，攻之必敗。札敗，則隗自走。"敦從之。札果開城門納弘。諸將與敦戰，王師敗績。既入石頭，擁兵不朝，放肆兵士劫掠内外。官省奔散，[3]惟有侍中二人侍帝。帝脱戎衣，着朝服，[4]顧而言曰："欲得我處，但當早道，我自還琅邪，何至困百姓如此！"敦收周顗、戴若思害之。以敦爲丞相、江州牧，進爵武昌郡公，邑萬户，使太常荀崧就拜，[5]又加羽葆、鼓吹，並僞讓不受。還屯武昌，多害忠良，寵樹親戚，以兄含爲衛將軍、都督沔南軍事、領南蠻校尉、荆州刺史，[6]以義陽太守任愔督沔北諸軍事、南中郎將，[7]敦又自督寧、益二州。[8]

［1］石頭：即石頭城，故址在今江蘇省南京市清凉山。

［2］周札：字宣季，本書卷五八有傳。

［3］官省奔散：官，殿本作“宫”。

［4］着朝服：着，殿本作“著”。

［5］太常：官名，漢代稱奉常，本掌禮樂宗廟、社稷祭祀，魏晋時此職掌歸尚書裁定，太常成爲閑職。三品。　荀崧：字景猷，本書卷七五有傳。

［6］衛將軍：官名，魏晋時位在名號將軍之上，多爲軍府名號，加給大臣、重要州郡長官。二品，開府位從公者一品。　都督沔南軍事：沔南地區最高軍事行政長官。　領：以地位較高的官員兼理較低的職務。　南蠻校尉：官名，亦稱護南蠻校尉，府鎮襄陽，東晋改鎮江陵。掌荆州及江州少數民族事務，統兵。四品。

［7］義陽：郡國名，西晋爲義陽國，治所在新野縣（今河南省新野縣），東晋末改爲義陽郡，移治平陽縣（今河南省信陽市）。　督沔北諸軍事：沔北地區軍事行政長官，地位次於都督和監。沔，宋本、殿本作“河”。　南中郎將：官名，與東、西、北中郎將並稱四中郎將，統兵征戰，權職甚重。四品。

［8］寧：寧州，治所在滇池縣（今雲南省昆明市晋寧區晋城鎮）。　益：州名，治所在成都縣（今四川省成都市）。

及帝崩，太寧元年，敦諷朝廷徵己，明帝乃手詔徵之，語在《明帝紀》。又使兼太常應詹拜授加黄鉞，[1]班劍武賁二十人，[2]奏事不名，入朝不趨，劍履上殿。敦移鎮姑孰，[3]帝使侍中阮孚賫牛酒犒勞，[4]敦稱疾不見，使主簿受詔。[5]以王導爲司徒，敦自爲揚州牧。

［1］應詹：字思遠，本書卷七〇有傳。　加黄鉞：即假黄鉞，假以黄鉞。黄鉞即飾以黄金的斧鉞，爲皇帝儀仗。賜予出征重臣，以示威重，令其專主征伐。

［2］班劍：用虎皮裝飾的劍。漢制，朝服帶劍。晋易以木，謂之班劍，取裝飾燦爛之義。後用作儀仗，由武士佩持，天子以賜功臣。　武賁：即虎賁，公府的衛士。

［3］姑孰：即姑孰口，姑孰溪入長江之口，位於今安徽省當塗縣西北。

［4］阮孚：字遥集，本書卷四九有傳。

［5］主簿：官名，開府屬官，典領文書籍簿、省録衆事，職權甚重。

敦既得志，暴慢愈甚，四方貢獻多入己府，將相岳牧悉出其門。徙含爲征東將軍、都督揚州江西諸軍事，[1]從弟舒爲荆州，[2]彬爲江州，邃爲徐州。[3]含字處弘，凶頑剛暴，時所不齒，以敦貴重，故立顯位。[4]敦以沈充、錢鳳爲謀主，[5]諸葛瑶、鄧嶽、周撫、李恒、謝雍爲爪牙。[6]充等並凶險驕恣，共相驅扇，殺戮自己；[7]又大起營府，侵人田宅，發掘古墓，剽掠市道，士庶解體，咸知其禍敗焉。敦從弟豫章太守棱日夜切諫，敦怒，陰殺之。敦無子，養含子應。及敦病甚，拜應爲武衛將軍以自副。[8]錢鳳謂敦曰："脱其不諱，便當以後事付應。"敦曰："非常之事，豈常人所能！且應年少，安可當大事。我死之後，莫若解衆放兵，歸身朝廷，保全門户，此計之上也。退還武昌，收兵自守，貢獻不廢，亦中計也。及吾尚存，悉衆而下，萬一僥倖，計之下也。"鳳謂其黨曰："公之下計，乃上策也。"遂與沈充定謀，須敦死後作難。

[1]征東將軍：官名，東漢末置，與征西、征南、征北將軍合稱四征將軍。魏晋時多爲持節都督，出鎮方面。三品，加持節都督者二品。　都督揚州江西諸軍事：揚州江西地區最高軍事行政長官。

[2]舒：王舒，字處明，本書卷七六有傳。

[3]徐州：治所在彭城縣（今江蘇省徐州市）。

[4]故立顯位：立，宋本、殿本作"歷"。

[5]錢鳳：字世儀，王敦鎧曹参軍。知王敦有不臣之心，因進邪説，遂相朋構，專弄威權，言成禍福。

[6]鄧嶽：字伯山，本書卷八一有傳。　周撫：字道和，本書卷五八有傳。　李恒：王敦部將，曾任廬江太守。

[7]殺戮自己：生殺由自己决定。

[8]武衛將軍：官名，三國魏置，權任很重。四品。

敦又忌周札，殺之而盡滅其族。常從督冉曾、公乘雄等爲元帝腹心，[1]敦又害之。以宿衛尚多，奏令三番休二。及敦病篤，詔遣侍中陳晷、散騎常侍虞駿問疾。時帝將討敦，微服至蕪湖，察其營壘，又屢遣大臣訊問其起居。遷含驃騎大將軍、開府儀同三司，[2]含子瑜散騎常侍。

[1]常從督：官名，即太子常從虎賁督。掌東宫宿衛，六品。　爲元帝腹心：宋本無"爲"字。

[2]驃騎大將軍：官名，魏晋制度，驃騎將軍爲重號將軍，僅次於大將軍，高於諸名號將軍，本不需加"大"字。然兩晋時將軍

名號越授越濫，遂又增置此號，居諸名號將軍之首，多加於權臣元老，以示尊崇。開府置僚屬，不領兵。二品，開府位從公者一品。

敦以溫嶠爲丹楊尹，[1]欲使覘伺朝廷。嶠至，具言敦逆謀。帝欲討之，[2]知其爲物情所畏服，[3]乃僞言敦死，[4]於是下詔曰：

先帝以聖德應運，創業江東，司徒導首居心膂，以道翼讚。故大將軍敦參處股肱，或内或外，夾輔之勛，[5]與有力焉。階緣際會，遂據上宰，杖節專征，委以五州。刁協、劉隗立朝不允，敦抗義致討，情希鬻拳，[6]兵雖犯順，猶嘉乃誠，禮秩優崇，人臣無貳。事解之後，劫掠城邑，放恣兵人，侵及宫省；背違赦信，誅戮大臣；縱凶極逆，不朝而退。六合阻心，人情同憤。先帝含垢忍耻，容而不責，委任如舊，禮秩有加。朕以不天，[7]尋丁酷罰，[8]煢煢在疚，哀悼靡寄。而敦曾無臣子追遠之誠，[9]又無輔孤同獎之操，[10]繕甲聚兵，盛夏來至，輒以天官假授私屬，將以威脅朝廷，傾危宗社。朕愍其狂戾，冀其覺悟，故且含隱以觀其終。而敦矜其不義之强，有侮弱朝廷之志，棄親用羈，[11]背賢任惡。錢鳳豎子，專爲謀主，逞其凶慝，誣罔忠良。周嵩亮直，讜言致禍；周札、周莚累世忠義，[12]聽受讒構，殘夷其宗。秦人之酷，刑不過五，敦之誅戮，傍濫無辜，滅人之族，莫知其罪。天下駭心，道路以目。神怒人怨，篤疾所嬰，昏荒悖逆，日以滋甚，輒立兄息以自承代，[13]多樹私黨，莫非同惡，[14] 未有宰相繼體而不由王命者也。頑凶相獎，無所顧忌，擅録冶工，輒割運漕，志騁凶醜，以闚神器。社稷之危，匪夕則旦。天不長奸，敦以隕斃。鳳承凶宄，彌復煽逆。是可忍也，孰不可忍也！

[1]温嶠：字太真，本書卷六七有傳。　丹楊尹：官名，東晉京城所在郡府長官，掌京城行政諸務並詔獄，亦稱“京尹”。三品。楊，原本、殿本作“陽”，宋本作“楊”，據宋本改。本卷下文此地名同。

[2]帝欲討之：帝，宋本作“常”。

[3]物情：衆情，人心。

[4]僞言：僞，宋本作“爲”。

[5]夾輔之勛：夾，原本作“來”，宋本、殿本作“夾”，據宋本、殿本改。

[6]情希鬻拳：仰慕鬻拳之情。鬻拳，春秋時楚國人。有一次，鬻拳勸阻楚文王，文王不聽。鬻拳用兵器對着他，文王害怕就聽從了。鬻拳認爲以兵器威嚇君王，罪莫大焉，於是砍斷了自己的脚作爲懲罰。楚文王病逝後，鬻拳把文王安葬在夕室。然後又自殺身亡，葬在文王陵墓的宫殿前面。

[7]不天：不受上天的佑護。

[8]尋丁酷罰：不久又遭到喪親之痛。酷罰，指晋元帝之喪。

[9]追遠：追念先人。《論語·學而》：“慎終追遠，民德歸厚矣。”邢昺疏：“追遠者，遠謂親終既葬，日月已遠也，孝子感時念親，追而祭之，盡其敬也。”

[10]同獎：共同協助王室。《三國志》卷四一《蜀書·楊洪傳》載諸葛亮與張裔書：“及其來還，委付大任，同獎王室，自以爲與君古之石交也。”

[11]棄親用羈：遺棄親近，任用外人。

[12]周莚：本書卷五八有傳。

[13]息：兒子。

[14]莫非同惡：非，宋本、殿本作“能”。

今遣司徒導，鎮南將軍、丹楊尹嶠，[1]建威將軍趙胤武旅三萬，[2]十道並進；平西將軍邃率兗州刺史遐、奮武將軍峻、奮威將軍瞻精鋭三萬，[3]水陸齊勢；朕親御六軍，左衛將軍亮，[4]右衛將軍胤，[5]護軍將軍詹，[6]領軍將軍瞻，[7]中軍將軍壼，[8]驍騎將軍艾，[9]驃騎將軍、南頓王宗，[10]鎮軍將軍、汝南王祐，[11]太宰、西陽王羕，[12]被練三千，組甲三萬，總統諸軍，討鳳之罪。罪止一人，朕不濫刑。有能殺鳳送首，封五千户侯，賞布五千匹。

[1]鎮南將軍：官名，與鎮東、鎮西、鎮北將軍合稱四鎮將軍。多爲持節都督，出鎮方面。曹魏二品。晋改三品，加持節都督者二品。

[2]建威將軍：官名，領兵征戰，曹魏、孫吴、西晋皆置。四品。　趙胤：東晋時歷任建威將軍、右衛將軍、冠軍將軍、歷陽太守、護軍將軍等職。

[3]平西將軍：官名，與平北、平南、平東將軍合稱四平將軍，權任很重，多持節都督或監某一地區的軍事，有時亦作爲刺史等地方官員兼理軍務的加官。三品，加持節都督者二品。　邃：王邃，王敦從弟，歷任征北將軍、徐州刺史等職。　遐：劉遐，字正長，本書卷八一有傳。　奮武將軍：官名，雜號將軍，地位較高。四品。　峻：蘇峻，字子高，本書卷一〇〇有傳。　奮威將軍：官

名，爲雜號將軍。四品。　瞻：陶瞻，字道真，本書卷六六有傳。

[4]亮：庾亮，字元規，本書卷七三有傳。

[5]右衛將軍：官名，三國魏咸熙二年（265），司馬炎即晉王位，分中衛將軍爲左、右衛將軍。掌佽飛虎賁及前驅、由基、强弩三部司馬，屬下還有虎賁、羽林、上騎、異力、命中共五部督，負責宫禁侍衛。西晉屬中軍將軍，後屬領軍將軍。爲禁衛軍主要統帥之一，權任很重。四品。　胤：即上文劉胤。

[6]護軍將軍：官名，東漢建安十二年（207）曹操改丞相府護軍爲中護軍，資重者可遷護軍將軍，典武官選舉，與中領軍同掌禁軍。曹魏時四品，西晉時三品。　詹：即上文應詹。

[7]領軍將軍：官名，三國時曹丕置，職掌同於中領軍，但任職者資位重於中領軍，簡稱領軍。爲禁衛軍最高統帥，常由皇帝親信或宗室擔任。兩晉沿置。三品。　瞻：紀瞻，字思遠，本書卷六八有傳。

[8]中軍將軍：官名，西晉時統左右衛、前後左右驍騎等宿衛七營禁軍，主管京師及朝廷警衛。泰始四年（268）罷，置北軍中候代其職。後爲將軍名號，與鎮軍將軍、撫軍將軍並爲三名號將軍，不統禁兵。三品。　壼：卞壼，字望之，本書卷七〇有傳。

[9]驍騎將軍：官名，三國魏爲内軍將領，統營兵。兩晉與領軍、護軍、左右衛、游擊諸將軍合稱六軍，擔當宿衛之任，是護衛宫廷的主要將領。四品。

[10]驃騎將軍：官名，西漢時爲重號將軍，東漢以後，居諸名號將軍之首，僅作爲軍府名號加授大臣或重要州郡長官。二品，開府位從公者一品。　南頓王宗：司馬宗，字延祚，本書卷五九有傳。

[11]鎮軍將軍：官名，三國時始置，西晉罷又復置。位在鎮軍大將軍下，與中軍將軍、撫軍將軍並爲三名號將軍，位比四鎮將軍。三品。　汝南王祐：司馬祐，字永猷，本書卷五九有傳。

[12]太宰：官名，即太師，因避司馬師名諱而改名太宰。八公

之一，居上公之首，爲宰相之任。一品。　西陽王羕：司馬羕，字延年，本書卷五九有傳。

冠軍將軍鄧嶽志氣平厚，[1]識經邪正；前將軍周撫質性詳簡，[2]義誠素著；功臣之胄，情義兼常，往年從敦，情節不展，畏逼首領，不得相違，論其乃心，無貳王室，朕嘉其誠，方任之以事。其餘文武，諸爲敦所授用者，一無所問，刺史二千石不得輒離所職。書到奉承，自求多福，無或猜嫌，以取誅滅。敦之將士，從敦彌年，怨曠日久，或父母隕没，或妻子喪亡，不得奔赴，銜哀從役，朕甚愍之，希不悽愴。其單丁在軍無有兼重者，皆遣歸家，終身不調，其餘皆與假三年，休訖還臺，當與宿衛同例三番。明承詔書，朕不負信。

又詔曰："敢有捨王敦姓名而稱大將軍者，軍法從事。"

[1]冠軍將軍：官名，曹魏、孫吴、西晋皆置。西晋時領營兵。三品。

[2]前將軍：官名，漢代爲重號將軍，與左、右、後將軍並爲上卿。魏晋時常設，權位較兩漢時漸低，僅爲武官名號，略高於一般雜號將軍，不典禁兵，不與朝政。三品。

敦病轉篤，不能御衆，使錢鳳、鄧嶽、周撫等率衆三萬向京師。含謂敦曰："此家事，吾便當行。"於是以含爲元帥。鳳等問敦曰："事克之日，天子云何？"敦曰："尚未南郊，[1]何得稱天子！便盡卿兵勢，保護東海王及裴妃而已。”乃上疏罪狀温嶠，以誅奸臣爲名。

[1]南郊：即皇帝祭天儀式。皇帝即位均在南郊祭天，故言。

含至江寧，[1]司徒導遺含書曰：[2]

近承大將軍困篤綿綿，或云已有不諱，悲怛之情，[3]不能自勝。尋知錢鳳大嚴，欲肆奸逆，朝士忿憤，莫不扼腕。去月二十三日，[4]得征北告，劉遐、陶瞻、蘇峻等深懷憂慮，不謀同辭。都邑大小及二宫宿衛咸懼有往年之掠，不復保其妻孥，是以聖主發赫斯之命，[5]具如檄旨。近有嘉詔，崇兄八命，[6]望兄奬群賢忠義之心，抑奸細不逞之計，當還武昌，盡力藩任。卒奉來告，乃承與犬羊俱下，雖當逼迫，猶以罔然。兄立身率素，見信明於門宗，年逾耳順，[7]位極人臣，仲玉、安期亦不足作佳少年，[8]本來門户，良可惜也！

[1]江寧：縣名，治所在今江蘇省南京市江寧區。

[2]遺含書：遺，宋本作“遣”。

[3]悲怛之情：怛，宋本作“怚”。

[4]去月二十三日：二，宋本作“之”。

[5]赫斯：帝王盛怒的樣子。語出《詩·大雅·皇矣》：“王赫斯怒，爰整其旅。”鄭玄箋：“赫，怒意。”

[6]崇兄八命：給王含高官重爵。“八命”語出《周禮·春官·典命》：“王之三公八命。”《周禮·春官·大宗伯》：“八命作牧。”鄭玄注：“謂侯伯有功德者，加命得專征伐於諸侯。”此借八命喻高官。

[7]耳順：指六十歲。

[8]仲玉：王含子王瑜。玉，宋本作“王”。　安期：王敦子王應。

兄之此舉，謂可得如大將軍昔年之事乎？昔年佞臣亂朝，人懷不寧，如導之徒，心思外濟。今則不然。大將軍來屯于湖，[1]漸失人心，君子危怖，百姓勞弊。將終之日，委重安期，安期斷乳未幾日，[2]又乏時望，[3]便可襲宰相之迹邪？自開闢以來，頗有宰相孺子者不？諸有耳者皆是將禪代意，[4]非人臣之事也。先帝中興，遺愛在人。聖主聰明，德洽朝野，思與賢哲弘濟艱難。不北面而執臣節，乃私相樹建，肆行威福，凡在人臣，誰不憤嘆！此直錢鳳不良之心聞於遠近，自知無地，遂唱奸逆。至如鄧伯山、周道和恒有好情，往來人士咸皆明之，方欲委任，與共戮力，非徒無慮而已也。

[1]于湖：縣名，治所在今安徽省當塗縣。

[2]未幾日：未，宋本、殿本作“來”。

[3]又乏時望：乏，宋本、殿本作“于”。

[4]皆是將禪代意：中華本校勘記：“《通志》一三〇‘皆’下有‘謂’字。”

導門户小大受國厚恩，兄弟顯寵，可謂隆矣。導雖不武，情在寧國。今日之事，明目張膽爲六軍之首，寧忠臣而死，不無賴而生矣。但恨大將軍桓文之勛不遂，[1]而兄一旦爲逆節之臣，負先人平素之志，既没之日，何顔見諸父於黄泉，謁先帝於地下邪？執省來告，爲兄羞之，且悲且慚。願速建大計，惟取錢鳳一人，使天下獲安，家國有福，故是竹素之事，[2]非惟免禍而已。

[1]桓：齊桓公，春秋時齊國國君，名小白，僖公之子，襄公之弟。公元前685至前643年在位。爲公子時因國家内亂出走至莒，襄公死後被迎回立爲國君。在位時任用管仲，改革内政，國力漸强。九合諸侯，尊王攘夷，成爲春秋五霸之首。　文：晋文公，名重耳，晋獻公之子，因受迫害而流亡在外十九年，歷盡艱難險阻。回國即位後改革朝政，加强軍備，國力漸强，終成春秋五霸之一。

[2]竹素之事：青史留名之事。竹素，竹帛。此指史册。

夫福如反手，用之即是。導所統六軍，石頭萬五千人，宫内後苑二萬人，護軍屯金城六千人，[1]劉遐已至，征北昨已濟江萬五千人。以天子之威，文武畢力，豈可當乎！事猶可追，兄早思之。大兵一奮，導以爲灼炟也。[2]

含不答。

[1]金城：地名，在今江蘇省南京市栖霞區。

[2]灼炟：焦慮不安。炟，宋本作“怚”。

帝遣中軍司馬曹渾等擊含于越城，[1]含軍敗，敦聞，怒曰：“我兄老婢耳，門户衰矣！兄弟才兼文武者，世將、處季皆早死，[2]今世事去矣。”語參軍吕寶曰：“我當力行。”因作勢而起，困乏復卧。

[1]中軍司馬：官名，中軍將軍府高級幕僚。掌參讚軍務、管理府内武職，位僅次於長史。七品。　越城：地名，在今江蘇省南京市城區南部。

[2]世將：王廙，字世將，本書卷七六有傳。　處季：王敦字處仲，處季應爲王敦弟之字。

鳳等至京師，屯于水南。帝親率六軍以御鳳，頻戰破之。敦謂羊鑒及子應曰：[1]“我亡後，應便即位，先立朝廷百官，然後乃營葬事。”初，敦始病，夢白犬自天而下噛之，又見刁協乘軺車導從，[2]瞋目令左右執之。俄而敦死，時年五十九。應秘不發喪，裹尸以席，蠟塗其外，埋於廳事中，與諸葛瑶等恒縱酒淫樂。

[1]羊鑒：字景期，本書卷八一有傳。

[2]軺車：用一匹馬駕駛的輕車。

沈充自吴率衆萬餘人至，與含等合。充司馬顧颺説充曰：“今舉大事，而天子已扼其喉，情離衆沮，鋒摧勢挫，持疑猶豫，必致禍敗。今若决破栅塘，因湖水灌京邑，肆舟艦之勢，極水軍之用，此所謂不戰而屈人之兵，上策也。藉初至之鋭，并東南衆軍之力，[1]十道俱進，衆寡過倍，理必摧陷，中策也。轉禍爲福，因敗爲成，召錢鳳計事，因斬之以降，下策也。”充不能用，颺逃歸于吴。含復率衆渡淮，蘇峻等逆擊，[2]大敗之，充亦燒營而退。[3]

[1]并東南衆軍之力：中華本校勘記："《通鑑》九三作'并東西衆軍之力'，胡注云：東軍謂沈充軍，西軍謂王含、錢鳳等軍也。按：疑此'南'字誤。"

[2]蘇峻等：宋本無"蘇"字。

[3]充亦燒營而退：充，宋本作"允"。

既而周光斬錢鳳，吴儒斬沈充，並傳首京師。有司議曰："王敦滔天作逆，有無君之心，宜依崔杼、王淩故事，[1]剖棺戮尸，以彰元惡。"於是發瘞出尸，焚其衣冠，跽而刑之。敦、充首同日懸于南桁，[2]觀者莫不稱慶。敦首既懸，莫敢收葬者。尚書令郗鑒言於帝曰：[3]"昔王莽漆頭以輗車，[4]董卓然腹以照市，[5]王淩儭土，徐馥焚首。[6]前朝誅楊駿等，[7]皆先極官刑，後聽私殯。然《春秋》許齊襄之葬紀侯，[8]魏武義王脩之哭袁譚。[9]由斯言之，王誅加於上，私義行於下。臣以爲可聽私葬，於義爲弘。"詔許之，於是敦家收葬焉。含父子乘單船奔荆州刺史王舒，舒使人沉之于江，餘黨悉平。

[1]崔杼：春秋時人，齊國大夫。得寵於齊惠公。惠公卒後，與高氏、國氏發生衝突，奔衛。靈公時返回齊國，任大夫。靈公病危，崔杼迎太子光繼位，是爲莊公。後殺莊公立景公，自爲右相。後兩年，子輩内訌，左相慶封乘機滅其族，崔杼自縊而死。　王淩：三國時太原祁縣（治今山西省祁縣東南）人，字彦雲。歷任曹

魏建武將軍、揚州刺史、豫州刺史、征東將軍、都督揚州諸軍事等職。密謀擁立楚王曹彪，廢黜齊王曹芳，謀泄被殺。淩，原本、殿本作“凌”，宋本作“淩”，據宋本改。本卷下同。

[2]南桁：即朱雀桁。六朝都城建康南城門朱雀門外的浮橋，横跨秦淮河上。三國吴時稱南津橋，晋改名朱雀桁。桁爲連船而成，長九十步，廣六丈。因在臺城南，又稱“南桁”。秦淮河上二十四桁，此爲最大，又稱“大桁”。

[3]尚書令：官名，秦漢時爲尚書署長官。秩位雖低，權力甚重。魏晋時沿置，爲尚書省長官，綜理全國政務，參議大政，爲高級政務長官。三品。　郗鑒：字道徽，本書卷六七有傳。郗，原本、宋本、殿本作“郄”，據其本傳及中華本改。本卷下文此姓字同。

[4]王莽漆頭以輗車：王莽死後，後人將其頭割下，涂之以漆，保存起來，以警醒來者。本書卷二七《五行志上》載：“惠帝元康五年閏月庚寅，武庫火。張華疑有亂，先命固守，然後救火。是以累代異寶，王莽頭，孔子屐，漢高祖斷白蛇劍及二百萬人器械，一時蕩盡。”輗車，《晋書音義》：“輗，礙車也。五奚反。”

[5]董卓然腹以照市：《三國志》卷六《魏書·董卓傳》注引《英雄記》：董卓被殺後，暴尸於市。董卓素肥，膏流浸地，草爲之丹。守尸吏瞑以爲大炷，置卓臍中以爲燈，光明達旦，如是積日。

[6]徐馥：東晋吴興（今浙江省湖州市南）人，地方豪族，家有部曲。與周勰以討王導、刁協爲名起兵，殺吴興太守袁琇，有衆數千。後被同黨所殺。

[7]楊駿：字文長，本書卷四〇有傳。

[8]《春秋》許齊襄之葬紀侯：《春秋公羊傳·莊公四年》：“紀侯大去其國。”公羊壽傳：“大去者何？滅也。孰滅之？齊滅之。曷爲不言齊滅之？爲襄公諱也。《春秋》爲賢者諱，何賢乎襄公？復仇也。何仇爾？遠祖也。哀公亨乎周，紀侯譖之，以襄公之爲於此焉者，事祖禰之心盡矣。”

[9]魏武義王脩之哭袁譚：王脩爲袁譚治中從事，曹操率軍攻袁譚於南皮。王脩時運糧在樂安，聞袁譚危急，將所領兵及諸從事數十人往赴援。至高密，聞譚死，下馬號哭曰："無君焉歸？"遂詣曹操，乞收葬譚屍。曹操欲觀其意，默然不應。王脩又説："受袁氏厚恩，若得收斂譚屍，然後就戮，無所恨。"曹操嘉其義，聽之。事見《三國志》卷一一《魏書·王脩傳》。

敦眉目疏朗，性簡脱，有鑒裁，學通《左氏》，口不言財利，尤好清談，時人莫知，惟族兄戎異之。[1]經略指麾，千里之外肅然，而麾下擾而不能整。武帝嘗召時賢共言技藝之事，[2]人人皆有所説，惟敦都無所關，意色殊惡。自言知擊鼓，因振袖揚枹，[3]音節諧韵，神氣自得，傍若無人，舉坐嘆其雄爽。石崇以奢豪矜物，厠上常有十餘婢侍列，皆有容色，置甲煎粉、沉香汁，有如厠者，皆易新衣而出。客多羞脱衣，而敦脱故著新，[4]意色無怍。群婢相謂曰："此客必能作賊。"又嘗荒恣於色，體爲之弊，左右諫之，敦曰："此甚易耳。"乃開後閤，驅諸婢妾數十人並放之，時人嘆異焉。

[1]戎：王戎，字濬冲，本書卷四三有傳。

[2]技藝之事：技，宋本、殿本作"伎"。

[3]振袖揚枹：枹，殿本作"袍"。

[4]脱故著新：著，宋本作"着"。

沈充，字士居。少好兵書，頗以雄豪聞於鄉里。敦引爲參軍，充因薦同郡錢鳳。鳳，字世儀，敦以爲鎧曹參軍，[1]數得進見。知敦有不臣之心，因進邪説，遂相朋構，專弄威權，言成禍福。遭父喪，外託還葬，而密爲敦使，與充交構。

[1]鎧曹參軍：官名，鎧曹長官。東漢末曹操丞相府設鎧曹，三國魏沿置，兩晋時公府、將軍府俱置。七品。

初，敦參軍熊甫見敦委任鳳，將有異圖，因酒酣謂敦曰："開國承家，小人勿用，佞倖在位，鮮不敗業。"敦作色曰："小人阿誰？"甫無懼容，因此告歸。臨與敦别，因歌曰："徂風飆起蓋山陵，氛霧蔽日玉石焚。往事既去可長嘆，念别惆悵復會難。"敦知其諷己而不納。

明帝將伐敦，遣其鄉人沈禎諭充，[1]許以爲司空。[2]充謂禎曰："三司具瞻之重，[3]豈吾所任！幣厚言甘，[4]古人所畏。且丈夫共事，終始當同，[5]寧可中道改易，人誰容我！"禎曰："不然。舍忠與順，未有不亡者也。大將軍阻兵不朝，爵賞自己，五尺之童知其異志。今此之舉，將行篡弑耳，豈同於往年乎？是以疆埸諸將莫不歸赴本朝，内外之士咸願致死，[6]正以移國易主，義不北面以事之也，奈何協同逆圖，當不義之責乎！朝廷坦誠，[7]禎所知也。[8]賊之黨類，猶宥其罪，與之更始，况見機而作邪！"[9]充不納。率兵臨發，謂其妻子曰："男兒不豎豹尾，終不還也。"及敗歸吴興，亡失道，誤入其故將吴儒家。儒誘充内重壁中，因笑謂充曰："三千户侯也。"充曰："封侯不足貪也。爾以大義存我，我宗族必厚報汝。若必殺我，汝族滅矣。"儒遂殺之。充子勁竟滅吴氏。[10]勁見《忠義傳》。

[1]沈禎：中華本校勘記："《通鑑》九三'禎'作'楨'。"

[2]司空：官名，魏晋南北朝爲名譽宰相，多爲大臣加官。晋八公之一，位在三公之末。一品。

[3]三司：太尉、司空、司徒合稱三司。　具瞻：《詩·小雅·節南山》："赫赫師尹，民具爾瞻。"毛亨傳："師，太師，周之三公也。尹，尹氏，爲太師。"

[4]幣厚言甘：甘，宋本作"耳"。

[5]終始當同：終始，殿本乙作"始終"。

[6]咸願致死：願，宋本作"頗"。

[7]坦城：坦，宋本作"坥"。

[8]所知也：知，宋本、殿本作"具"。

[9]見機而作：機，殿本作"幾"。

[10]勁：沈勁，字世堅，本書卷八九有傳。

史臣曰：琅邪之初鎮建鄴，[1]龍德猶潛，雖當璧膺圖預定於冥兆，[2]豐功厚利未被於黎氓。[3]王敦歷官中朝，威名夙著，作牧淮海，望實逾隆，遂能託魚水之深期，定金蘭之密契，弼成王度，光佐中興，卜世延百二之期，[4]論都創三分之業，[5]此功固不細也。既而負勛高而圖非望，恃勢逼而肆驕陵。釁隙起自刁、劉，禍難成於錢、沈。興晋陽之甲，[6]纏象魏之兵。[7]蜂目既露，豺聲又發，擅竊國命，殺害忠良，遂欲篡盜乘輿，逼遷龜鼎。[8]賴嗣君英略，晋祚靈長，諸侯釋位，股肱戮力，用能運兹廟算，殄彼凶徒，克固鴻圖，載清天步者矣。

[1]琅邪：指東晋元帝司馬睿。

[2]當璧膺圖預定於冥兆：冥冥之中有即位國君之兆。當璧，

典出《左傳·昭公十三年》:“初，共王無冢適，有寵子五人，無適立焉。乃大有事於群望，而祈曰:‘請神擇於五人者，使主社稷。’乃遍以璧見於群望，曰:‘當璧而拜者，神所立也，誰敢違之?’既，乃與巴姬密埋璧於大室之庭，使五人齊，而長入拜。康王跨之，靈王肘加焉，子干、子皙皆遠之。平王弱，抱而入，再拜，皆厭紐。”璧，原本作“壁”，宋本、殿本作“璧”，據宋本、殿本改。

[3]黎氓:氓，宋本作“萌”。

[4]百二之期:二，殿本作“三”。

[5]都創三分之業:都，宋本作“篤”。

[6]晋陽之甲:《左傳·定公十三年》:晋趙鞅起晋陽之兵，以“清君側”爲名，逐荀寅、士吉射。後因稱地方長吏不滿朝廷而舉兵内向爲與“晋陽之甲”。

[7]纏象魏之兵:與朝廷軍隊開戰。

[8]逼遷龜鼎:以强力逼迫天子讓權。龜鼎，元龜與九鼎，古時爲國之重器。因以比喻帝位。

桓温

桓温，字元子，宣城太守彝之子也。[1]生未期而太原温嶠見之，曰:“此兒有奇骨，可試使啼。”及聞其聲，曰:“真英物也!”彝以嶠所賞，故遂名之曰温。嶠笑曰:“果爾，後將易吾姓也。”彝爲韓晃所害，涇令江播豫焉。[2]温時年十五，枕戈泣血，志在復仇。至年十八，會播已終，子彪兄弟三人居喪，置刃杖中，以爲温備。温詭稱吊賓，得進，刃彪於廬中，并追二弟殺之，時人稱焉。

[1]宣城：郡名，治所在宛陵縣（今安徽省宣城市宣州區）。　彝：桓彝，字茂倫，本書卷七四有傳。

[2]涇：縣名，治所在今安徽省涇縣西。

温豪爽有風概，姿貌甚偉，面有七星。少與沛國劉惔善，[1]惔嘗稱之曰："温眼如紫石稜，[2]鬚作蝟毛磔，[3]孫仲謀、晋宣王之流亞也。"[4]選尚南康長公主，拜駙馬都尉，襲爵萬寧男，除瑯邪太守，[5]累遷徐州刺史。

[1]沛國：三國魏治所在沛縣（今江蘇省沛縣），西晋時治所在相縣（今安徽省濉溪縣西北）。　劉惔：字真長，本書卷七五有傳。惔，原本作"琰"，宋本、殿本作"惔"，據宋本、殿本及其本傳改。本卷下同。

[2]紫石稜：《世説新語·容止》作"眉如紫石稜"，容易理解。

[3]鬚作蝟毛磔：鬍鬚像刺猬張開毛刺一般。

[4]孫仲謀：三國吴主孫權，字仲謀。　晋宣王：即司馬懿。

[5]瑯邪：封國名，治所在今山東省臨沂市。

温與庾翼友善，[1]恒相期以寧濟之事。[2]翼嘗薦温於明帝曰：[3]"桓温少有雄略，願陛下勿以常人遇之，常婿畜之，宜委以方召之任，託其弘濟艱難之勛。"翼卒，以温爲都督荆梁四州諸軍事、安西將軍、荆州刺史、領護南蠻校尉、假節。[4]

[1]庾翼：字稚恭，本書卷七三有傳。

[2]寧濟：安定天下，匡世濟民。

[3]翼嘗薦温於明帝曰：中華本校勘記："《舉正》：'明帝'，《翼傳》作'成帝'，爲是。按：《通鑑》九七亦作'成帝'。"

[4]都督荆梁四州諸軍事：荆、梁等四州最高軍事行政長官。安西將軍：官名，東漢建安年間置，與安東、安南、安北將軍合稱四安將軍，爲出鎮某一地區的軍事長官，或作爲刺史等兼理軍務的加官，權任頗重。三品，加持節都督者二品。

時李勢微弱，[1]温志在立勛于蜀，永和二年，率衆西伐。時康獻太后臨朝，[2]温將發，上疏而行。朝廷以蜀險遠，而温兵寡少，深入敵場，甚以爲憂。初，諸葛亮造八陣圖於魚復平沙之上，[3]壘石爲八行，行相去二丈。温見之，謂"此常山蛇勢也"。文武皆莫能識之。及軍次彭模，[4]乃命參軍周楚、孫盛守輜重，[5]自將步卒直指成都。[6]勢使其叔父福及從兄權等攻彭模，楚等禦之，福退走。温又擊權等，三戰三捷，賊衆散，自間道歸成都。勢於是悉衆與温戰于笮橋，[7]參軍龔護戰没，衆懼欲退，而鼓吏誤鳴進鼓，於是攻之，勢衆大潰。温乘勝直進，焚其小城，勢遂夜遁九十里，至晋壽葭萌城，[8]其將鄧嵩、昝堅勸勢降，乃面縛輿櫬請命。温解縛焚櫬，送于京師。[9]温停蜀三旬，舉賢旌善，僞尚書僕射王誓、中書監王瑜、鎮東將軍鄧定、散騎常侍常璩等，[10]皆蜀之良也，並以爲參軍，百姓咸悦。軍未旋而王誓、鄧定、隗文等反，温復討平之。振旅還江陵，[11]進位征西大將軍、開府，[12]封臨賀郡公。

[1]李勢：字子仁，本書卷一二一有載記。李，宋本作"季"。

[2]康獻太后：褚蒜子，本書卷三二有傳。

[3]諸葛亮：三國時琅邪陽都（今山東省沂南縣南）人，字孔明。東漢末隨叔父諸葛玄依附荆州劉表，隱居躬耕於隆中。後加入劉備集團，協助劉備占領荆州、益州，實現三分之勢。劉備死後輔佐劉禪，南征南中，北伐曹魏，最終病逝於北伐前綫。　八陣圖：三國時諸葛亮根據前人的陣法創立的戰陣。《三國志》卷三五《蜀書・諸葛亮傳》："亮性長於巧思，損益連弩，木牛流馬，皆出其意；推演兵法，作八陳圖，咸得其要云。"　魚復：即魚腹浦，位於今重慶市奉節縣東南。

[4]彭模：彭模城，又稱彭亡城、彭亡聚、平模城，位於今四川省眉山市彭山區東南岷江東岸。

[5]周楚：字元孫，本書卷五八有傳。　孫盛：字安國，本書卷八二有傳。

[6]成都：縣名，治所在今四川省成都市。

[7]笮橋：又名夷橋，位於今四川省成都市東南。

[8]晋壽：郡名，東晋太元十五年（390）置，治所在晋壽縣（今四川省廣元市南）。　葭萌城：位於今四川省廣元市西南。

[9]京師：國都。《春秋公羊傳・桓公九年》："京師者何？天子之居也。"

[10]尚書僕射：官名，秦漢爲尚書令副貳，東漢建安四年（199）分置左、右，爲尚書省次官。三品。　王瑜：中華本校勘記："李班、李勢《載記》作'王嘏'。疑此誤。"　鎮東將軍：官名，東漢建安年間置，與鎮西、鎮南、鎮北將軍合稱四鎮將軍，多爲持節都督，出鎮方面。曹魏二品。晋三品，加持節都督者二品。　鄧定：東晋秦州（今甘肅省天水市）人，因飢餓率流民二千餘家，保於成固。永和初，桓温征蜀，擊破隗文、鄧定等。　常璩：東晋江原（今四川省崇州市東南）人，字道將。十六國成漢李勢時任散騎常侍。桓温伐蜀，常璩勸李勢投降。著有《華陽國志》一書傳世。

［11］江陵：縣名，治所在今湖北省江陵縣。

［12］征西大將軍：官名，屬將軍名號，多授予統兵出鎮在外、都督數州諸軍事者。位在征西將軍之上。二品，開府位從公者一品。 開府：開設府署，辟置僚屬。魏晋時常以此作爲對高級官員的寵待。

及石季龍死，[1]温欲率衆北征，先上疏求朝廷議水陸之宜，久不報。時知朝廷杖殷浩等以抗己，[2]温甚忿之，然素知浩，弗之憚也。以國無他釁，遂得相持彌年，雖有君臣之迹，亦相羈縻而已，[3]八州士衆資調，殆不爲國家用。聲言北伐，拜表便行，順流而下，行達武昌，衆四五萬。殷浩慮爲温所廢，將謀避之，又欲以騶虞幡住温軍，[4]内外噂㗖，人情震駭。簡文帝時爲撫軍，[5]與温書明社稷大計，疑惑所由。温即回軍還鎮，上疏曰：

臣近親率所統，欲北掃趙魏，[6]軍次武昌，獲撫軍大將軍、會稽王昱書，[7]説風塵紛紜，妄生疑惑，辭旨危急，憂及社稷。省之惋愕，不解所由，形影相顧，隕越無地。臣以暗蔽，忝荷重任，雖才非其人，職在静亂。寇仇不滅，國耻未雪，幸因開泰之期，[8]遇可乘之會，匹夫有志，猶懷憤慨，臣亦何心，坐觀其弊！故荷戈驅馳，不遑寧處，前後表陳，于今歷年矣。丹誠坦然，[9]公私所察，有何纖介，容此嫌忌？豈醜正之徒心懷怵惕，操弄虚説，以惑朝聽？

[1]石季龍：即石虎，石勒從子，本書卷一〇六有載記。

[2]殷浩：字深源，本書卷七七有傳。

[3]羈縻：籠絡。

[4]騶虞幡：一種繪有騶虞圖形的旗幟，用以傳旨解兵。趙翼《廿二史劄記》卷八："晋制最重騶虞幡，每至危險時，或用以傳旨，或用以止兵，見之者輒慑伏而不敢動，亦一朝之令甲也。"　住温軍：讓桓温停止進軍。

[5]撫軍：官名，即撫軍將軍。三國蜀漢、孫吴皆置，爲加官，以示權重。晋沿置，與中軍將軍、鎮軍將軍並爲三名號將軍。三品。

[6]趙魏：指戰國時趙國和魏國故地，當今山西省及河北省南部。

[7]撫軍大將軍：官名，三國魏文帝始置，皇帝出征，總管留守事。晋二品，開府位從公者一品。　會稽王昱：簡文帝司馬昱，字道萬，本書卷九有紀。

[8]開泰：亨通安泰。

[9]坦然：坦，宋本作"坥"。

昔樂毅竭誠，[1]垂涕流奔；霍光盡忠，[2]上官告變。[3]讒説殄行，奸邪亂德，乃歷代之常患，存亡之所由也。今主上富於陽秋，[4]陛下以聖淑臨朝，恭己委任，責成群下，方寄會通於群才，布德信於遐荒。况臣世蒙殊恩，[5]服事三朝，身非羈旅之賓，迹無韓彭之釁，[6]而反間起於胸心，交亂過於四國，此古賢所以嘆息於既往，而臣亦大懼於當年也。今寇賊冰消，大事垂定，晋之遺黎鵠立南望，[7]赴義之衆慷慨即路，元凶之命懸在漏刻，[8]而横議妄生，成此貝錦，[9]使垂滅之賊復獲蘇息，所以痛心絶氣，悲慨彌深。臣雖所存者公，所務者國；然外難未弭，而内弊交興，則臣本心陳力之志也。

進位太尉，[10]固讓不拜。

[1]樂毅：戰國時靈壽（今河北省靈壽縣西北）人，魏將樂羊後代，燕昭王時入燕，帥聯軍大敗齊國，攻下齊國城邑七十多座。後因燕惠王中反間計，樂毅遂離開燕國入趙國。

[2]霍光：西漢河東平陽（今山西省臨汾市西南）人，字子孟，霍去病異母弟。爲武帝所親信，武帝臨終，任其爲大司馬大將軍，封博陸侯，與金日磾等人輔佐少主。昭帝繼位後，誅除上官桀，先立後廢昌邑王劉賀，專擅朝政前後長達二十年。期間輕徭薄賦，與民休息，社會較安定。

[3]上官：上官桀。西漢隴西上邽（今甘肅省天水市）人，字少叔。漢武帝去世後，與霍光共同輔佐年幼的漢昭帝。霍光的女兒嫁給上官桀的兒子上官安爲妻，上官安的女兒又嫁給漢昭帝爲后。上官桀父子爲長公主的寵倖求官，多次被霍光拒絶，於是懷恨在心，與燕王旦、蓋公主共同誣陷霍光。後又謀令長公主置酒請霍光，於酒席宴上殺之，事泄被霍光所殺。

[4]富於陽秋：指年輕。陽秋，即春秋。東晋時因避簡文帝母鄭太后阿春諱，改春爲“陽”。

[5]世蒙殊恩：蒙，宋本作“家”。

[6]韓：韓信，秦末淮陰（今江蘇省淮安市淮陰區南）人，早年家貧，常從人寄食。後隨項羽起兵，因不受重用，轉投劉邦。受蕭何舉薦，拜大將軍。功勛卓著，爲漢初三傑之一。封淮陰王，後貶爲淮陰侯。終爲吕后設計所殺。　彭：彭越，秦末昌邑（今山東省巨野縣東南）人，字仲。秦末起兵，助劉邦擊昌邑。楚漢相争時，受劉邦所賜將軍印，助漢擊楚。西漢建立後封梁王。陳豨反

叛，劉邦親征，徵梁國兵，彭越稱病不行。劉邦疑其反叛，廢其爲庶人，後信吕后之言，將其誅殺，夷其宗族。

[7]遺黎：亡國之民。　鵠立：企盼的樣子。

[8]元凶之命懸在漏刻：罪魁禍首的性命僅存漏刻之間。漏刻，古代計時器。

[9]貝錦：誣陷他人所羅織的罪名。

[10]太尉：官名，曹操爲丞相後，太尉府屬官歸相府，晋時太尉雖爲八公之一、三公之首，實爲名譽宰相，多爲大臣加官。一品。

時殷浩至洛陽修復園陵，[1]經涉數年，屢戰屢敗，器械都盡。温復進督司州，[2]因朝野之怨，乃奏廢浩，自此内外大權一歸温矣。温遂統步騎四萬發江陵，水軍自襄陽入均口，[3]至南鄉，[4]步自淅川以征關中，[5]命梁州刺史司馬勳出子午道。[6]别軍攻上洛，[7]獲苻健荆州刺史郭敬，[8]進擊青泥，[9]破之。健又遣子生、弟雄衆數萬屯嶢柳、愁思堆以距温，[10]遂大戰，生親自陷陣，殺温將應誕、劉泓，死傷千數。温軍力戰，生衆乃散。雄又與將軍桓冲戰白鹿原，[11]又爲冲所破。雄遂馳襲司馬勳，勳退次女媧堡。[12]温進至霸上，[13]健以五千人深溝自固，居人皆安堵復業，持牛酒迎温於路者十八九，耆老感泣曰："不圖今日復見官軍！"[14]初，温恃麥熟，取以爲軍資，而健芟苗清野，軍糧不屬，收三千餘口而還。帝使侍中黄門勞温於襄陽。[15]

[1]洛陽：古都名，位於今河南省洛陽市東北。　園陵：皇家陵園。

［2］司州：東晋僑置於徐縣（今江蘇省泗洪縣南）。此後或僑治合肥縣（今安徽省合肥市），或僑治襄陽縣（今湖北省襄陽市）。永和十二年（356）桓温收復河南地，還治洛陽縣，後没於前秦。淝水之戰後又還治洛陽縣。

［3］襄陽：縣名，治所在今湖北省襄陽市。　均口：位於今湖北省丹江口市西北，爲丹江入漢江之口。

［4］南鄉：郡名，東漢建安年間置，治所在南鄉縣（今河南省淅川縣西南）。

［5］淅川：縣名，治所在今河南省淅川縣東。　關中：地區名，函谷關以西秦國故地，包括今河南省靈寶市以西及陝西省、甘肅省東部和四川省部分地區。

［6］司馬勳：東晋人，任梁州刺史、建威將軍。後反叛，自稱成都王。後被朱序斬殺。　子午道：又名蝕中。原自今陝西省西安市長安區子午鎮南穿秦嶺，通往今陝西省安康市境。

［7］上洛：縣名，治所在今陝西省商洛市商州區。

［8］苻健：字建業，本書卷一一二有載記。苻，原本作“符”，宋本、殿本作“苻”，據其載記及宋本、殿本改。本卷下文此姓字同。

［9］青泥：青泥城，位於今陝西省藍田縣南七里。

［10］生：苻生，字長生，本書卷一一二有載記。　雄：苻雄，字元才，本書卷一一二有載記。　嶢柳：嶢柳城，位於今陝西省藍田縣城。　愁思塠：塠，原本、宋本作“搥”，殿本作“塠”，據殿本、中華本校勘記改。

［11］桓冲：字幼子，本書卷七四有傳。　白鹿原：位於今陝西省藍田縣西灞、滻二水之間。南連秦嶺，北至灞岸，東西四十里，南北十五里。

［12］女媧堡：確址待考。疑位於今陝西省秦嶺北麓西安市鄠邑區或周至縣境。

［13］霸上：亦作灞上，又名壩頭，地名，在今陝西省西安市東

北白鹿原北首。

[14]不圖今日：圖，宋本作“復”。

[15]黄門：官名，宫中小黄門、中黄門、黄門令統稱，均爲宦官。

初，温自以雄姿風氣是宣帝、劉琨之儔，[1]有以其比王敦者，意甚不平。及是征還，於北方得一巧作老婢，訪之，乃琨妓女也，[2]一見温，便潸然而泣。温問其故，答曰：“公甚似劉司空。”温大悦，出外整理衣冠，又呼婢問。婢云：“面甚似，恨薄；[3]眼甚似，恨小；鬚甚似，恨赤；形甚似，恨短；聲甚似，恨雌。”温於是褫冠解帶，昏然而睡，不怡者數日。

[1]宣帝：司馬懿，本書卷一有紀。　劉琨：字越石，本書卷六二有傳。　儔：輩，同類。

[2]妓女：妓，宋本作“伎”。

[3]面甚似，恨薄：中華本校勘記：“《御覽》五〇〇引‘面’作‘唇’。”

母孔氏卒，上疏解職，欲送葬宛陵，[1]詔不許。贈臨賀太夫人印綬，謚曰敬，遣侍中吊祭，謁者監護喪事，旬月之中，使者八至，軺軒相望於道。温葬畢視事，欲修復園陵，移都洛陽，表疏十餘上，不許。進温征討大都督、督司冀二州諸軍事，[2]委以專征之任。

[1]宛陵：縣名，治所在今安徽省宣城市宣州區。

[2]征討大都督：官名，掌統率外出征伐之軍，名位在征討都

督之上。　督司冀二州諸軍事：上述二州軍事行政長官，位次於都督和監。

温遣督護高武據魯陽，[1]輔國將軍戴施屯河上，[2]勒舟師以逼許洛，以譙、梁水道既通，[3]請徐、豫兵乘淮泗入河。[4]温自江陵北伐，行經金城，[5]見少爲琅邪時所種柳皆已十圍，[6]慨然曰："木猶如此，人何以堪！"攀枝執條，泫然流涕。於是過淮泗，踐北境，與諸寮屬登平乘樓，眺矚中原，慨然曰："遂使神州陸沉，[7]百年丘墟，王夷甫諸人不得不任其責！"袁宏曰：[8]"運有興廢，豈必諸人之過！"温作色謂四座曰："頗聞劉景升有千斤大牛，[9]噉芻豆十倍於常牛，負重致遠，曾不若一羸牸，[10]魏武入荆州，以享軍士。"意以況宏，坐中皆失色。師次伊水，[11]姚襄屯水北，[12]距水而戰。温結陣而前，親被甲督弟冲及諸將奮擊，襄大敗，自相殺死者數千人，越北芒而西走，[13]追之不及，遂奔平陽。[14]温屯故太極殿前，徙入金墉城，[15]謁先帝諸陵，陵被侵毁者皆繕復之，兼置陵令。[16]遂旋軍，執降賊周成以歸，遷降人三千餘家於江漢之間。遣西陽太守滕畯出黄城，[17]討蠻賊文盧等，又遣江夏相劉岵、義陽太守胡驥討妖賊李弘，[18]皆破之，傳首京都。[19]温還軍之後，司、豫、青、兖復陷于賊。升平中，改封南郡公，降臨賀爲縣公，以封其次子濟。

[1]督護：官名，州郡及出鎮方面將軍府皆設，掌兵事。兩晋時常統軍征伐，祇督一軍。　魯陽：縣名，治所在今河南省魯

山縣。

［2］輔國將軍：官名，屬將軍名號，三國兩晋皆置。三品。

［3］譙：譙縣，治所在今安徽省亳州市。　梁：梁縣，治所在今河南省汝州市南。

［4］徐：徐州。　豫：豫州，曹魏時治所在安城縣（今河南省正陽縣東北），西晋移治陳縣（今河南省周口市淮陽區）。

［5］行經金城：桓温自江陵北伐，不可能經金城。東晋在南方多置僑州、僑郡、僑縣，此處金城當爲建康附近蒲州所屬的金城鎮。這一點在宋理宗景定年間所修的《建康志》中記載頗詳。該書卷二〇“金城”條抄《舊志》云：“金城，在城東二十五里，吴築，今上元縣金陵鄉地名，金城戍即其地。”《考證》第三條云：“晋中宗於金城置琅邪郡，桓温嘗爲琅邪内史，至咸康七年出鎮金城，今上元縣金陵鄉地名金城戍即其地。”因此桓温北伐是由江陵直接北上進至伊水與姚襄軍交鋒，没有必要從江陵出發，沿江而下，經建康至金城，然後渡江北上，過淮泗，再西折進駐洛陽西南的伊水。（參見邱久榮《〈晋書·桓温傳〉糾誤一則》，《社會科學輯刊》1984 年第 3 期）

［6］已十圍：已，宋本作“以”。

［7］陸沉：國土淪陷。沉，殿本作“沈”。

［8］袁宏：字彦伯，本書卷九二有傳。

［9］劉景升：東漢末山陽高平（今山東省鄒城市西南）人，字景升。少知名，爲“八俊”之一。東漢末黨人，後任荆州刺史。依靠當地名士大族的支持，南收零、桂，北據漢水，控地數千里，帶甲十餘萬。建學校、求儒士，保江漢間以觀天下之變。

［10］羸牸：老弱的母牛。

［11］伊水：位於今河南省境内，發源欒川縣西伏牛山，東北流至偃師市西南入洛河。

［12］姚襄：字景國，本書卷一一六有載記。

［13］北芒：即邙山，位於今河南省洛陽市北。

［14］平陽：縣名，治所在今山西省臨汾市西南。

［15］金墉城：三國魏明帝時築。位於今河南省洛陽市東北漢魏洛陽故址西北角。三面開門，南曰乾光門，東曰含春門，北曰逜門。城内又置西宫，西晋改爲永昌宫。魏晋時被廢的皇帝及后妃都安置於此。城小而固，爲攻占戍守要地。

［16］陵令：官名，帝陵長官。七品。

［17］西陽：郡名，治所在西陽縣（今湖北省黄岡市黄州區東）。　黄城：位於今湖北省武漢市黄陂區。

［18］江夏：郡名，此指曹魏所置江夏郡，治所在上昶城（今湖北省雲夢縣）。　相：官名，郡國相，也稱内史。五品。　李弘：道士李脱的弟子，與其師鬼道療病，又在灊山養徒，云應讖當王，建年號鳳凰。失敗被殺。

［19］京都：都，殿本作“師”。

隆和初，寇逼河南，[1]太守戴施出奔，冠軍將軍陳祐告急，温使竟陵太守鄧遐率三千人助祐，[2]并欲還都洛陽，上疏曰：

巴蜀既平，逆胡消滅，時來之會既至，休泰之慶顯著。而人事乖違，屢喪王略，復使二賊雙起，海内崩裂，河洛蕭條，山陵危逼，所以遐邇悲惶，痛心於既往者也。伏惟陛下稟乾坤自然之姿，挺羲皇玄朗之德，[3]鳳栖外藩，龍飛皇極，時務陵替，備徹天聽，人之情僞，盡知之矣。是以九域宅心，[4]幽遐企踵，[5]思佇雲羅，[6]混網四裔。誠宜遠圖廟算，大存經略，光復舊京，疆理華夏，[7]使惠風陽澤洽被八表，霜威寒飆陵振無外，豈不允應靈休，天人齊契！今江河悠闊，風馬殊邈，故向義之徒覆亡相尋，而建節之士猶繼踵無悔。況辰極既迴，衆星斯仰，本源既運，枝泒自遷。[8]則晉之餘黎欣皇德之攸憑，群凶妖逆知滅亡之無日，騁思順之心，鼓雷霆之勢，則二豎之命不誅而自絶矣。故員通貴於無滯，明哲尚於應機，砎如石焉，所以成務。若乃海運既徙，而鵬翼不舉，永結根於南垂，廢神州於龍漠，令五尺之童掩口而嘆息。

[1]河南：郡名，治所在洛陽縣（今河南省洛陽市東北）。

[2]竟陵：郡名，治所在石城縣（今湖北省鍾祥市）。　三千人：宋本無"人"字。

[3]羲皇：又稱庖犧氏、伏羲、伏戲、伏犧、包羲、宓犧等。即太昊，或稱黄熊氏。神話中的人類始祖，八卦創始人。皇，殿本作"黄"。　玄朗之德：高明之德。朗，宋本作"明"。

[4]九域宅心：天下歸心。

[5]幽遐企踵：遠近企盼。

[6]思佇雲羅：企盼雲羅天下的大網。即企盼天下統一。

[7]疆理：治理。

[8]枝泒自遷：支流自然會改變。泒，殿本作"派"。

夫先王經始，玄聖宅心，畫爲九州，制爲九服，[1]貴中區而内諸夏，誠以晷度自中，霜露惟均，冠冕萬國，朝宗四海故也。自强胡陵暴，中華蕩覆，狼狽失據，權幸揚越，[2]蠖屈以待龍申之會，[3]潛蟠以俟風雲之期，[4]蓋屯圮所鍾，[5]非理勝而然也。而喪亂緬邈，五十餘載，先舊徂没，後來童幼，班荆輟音，積習成俗，遂望絶於本邦，宴安於所託。眷言悼之，不覺悲嘆！臣雖庸劣，[6]才不周務，然攝官承乏，屬當重任，願竭筋骨，宣力先鋒，翦除荊棘，驅諸豺狼。自永嘉之亂，播流江表者，請一切北徙，以實河南。資其舊業，反其土宇，勤農桑之務，盡三時之利，導之以義，齊之以禮，使文武兼宣，信順交暢，井邑既修，綱維粗舉。然後陛下建三辰之章，[7]振旂旗之旌，冕旒錫鑾，朝服濟江，則宇宙之内，誰不幸甚！

[1]九服：王畿以外的九等地區。《周禮·夏官·職方氏》："乃辨九服之邦國：方千里曰王畿，其外方五百里曰侯服，又其外方五百里曰甸服，又其外方五百里曰男服，又其外方五百里曰采服，又其外方五百里曰衛服，又其外方五百里曰蠻服，又其外方五百里曰夷服，又其外方五百里曰鎮服，又其外方五百里曰藩服。"

[2]揚越：揚，原本作"楊"，宋本、殿本作"揚"，據宋本、殿本改。

[3]蠖屈：即尺蠖之屈。《易·繫辭下》："尺蠖之屈，以求信也；龍蛇之蟄，以存身也。"比喻人不遇時，屈居下位或退隱。龍申之會：申，宋本作"伸"。

[4]潛蟠：潛龍。《易·乾》："初九，潛龍勿用。"

[5]屯圮：艱難困頓。

[6]臣雖庸劣：臣，宋本作"自。"

[7]三辰之章：皇帝的衮服，因上有日、月、星等圖案，故稱。三辰，日、月、星。章，圖案。

夫人情昧安，難與圖始；非常之事，衆人所疑。伏願陛下決玄照之明，斷常均之外，[1]責臣以興復之效，委臣以終濟之功。此事既就，此功既成，則陛下盛勛比隆前代，周宣之咏復興當年。[2]如其不效，臣之罪也，褰裳赴鑊，其甘如薺。

[1]常均：庸常之人。

[2]周宣：周宣王，西周王，姬姓，名静。厲王之子，公元前827至前782年在位。早年勵精圖治，有宣王中興之譽，晚年窮兵黷武，國勢漸衰。

詔曰："在昔喪亂，忽涉五紀，[1]戎狄肆暴，繼襲凶迹，眷言西顧，慨嘆盈懷！知欲躬率三軍，蕩滌氛穢，廓清中畿，光復舊京，非夫外身殉國，孰能若此者哉！諸所處分，委之高算。但河洛丘墟，所營者廣，經始之勤，致勞懷也。"於是改授并、司、冀三州，[2]以交廣遼遠，罷都督，温表辭不受。又加侍中、大司馬、都督中外諸軍事、假黄鉞。[3]

[1]五紀：十二年爲一紀，五紀爲六十年。

[2]并：并州，治所在晋陽縣（今山西省太原市西南）。　冀：三國魏治所在信都縣（今河北省衡水市冀州區），西晋移治房子縣（今河北省高邑縣西南）。

[3]大司馬：官名，八公之一，位在上公之下、大將軍及三公之上，高級將帥，多爲大臣加官。一品。　都督中外諸軍事：官名，亦稱都督中外諸軍。全國最高軍事統帥，總統中央地方的内外諸軍，權力極大。　假黄鉞：假以黄鉞。黄鉞即飾以黄金的斧鉞，爲皇帝儀仗。賜予出征重臣，以示威重，令其專主征伐。

温以既總督内外，不宜在遠，又上疏陳便宜七事：其一，朋黨雷同，私議沸騰，宜抑杜浮競，莫使能植。其二，户口凋寡，不當漢之一郡，宜并官省職，令久於其事。其三，機務不可停廢，常行文按宜爲限日。其四，宜明長幼之禮，獎忠公之吏。其五，褒貶賞罰，宜允其實。其六，宜述遵前典，敦明學業。其七，宜選建史官，以成晋書。有司皆奏行之。尋加羽葆、鼓吹，[1]置左右長史、司馬、從事中郎四人。[2]受鼓吹，餘皆辭。復率舟軍進合肥。[3]加揚州牧、録尚書事，[4]使侍中顔旄宣旨，召温入參朝政。温上疏曰：

方攘除群凶，掃平禍亂，當竭天下智力，與衆共濟之。[5]而朝議咸疑，聖詔彌固，事異本圖，豈敢執遂！至於入參朝政，非所敢聞。臣違離宫省二十餘載，韚韛戎務，[6]役勤思苦，若得解帶逍遥，鳴玉闕廷，參贊無爲之契，[7]豫聞曲成之化，[8]雖實不敏，豈不是願！但顧以江漢艱難，不同曩日，而益梁新平，寧州始服，懸兵漢川，戍禦彌廣，加强蠻盤互，[9]勢處上流，江湖悠遠，當制命侯伯，自非望實重威，無以鎮御遐外。臣知捨此之艱危，敢背之而無怨，願奮臂投身造事中原者，實耻帝道皇居仄陋於東南，痛神華桑梓遂埋於戎狄。[10]若憑宗廟之靈，則雲徹席卷，呼吸蕩清。如當假息游魂，則臣據河洛，親臨二寇，廣宣皇靈，襟帶秦趙，遠不五載，大事必定。

[1]羽葆：葆，宋本作“保”。

[2]左右長史：官名，大司馬府置長史，分左、右，領府中各曹。六品。　司馬：官名，此爲大司馬府司馬。司馬府高級幕僚，掌參讚軍務、管理府内武職，位僅次於長史。六品。

[3]合肥：縣名，治所在今安徽省合肥市西。

[4]録尚書事：官名，初爲職銜名，重臣加此名義始得總知國事，綜理政務，成爲真宰相。魏晋多以公卿權重者居之，總領尚書省政務，凡重號將軍、刺史皆得命曹授用，位在三公之上。

[5]與衆共濟之：宋本無“之”字。

[6]鞸鞛戎務：佩刀從戎。

[7]參贊無爲之契：協助謀劃無爲治國。

[8]豫聞曲成之化：參與多方教化。曲成，多方設法使有成就。《易·繫辭上》：“曲成萬物而不遺。”韓康伯注：“曲成者，乘變以應物，不係一方者也。”孔穎達疏：“言聖人隨變而應，屈曲委細，成就萬物。”

[9]盤互：互，宋本作“牙”。

[10]痛神華桑梓：宋本無“痛”字。桑梓，指家鄉。

今臣昱以親賢贊國，光輔二世，即無煩以臣疏鈍，並間機務。且“不有行者，誰扞牧圉？”[1]表裏相濟，實深實重。伏願陛下察臣所陳，兼訪内外，乞時還屯，撫寧方隅。

[1]不有行者，誰扞牧圉：語出《左傳·昭公二十八年》：“不有居者，誰守社稷？不有行者，誰扞牧圉？”意爲没有留守的人，誰來守護社稷；没有隨國君出行的人，誰來保衛國君携帶的財産？

詔不許，復徵温。温至赭圻，[1]詔又使尚書車灌止之，[2]温遂城赭圻，固讓内録，遥領楊州牧。屬鮮卑攻洛陽，陳祐出奔，簡文帝時輔政，會温于洌洲，[3]議征討事，温移鎮姑孰。會哀帝崩，事遂寢。

[1]赭圻：赭圻城，位於今安徽省繁昌縣西北長江南岸赭圻嶺下。

[2]車灌：東晋人，歷任尚書、司空、散騎常侍、御史中丞等職。

[3]洌洲：一作溧洲，位於今江蘇省南京市江寧區西長江中。

温性儉，每讌惟下七奠柈茶果而已。然以雄武專朝，窺覦非望，或卧對親寮曰："爲爾寂寂，將爲文景所笑。"[1]衆莫敢對。既而撫枕起曰："既不能流芳後世，不足復遺臭萬載邪！"常行經王敦墓，望之曰："可人，可人！"其心迹若是。時有遠方比丘尼名有道術，於别室浴，温竊窺之。尼裸身先以刀自破腹，次斷兩足。浴竟出，温問吉凶，尼云："公若作天子，亦當如是。"

[1]文景：西漢文帝和景帝。

太和四年，又上疏悉衆北伐。平北將軍郗愔以疾解職，[1]又以温領平北將軍、徐兖二州刺史，率弟南中郎冲、西中郎袁真步騎五萬北伐。[2]百官皆於南州祖道，[3]都邑盡傾。軍次湖陸，[4]攻慕容暐將慕容忠，[5]獲之，進次金鄉。[6]時亢旱，水道不通，乃鑿鉅野三百餘里以通舟運，[7]自清水入河。[8]暐將慕容垂、傅末波等率衆八萬距温，[9]戰于林渚。[10]温擊破之，遂至枋頭。[11]先使袁真伐譙梁，開石門以通運。[12]真討譙梁皆平之，而不能開石門，軍糧竭盡。温焚舟步退，[13]自東燕出倉垣，[14]經陳留，[15]鑿井而飲，行七百餘里。垂以八千騎追之，戰于襄邑，[16]温軍敗績，死者三萬人。温甚耻之，歸罪於真，表廢爲庶人。真怨温誣己，據壽陽以自固，[17]潛通苻堅、慕容暐。[18]

[1]平北將軍：官名，與平東、平西、平南將軍合稱四平將軍。多持節都督或監某一地區的軍事，有時作爲刺史等地方官員監理軍務的加官。三品，加持節都督者二品。　郗愔：字方回，本書卷六七有傳。

[2]南中郎：官名，即南中郎將。與東、西、北中郎將並稱四中郎將，統兵征戰，權職甚重。四品。　冲：桓冲，字幼子，本書卷七四有傳。　西中郎：西中郎將，東漢末所置東、南、西、北四中郎將之一。帥師征伐或鎮守。魏、西晋多兼涼州刺史，東晋多兼豫州刺史。四品。　袁真：東晋人。歷任廬江太守、龍驤將軍、西中郎將、豫州刺史等職。桓温北伐失利，歸罪袁真，將其廢黜。因懷恨叛降前燕。

[3]祖道：爲出行者祭祀路神，並飲宴送行。

[4]湖陸：縣名，治所在今山東省魚臺縣東南。湖，原本、宋本、殿本作“胡”，據中華本校勘記改。

[5]慕容暐：字景茂，本書卷一一一有載記。

[6]金鄉：縣名，治所在今山東省嘉祥縣南。

[7]鉅野：縣名，治所在今山東省巨野縣東北。

[8]清水：河名，漢魏以前於今河南省淇縣南入黄河，晋以後改道東會淇水入白溝。

[9]慕容垂：字道明，本書卷一二三有載記。

[10]林渚：地名，在今河南省新鄭市東北。

[11]枋頭：地名，在今河南省浚縣西南淇門渡。

[12]石門：地名，在今河南省滎陽市東北。

[13]步退：宋本乙作"退步"。

[14]倉垣：即倉垣亭，位於今河南省開封市西北。

[15]陳留：縣名，治所在今河南省開封市東南陳留城。

[16]襄邑：縣名，治所在今河南省睢縣。

[17]壽陽：縣名，治所在今安徽省壽縣東南。

[18]苻堅：字永固，本書卷一一三有載記。

帝遣侍中羅含以牛酒犒温於山陽，[1]使會稽王昱會温于涂中，[2]詔以温世子給事熙爲征虜將軍、豫州刺史、假節。[3]及南康公主薨，詔賻布千匹，[4]錢百萬，温辭不受。又陳息熙三年之孤，且年少未宜使居偏任，詔不許。發州人築廣陵城，[5]移鎮之。時温行役既久，又兼疾癘，死者十四五，百姓嗟怨。

[1]羅含：字君章，本書卷九二有傳。　山陽：縣名，治所在今河南省焦作市東南。

[2]涂中：涂，殿本作"徐"。

[3]給事：官名，給事中的省稱，爲加官，所加爲三公、將軍、中書監令、博士、郎等。常侍從皇帝左右，諫諍糾彈，爲中朝要職。五品。　征虜將軍：既是武官名，也作爲高級文職官員的加官。三品。

[4]賻布：贈送用以辦喪事的布匹。

[5]廣陵城：廣陵郡城，位於今江蘇省揚州市西北。

袁真病死，其將朱輔立其子瑾以嗣事。慕容暐、苻堅並遣軍援瑾，温使督護竺瑶、矯陽之等與水軍擊之。時暐軍已至，瑶等與戰於武丘，[1]破之。温率二萬人自廣陵又至，瑾嬰城固守，温築長圍守之。苻堅乃使其將王鑒、張蚝等率兵以救瑾，屯洛澗，[2]先遣精騎五千次于肥水北。[3]温遣桓伊及弟子石虔等逆擊，[4]大破之，瑾衆遂潰，生擒之，并其宗族數十人及朱輔送于京都而斬之，瑾所侍養乞活數百人悉坑之，以妻子爲賞。温以功，詔加班劍十人，犒軍於路次，文武論功賞賜各有差。

[1]武丘：地名，在今河南省沈丘縣東南。

[2]洛澗：又名洛水、青洛河。源出今安徽省定遠縣東南，西北流至淮南市東入淮河。

[3]肥水：即淝水，源出今安徽省肥西縣西北，北流至壽縣城東，復折西北入淮河。今名東淝河。

[4]桓伊：字叔夏，本書卷八一有傳。　石虔：桓石虔，小字鎮惡，本書卷七四有傳。

温既負其才力，久懷異志，欲先立功河朔，還受九錫。[1]既逢覆敗，名實頓減，於是參軍郗超進廢立之計，[2]温乃廢帝而立簡文帝。詔温依諸葛亮故事，甲仗百人入殿，賜錢五千萬，絹二萬匹，布十萬匹。[3]温多所廢徙，誅庾倩、殷涓、曹秀等。是時温威勢翕赫，侍中謝安見而遥拜，[4]温驚曰："安石，卿何事乃爾！"安曰："未有君拜於前，臣揖於後。"時温有脚疾，詔乘輿入朝，既見，欲陳廢立本意，帝便泣下數十行，温兢懼不得一言而出。

［1］九錫：《漢書》卷六《武帝紀》顔師古注引應劭曰："一曰車馬，二曰衣服，三曰樂器，四曰朱户，五曰納陛，六曰虎賁百人，七曰鈇鉞，八曰弓矢，九曰秬鬯。此皆天子制度，尊之，故事事錫與，但數少耳。"

［2］郗超：字景興，本書卷六七有傳。

［3］十萬匹：十，殿本作"二"。

［4］謝安：字安石，本書卷七九有傳。

初，元明世，郭璞爲讖曰：[1]"君非無嗣，兄弟代禪。"謂成帝有子，而以國祚傳弟。又曰："有人姓李，兒專征戰。譬如車軸，脱在一面。"兒者，子也；李去子木存，車去軸爲亘，合成"桓"字也。又曰："爾來，爾來，河内大縣。"爾來謂自爾已來，爲元始，温字元子也；故河内大縣，温也。成康既崩，桓氏始大，故連言之。又曰："賴子之薨，延我國祚。痛子之隕，皇運其暮。"二子者，元子、道子也。[2]温志在篡奪，事未成而死，幸之也。會稽王道子雖首亂晋國，而其死亦晋衰之由也，故云痛也。

［1］郭璞：字景純，本書卷七二有傳。

［2］道子：司馬道子，字道子，本書卷六四有傳。

温復還白石，[1]上疏求歸姑孰。詔曰："夫乾坤體合，而化成萬物；二人同心，則不言所利。古之哲王咸賴元輔，姬旦光于四表，[2]而周道以隆；伊尹格于皇天，而殷化以洽。[3]大司馬明德應期，光大深遠，上合天心，含章時發，用集大命，在予一人，[4]功美博陸，[5]道固萬世。今進公丞相，其大司馬、本官皆如故，留公京都，以鎮社稷。”温固辭，仍請還鎮。遣侍中王坦之徵温入相，[6]增邑爲萬户，又辭。詔以西府經袁真事故，軍用不足，給世子熙布三萬匹，米六萬斛，又以熙弟濟爲給事中。

[1]白石：即白石陂，又名蘇峻湖，位於今江蘇省南京市城區西北部。

[2]姬旦：即周公旦，亦稱文公、叔旦。周武王弟，與吕尚同爲西周開國元勛。以魯公封於曲阜。武王去世，輔佐成王，平定叛亂，營建洛邑，制禮作樂，功勛卓著。旦，宋本作“且”。　四表：表，殿本作“夷”。

[3]殷化以洽：洽，宋本作“合”。

[4]在予一人：予，原本作“于”，宋本、殿本作“予”，據宋本、殿本改。

[5]功美博陸：比西漢霍光還美的功勞。博陸，博陸侯霍光。

[6]王坦之：字文度，本書卷七五有傳。坦，宋本作“坦”。

及帝不豫，[1]詔温曰：“吾遂委篤，足下便入，冀得相見。便來，便來！”於是一日一夜頻有四詔。温上疏曰：“聖體不和，以經積日，愚心惶恐，無所寄情。夫盛衰常理，過備無害，故漢高枕疾，吕后問相，[2]孝武不豫，霍光啓嗣。[3]嗚噎以問身後，蓋所存者大也。今皇子幼稚，而朝賢時譽惟謝安、王坦之才識智能皆簡在聖鑒。内輔幼君，外禦强寇，實群情之大懼，然理盡於此。陛下便宜崇授，使群下知所寄，而安等奉命陳力，公私爲宜。至如臣温位兼將相，加陛下垂布衣之顧，[4]但朽邁疾病，懼不支久，無所復堪託以後事。”疏未及奏而帝崩，遺詔家國事一稟之於公，如諸葛武侯、王丞相故事。温初望簡文臨終禪位於己，不爾便爲周公居攝。事既不副所望，故甚憤怨，與弟冲書曰：“遺詔使吾依武侯、王公故事耳。”王、謝處大事之際，日憤憤少懷。

[1]不豫：帝王有病的諱稱。

[2]吕后問相：《史記》卷八《高祖本紀》：劉邦病重，吕后問：“陛下百歲後，蕭相國即死，令誰代之？”劉邦説：“曹參可。”問其次，劉邦答：“王陵可。然陵少戇，陳平可以助之。陳平智有餘，然難以獨任。周勃重厚少文，然安劉氏者必勃也，可令爲太尉。”吕后復問其次，劉邦説：“此後亦非而所知也。”

[3]霍光啓嗣：《漢書》卷六八《霍光傳》：後元二年（前87）春，漢武帝病重，霍光涕泣問曰：“如有不諱，誰當嗣者？”武帝説：“君未諭前畫意邪？立少子，君行周公之事。”霍光頓首讓曰：“臣不如金日磾。”金日磾亦曰：“臣外國人，不如光。”武帝乃以霍光爲大司馬大將軍，金日磾爲車騎將軍，太僕上官桀爲左將軍，搜粟都尉桑弘羊爲御史大夫，皆受遺詔輔少主。

[4]加陛下垂布衣之顧：加，宋本作“如”。

及孝武即位，詔曰：“先帝遺敕云：‘事大司馬如事吾。’令答表便可盡敬。”又詔：“大司馬社稷所寄，先帝託以家國，内外衆事便就關公施行。”復遣謝安徵温入輔，加前部羽葆、鼓吹，武賁六十人，温讓不受。及温入朝，赴山陵，[1]詔曰："公勛德尊重，師保朕躬，兼有風患，其無敬。"又敕尚書安等於新亭奉迎，[2]百僚皆拜于道側。當時豫有位望者咸戰慑失色，或云因此殺王、謝，内外懷懼。温既至，以盧悚入宫，乃收尚書陸始付廷尉，[3]責替慢罪也。於是拜高平陵，左右覺其有異，既登車，謂從者曰："先帝向遂靈見。"[4]既不述帝所言，故衆莫之知，但見將拜時頻言"臣不敢"而已。又問左右殷涓形狀，[5]答者言肥短，温云："向亦見在帝側。"初，殷浩既爲温所廢死，涓頗有氣尚，遂不詣温，而與武陵王晞游，[6]故温疑而害之，竟不識也。及是，亦見涓爲祟，因而遇疾。凡停京師十有四日，歸于姑孰，遂寢疾不起。諷朝廷加己九錫，累相催促。謝安、王坦之聞其病篤，密緩其事。錫文未及成而薨，時年六十二。皇太后與帝臨于朝堂三日，詔賜九命衮冕之服，[7]又朝服一具，衣一襲，東園秘器，[8]錢二百萬，布二千匹，臘五百斤，[9]以供喪事。及葬，一依太宰安平獻王、漢大將軍霍光故事，[10]賜九旒、鸞輅，[11]黄屋左纛，[12]轀輬車，[13]挽歌二部，羽葆、鼓吹，武賁班劍百人，優册即前南郡公增七千五百户，進地方三百里，賜錢五千萬，絹二萬匹，布十萬匹，追贈丞相。

[1]山陵：皇帝陵墓。

[2]新亭：又名中興亭，位於今江蘇省南京市西南。

[3]廷尉：官名，中央最高司法審判機構長官，負責會審朝中有罪文武大臣，覆核審决郡國疑獄等。三品。

[4]向：剛才。

[5]殷涓形狀：殷涓，殷浩子，被桓温所害，故此見殷涓魂魄。

[6]武陵王晞：司馬晞，字道叔，本書卷六四有傳。

[7]九命：即九錫。《漢書》卷六《武帝紀》顏師古注引應劭曰："一曰車馬，二曰衣服，三曰樂器，四曰朱户，五曰納陛，六曰虎賁百人，七曰鈇鉞，八曰弓矢，九曰秬鬯。此皆天子制度，尊之，故事事錫與，但數少耳。"

[8]東園秘器：東園所造棺材。《漢書》卷九三《佞幸·董賢傳》："及至東園秘器，珠襦玉柙，豫以賜賢，無不備具。"顏師古注引《漢舊儀》："東園秘器作棺梓，素木長二丈，崇廣四尺。"東園，官署名。秦漢置。掌管陵墓内器物、葬具的製造與供應，屬少府。

[9]臘五百斤：臘，殿本作"蠟"。

[10]安平獻王：司馬孚，字叔達，本書卷三七有傳。

[11]九旒：天子所用垂飾。《禮記·樂記》："龍旂九旒，天子之旌也。"《管子·小匡》："賞服大路，龍旗九游，渠門赤旂。" 鸞輅：天子所乘之車。

[12]黄屋：皇帝的車乘。青蓋，黄裹，謂之黄屋。 左纛：古代皇帝乘輿上的飾物，以犛牛尾或雉尾制成，設在車衡左邊或左騑上。《史記》卷七《項羽本紀》："紀信乘黄屋，傅左纛。"裴駰集解："李斐曰：'纛，毛羽幢也，在乘輿車衡左方上注之。'蔡邕曰：'以犛牛尾爲之，如斗，或在騑頭，或在衡上也。'"

[13]輼輬車：古代卧車。《史記》卷八七《李斯列傳》裴駰集解引孟康曰："如衣車，有窗牖，閉之則温，開之則凉，故名之'輼輬車'也。"漢以後多用作喪車。《漢書》卷六八《霍光傳》顏師古注："輼輬本安車也，可以卧息。後因載喪，飾以柳翣，故遂爲喪車耳。輼者密閉，輬者旁開窗牖，各别一乘，隨事爲名。後人既專以載喪，又去其一，總爲藩飾，而合二名呼之耳。"

初，冲問温以謝安、王坦之所任，温曰："伊等不爲汝所處分。"温知己存彼不敢異，害之無益於冲，更失時望，所以息謀。

温六子：熙、濟、歆、禕、偉、玄。[1]熙，字伯道，初爲世子，後以才弱，使冲領其衆。及温病，熙與叔秘謀殺冲，冲知之，徙於長沙。[2]濟，字仲道，與熙同謀，俱徙長沙。歆，字叔道，賜爵臨賀公。禕最愚，不辨菽麥。偉，字幼道，平厚篤實，居藩爲士庶所懷。歷使持節、督荆益寧秦梁五州諸軍事、安西將軍、領南蠻校尉、荆州刺史、西昌侯，[3]贈驃騎將軍、開府儀同三司。玄嗣爵，别有傳。

[1]歆：原本、宋本、殿本作"韻"，據本書卷九九《桓玄傳》中華本校勘記改。本卷下文此人名同。　玄：桓玄，本書卷九九有傳。

[2]長沙：郡名，治所在臨湘縣（今湖南省長沙市）。

[3]督荆益寧秦梁五州諸軍事：上述五州軍事行政長官，位次於都督、監。

孟嘉，字萬年，江夏鄳人，[1]吴司空宗曾孫也。[2]嘉少知名，太尉庾亮領江州，辟部廬陵從事。[3]嘉還都，亮引問風俗得失，對曰："還傳當問吏。"亮舉麈尾掩口而笑，謂弟翼曰："孟嘉故是盛德人。"轉勸學從事。[4]褚裒時爲豫章太守，[5]正旦朝亮，[6]裒有器識，亮大會州府人士，嘉坐次甚遠。裒問亮："聞江州有孟嘉，其人何在？"亮曰："在坐，卿但自覓。"裒歷觀，指嘉謂亮曰："此君小異，將無是乎？"亮欣然而笑，喜裒得嘉，奇嘉爲裒所得，乃益器焉。

[1]鄳：縣名，治所在今河南省信陽市東北。

[2]宗：孟宗，三國孫吴江夏（今湖北省雲夢縣）人，字恭武，任吴令、光禄勛等職。避孫皓字，改名孟仁。

[3]部廬陵從事：官名，廬陵郡部屬吏。由郡部長官自己選拔任命。

[4]勸學從事：官名，東漢末年置，州屬官，掌文教。

[5]褚裒：字季野，本書卷九三有傳。

[6]正旦：旦，宋本作"且"。

後爲征西桓温參軍，温甚重之。九月九日，温燕龍山，[1]寮佐畢集。時佐吏並著戎服，[2]有風至，吹嘉帽墮落，嘉不之覺。温使左右勿言，欲觀其舉止。嘉良久如厠，温令取還之，命孫盛作文嘲嘉，著嘉坐處。嘉還見，即答之，其文甚美，四坐嗟嘆。

[1]龍山：位於今安徽省當塗縣東南。

[2]着戎服：着，宋本作"著"。

嘉好酣飲，愈多不亂。温問嘉："酒有何好，而卿嗜之？"嘉曰："公未得酒中趣耳。"又問："聽妓，絲不如竹，竹不如肉，何謂也？"嘉答曰："漸近使之然。"[1]一坐咨嗟。轉從事中郎，遷長史。[2]年五十三卒于家。

[1]漸近使之然：中華本校勘記："《世説·識鑒》注引《嘉别

傳》作‘漸近自然’。”

[2]長史：官名，掌顧問參謀，爲所在官署掾屬之長。魏晋南北朝時王府、公府、軍府、邊郡均置。此爲大司馬府長史，六品。

史臣曰：桓温挺雄豪之逸氣，韞文武之奇才，見賞通人，夙標令譽。[1]時既豺狼孔熾，疆埸多虞，受寄干城，[2]用恢威略，乃逾越險阻，戡定岷峨，獨克之功，有可稱矣。及觀兵洛汭，修復五陵，引旆秦郊，威懷三輔，[3]雖未能梟除凶逆，亦足以宣暢王靈。既而總戎馬之權，居形勝之地，自謂英猷不世，勛績冠時。挾震主之威，蓄無君之志，企景文而慨息，想處仲而思齊，睥睨漢廷，窺覦周鼎。復欲立奇功於趙魏，允歸望於天人，然後步驟前王，憲章虞夏。逮乎石門路阻，襄邑兵摧，懟謀略之乖違，耻師徒之撓敗，遷怒於朝廷，委罪於偏裨，廢主以立威，殺人以逞欲，曾弗知寶命不可以求得，神器不可以力征。豈不悖哉！豈不悖哉！斯實斧鉞之所宜加，人神之所同棄。然猶存極光寵，没享哀榮，是知朝政之無章，主威之不立也。

[1]夙標令譽：標，宋本作“摽”。

[2]受寄干城：干，宋本、殿本作“扞”。

[3]三輔：以長安爲中心的京畿地區，轄境相當於今陝西省中部地區。

贊曰：播越江濆，政弱權分。元子恃力，[1]處仲矜勛。迹既陵上，志亦無君。罪浮浞豷，[2]心窺舜禹。樹威外略，稱兵内侮。惟身與嗣，竟罹齊斧。[3]

[1]元子：此指桓温，元，原本作“主”，宋本、殿本作“元”，據宋本、殿本改。

[2]浞豷：寒浞和寒豷。寒浞，相傳爲夏代寒國伯明氏之子弟，爲人奸詐，被伯明氏驅逐，后羿收留了他。後殺后羿奪其妻室，終被少康所滅。寒豷，寒浞之子。

[3]竟罹齊（zī）斧：最後遭到誅戮。齊斧，利斧。

晋書　卷九九

列傳第六十九

桓玄　卞範之　殷仲文

桓玄

桓玄，字敬道，一名靈寶，大司馬温之孽子也。[1]其母馬氏嘗與同輩夜坐，於月下見流星墜銅盆水中，[2]忽如二寸火珠，冏然明净，競以瓢接取，馬氏得而吞之，若有感，遂有娠。及生玄，有光照室，占者奇之，故小名靈寶。[3]妳媪每抱詣温，輒易人而後至，云其重兼常兒，温甚愛異之。臨終，命以爲嗣，襲爵南郡公。

[1]大司馬：官名，八公之一，位在上公之下、大將軍及三公之上，高級將帥，多爲大臣加官。一品。　温：桓温，字元子，本書卷九八有傳。　孽子：庶子，非正妻所生之子。

[2]銅盆水中：宋本無"水"字。

[3]小名靈寶：宋本"名"下有"曰"字。

年七歲，温服終，[1]府州文武辭其叔父沖，[2]沖撫玄頭曰："此汝家之故吏也。"玄因涕淚覆面，衆並異之。及長，形貌瓌奇，風神疏朗，博綜藝術，善屬文。常負其才地，以雄豪自處，衆咸憚之，朝廷亦疑而未用。年二十三，始拜太子洗馬，[3]時議謂温有不臣之迹，故折玄兄弟而爲素官。[4]

[1]服終：即服闋，服喪完畢。

[2]沖：桓沖，字幼子，本書卷七四有傳。

[3]太子洗馬：官名，東宫屬官。掌太子圖籍、經書，太子出行則前導威儀。七品。

[4]故折玄兄弟：折，宋本作"斥"。　素官：無職權的清閑官職。

太元末，出補義興太守，[1]鬱鬱不得志。嘗登高望震澤，[2]嘆曰："父爲九州伯，兒爲五湖長！"棄官歸國。自以元勛之門而負謗於世，乃上疏曰：

臣聞周公大聖而四國流言，樂毅王佐而被謗騎劫，[3]巷伯有豺獸之慨，[4]蘇公興飄風之刺，[5]惡直醜正，何代無之！先臣蒙國殊遇，姻婭皇極，常欲以身報德，投袂乘機，西平巴蜀，[6]北清伊洛，[7]使竊號之寇繫頸北闕。園陵修復，大耻載雪，飲馬灞滻，[8]懸旌趙魏，[9]勤王之師，功非一捷。太和之末，皇基有潛移之懼，遂乃奉順天人，翼登聖朝，明離既朗，[10]四凶兼澄。[11]向使此功不建，[12]此事不成，宗廟之事豈可孰念！昔太甲雖迷，[13]商祚無憂；昌邑雖昏，[14]弊無三孽。因兹而言，晉室之機危於殷漢，先臣之功高於伊霍矣。[15]而負重既往，蒙謗清時，聖世明王黜陟之道，[16]不聞廢忽顯明之功，探射冥冥之心，啓嫌謗之塗，開邪枉之路明也。[17]先臣勤王艱難之勞，匡復克平之勛，朝廷若其遺之，臣亦不復計也。至於先帝龍飛九五，陛下之所以繼明南面，請問談者，誰之由邪？誰之德邪？豈惟晉室永安，祖宗血食，於陛下一門，實奇功也。

[1]義興：郡名，治所在陽羨縣（今江蘇省宜興市）。

[2]震澤：即今太湖。

[3]樂毅：戰國時靈壽（今河北省靈壽縣西北）人，魏將樂羊後代，燕昭王時入燕，帥聯軍大敗齊國，攻下齊國城邑七十多座。後因燕惠王中反間計，樂毅遂離開燕國入趙國。　騎劫：戰國時燕將。燕昭王死，惠王立，與樂毅有隙。齊國田單乘機施行反間計，放消息説："齊王已死，城之不拔者二耳。樂毅畏誅而不敢歸，以伐齊爲名，實欲連兵南面而王齊。齊人未附，故且緩攻即墨以待其事。齊人所懼，唯恐他將之來，即墨殘矣。"燕王中計，使騎劫代樂毅。騎劫後被田單打敗。事見《史記》卷八二《田單列傳》。

[4]巷伯：《詩·小雅·巷伯序》："《巷伯》，刺幽王也。寺人傷於讒，故作是詩也。"詩曰："彼譖人者，誰適與謀？取彼譖人，投畀豺虎。豺虎不食，投畀有北。有北不受，投畀有昊。"

[5]蘇公：《詩·小雅·何人斯序》："《何人斯》，蘇公刺暴公也。暴公爲卿士而譖蘇公焉，故蘇公作是詩以絶之。"詩曰："彼何人斯，其爲飄風。胡不自北，胡不自南。胡逝我梁，祇攪我心。"

[6]巴蜀：地區名，即今四川盆地及其附近地區。

［7］伊：伊水，位於今河南省境内，發源欒川縣西伏牛山，東北流至偃師市西南入洛河。　洛：洛水，即今洛河，源出今陝西省藍田縣，流經河南省注入黄河。

［8］灞：灞水，今陝西省渭河支流灞河。　滻：滻水，即今灞河支流滻河。

［9］趙魏：指戰國時趙國和魏國故地，相當於今山西省及河北省南部。

［10］明離：指太陽。《易·離》："明兩作離，大人以繼明照於四方。"孔穎達疏："明兩作離者，離爲日，日爲明。今有上下二體，故云明兩作離也。"

［11］四凶：堯舜時期的四個惡人。《左傳·文公十八年》："舜臣堯，賓於四門，流四凶族渾敦、窮奇、檮杌、饕餮，投諸四裔，以禦魑魅。是以堯崩而天下如一，同心戴舜以爲天子，以其舉十六相，去四凶也。"此泛指惡人。

［12］向使：假使。

［13］太甲：商王，名至，湯之孫，太丁之子。在王位時，不遵湯法，亂德，被伊尹囚禁於桐宫。

［14］昌邑：昌邑王，即劉賀，漢武帝孫，襲父爵爲昌邑王。昭帝死後被霍光立爲帝，旋即廢黜，宣帝時封爲海昏侯。

［15］伊：伊尹，輔佐商湯及其後代外丙、仲壬、太甲的賢臣。　霍：霍光，西漢人，字子孟，爲武帝所親信。武帝死後輔佐少主昭帝。期間輕徭薄賦，與民休息，社會較安定。

［16］黜陟：人才的進退，官吏的升降。黜，貶降、罷退。陟，提拔、升遷。

［17］明也：明，宋本、殿本作"者"。

自頃權門日盛，醜政實繁，[1]咸稱述時旨，互相扇附，以臣之兄弟皆晋之罪人，臣等復何理可以苟存聖世？何顔可以尸饗封禄？若陛下忘先臣大造之功，信貝錦萋菲之説，[2]臣等自當奉還三封，受戮市朝，然後下從先臣，歸先帝於玄宫耳。若陛下述遵先旨，追録舊勛，竊望少垂愷悌覆蓋之恩。

疏寢不報。

[1]醜政實繁：政，宋本作“正”。

[2]貝錦萋菲：喻誣陷他人、羅織成罪的讒言。《詩·小雅·巷伯》：“萋兮斐兮，成是貝錦。”朱熹集傳：“言因萋斐之形，而文致之以成貝錦，以比讒人者因人之小過而飾成大罪也。”

玄在荆楚積年，優游無事，荆州刺史殷仲堪甚敬憚之。[1]及中書令王國寶用事，[2]謀削弱方鎮，内外騷動，知王恭有憂國之言，[3]玄潛有意於功業，乃説仲堪曰：“國寶與君諸人素已爲對，[4]唯患相弊之不速耳。今既執權要，與王緒相爲表裏，其所迴易，罔不如志。孝伯居元舅之地，正情爲朝野所重，必未便動之，唯當以君爲事首。君爲先帝所拔，超居方任，人情未以爲允，咸謂君雖有思致，非方伯人。若發詔徵君爲中書令，用殷顗爲荆州，[5]君何以處之？”仲堪曰：“憂之久矣，君謂計將安出？”玄曰：“國寶奸凶，天下所知，孝伯疾惡之情每至，而當今日之會，[6]以理推之，必當過人。君若密遣一人，信説王恭，[7]宜興晋陽之師，[8]以内匡朝廷，己當悉荆楚之衆順流而下，推王爲盟主，僕等亦皆投袂，當此無不響應。此事既行，桓文之舉也。”[9]仲堪持疑未决。俄而王恭信至，招仲堪及玄匡正朝廷。國寶既死，於是兵罷。玄乃求爲廣州,[10]會稽王道子亦憚之,[11]不欲使在荆楚，故順其意。

[1]荆州：三國時曹魏治所在新野縣（今河南省新野縣），孫吴治所在江陵縣（今湖北省江陵縣），西晋統一後治所在江陵縣（今湖北省江陵縣）。　殷仲堪：本書卷八四有傳。

[2]中書令：官名，掌收納尚書奏事、傳達皇帝詔旨。三國魏文帝初年分秘書置中書省，設中書監和中書令，職權甚重。三品。　王國寶：王坦之第三子，本書卷七五有傳。

[3]王恭：字孝伯，本書卷八四有傳。

[4]國寶與君諸人：宋本無“君”字。

[5]殷顗：字伯通，本書卷八三有傳。顗，原本、宋本、殿本作“覬”，據其本傳及中華本校勘記改。

[6]孝伯疾惡之情每至，而當今日之會：中華本標點“而當”連屬上句“每至”。汪維輝先生認爲，“而當”應與下句連，作“而當今日之會”。(參見汪維輝《〈晋書〉點校商兑》,《古籍整理研究學刊》1997年第1期)

[7]信説王恭：游説王恭使之相信。

[8]晋陽之師：亦作“晋陽之甲”。《左傳・定公十三年》：晋趙鞅起晋陽之兵，以“清君側”爲名，逐荀寅、士吉射。後因稱地方長吏不滿朝廷而舉兵内向爲興“晋陽之甲”。

[9]桓：齊桓公，春秋時齊國國君，名小白，僖公之子，襄公之弟。公元前685至前643年在位。爲公子時因國家内亂出走至莒，襄公死後被迎回立爲國君。在位時任用管仲，改革内政，國力漸强。九合諸侯，尊王攘夷，成爲春秋五霸之首。　文：晋文公，名重耳，晋獻公之子，因受迫害而流亡在外十九年，歷盡艱難險阻。回國即位後改革朝政，加强軍備，國力漸强，終成春秋五霸之一。

[10]廣州：治所在番禺縣（今廣東省廣州市）。

[11]會稽王道子：司馬道子，字道子，本書卷六四有傳。

隆安初，詔以玄督交廣二州、建威將軍、平越中郎將、廣州刺史、假節，[1]玄受命不行。其年，王恭又與庾楷起兵討江州刺史王愉及譙王尚之兄弟。[2]玄、仲堪謂恭事必克捷，一時響應。仲堪給玄五千人，與楊佺期俱爲前鋒。[3]軍至湓口，[4]王愉奔于臨川，[5]玄遣偏將軍追獲之。[6]玄、佺期至石頭，[7]仲堪至蕪湖。[8]恭將劉牢之背恭歸順。[9]恭既死，庾楷戰敗，奔于玄軍。既而詔以玄爲江州，仲堪等皆被换易，乃各回舟西還，屯于尋陽，[10]共相結約，推玄爲盟主。玄始得志，乃連名上疏申理王恭，求誅尚之、牢之等。朝廷深憚之，乃免桓脩、復仲堪以相和解。[11]

[1]督交廣二州：即督交廣二州諸軍事，上述二州軍事行政長官，位次於都督和監。　建威將軍：官名，領兵征戰，曹魏、孫吴、西晋皆置。四品。　平越中郎將：官名，主管南越事務，設府置僚佐，治廣州，多兼任廣州刺史。　假節：假以節杖。指大臣臨時持節出巡，爲權臣掌軍、秉政的地位象徵和政治待遇。

[2]庾楷：庾亮之孫，本書卷八四有傳。　江州：治所在南昌縣（今江西省南昌市）。　王愉：字茂和，本書卷七五有傳。　譙王尚之：司馬尚之，字伯道，本書卷三七有傳。

[3]楊佺期：本書卷八四有傳。

[4]湓口：一名湓浦口，位於今江西省九江市西北，即湓浦水入長江之口。

[5]臨川：郡名，治所在臨汝縣（今江西省撫州市臨川區西）。

[6]偏將軍：官名，主將之副，在雜號將軍中地位較低。八品。宋本無“將”字。

[7]石頭：石頭城，故址在今江蘇省南京市清涼山。

[8]蕪湖：縣名，治所在今安徽省蕪湖市東。

[9]劉牢之：字道堅，本書卷八四有傳。

[10]尋陽：縣名，治所在今湖北省黄梅縣西南。

[11]桓脩：字承祖，本書卷七四有傳。脩，原本作“修”，宋本、殿本作“脩”，據其本傳及宋本、殿本改。本卷下文此人名同。

初，玄在荆州豪縱，士庶憚之，甚於州牧。仲堪親黨勸殺之，仲堪不聽。及還尋陽，資其聲地，故推爲盟主，玄逾自矜重。佺期爲人驕悍，嘗自謂承藉華胄，[1]江表莫比，[2]而玄每以寒士裁之，佺期甚憾，即欲於壇所襲玄。仲堪惡佺期兄弟虓勇，恐克玄之後復爲己害，苦禁之。於是各奉詔還鎮。玄亦知佺期有異謀，潛有吞并之計，於是屯于夏口。[3]

[1]嘗自謂：嘗，宋本、殿本作“常”。

[2]江表：江外，指長江以南地區。

[3]夏口：即沔口，位於今湖北省武漢市，漢江入長江之口。

隆安中，詔加玄都督荆州四郡，[1]以兄偉爲輔國將軍、南蠻校尉。[2]仲堪慮玄跋扈，遂與佺期結婚爲援。初，玄既與仲堪、佺期有隙，恒慮掩襲，求廣其所統。朝廷亦欲成其釁隙，故分佺期所督四郡與玄，佺期甚忿懼。會姚興侵洛陽，[3]佺期乃建牙，[4]聲云援洛，密欲與仲堪共襲玄。仲堪雖外結佺期而疑其心，距而不許，猶慮弗能禁，復遣從弟適屯于北境以遏佺期。佺期既不能獨舉，且不測仲堪本意，遂息甲。南蠻校尉楊廣，佺期之兄也，欲距桓偉，仲堪不聽，乃出廣爲宜都、建平二郡太守，[5]加征虜將軍。[6]佺期弟孜敬先爲江夏相，[7]玄以兵襲而召之。既至，以爲諮議參軍。[8]玄於是興軍西征，亦聲云救洛，與仲堪書，説佺期受國恩而棄山陵，[9]宜共罪之。今親率戎旅，逕造金墉，[10]使仲堪收楊廣，如其不爾，無以相信。[11]仲堪本計欲兩全之，既得玄書，知不能禁，乃曰："君自沔而行，不得一人入江也。"玄乃止。

[1]都督荆州四郡：即都督荆州四郡諸軍事，荆州四郡最高軍事行政長官。

[2]偉：桓偉，字幼道，本書卷九八有傳。　輔國將軍：官名，屬將軍名號，三國兩晋皆置。三品。　南蠻校尉：官名，亦稱護南蠻校尉，府鎮襄陽，東晋改鎮江陵。掌荆州及江州少數民族事務，統兵。四品。

[3]姚興：字子略，本書卷一一七有載記。　洛陽：古都名，位於今河南省洛陽市東北。

[4]建牙：樹立軍旗即將出師。

[5]宜都：郡名，治所在夷陵縣（今湖北省宜昌市東南長江北岸）。　建平：郡名，治所在巫山縣（今重慶市巫山縣）。

[6]征虜將軍：既是武官名，也作爲高級文職官員的加官。三品。

[7]江夏：郡名，三國魏治所在上昶城（今湖北省雲夢縣），西晋移治安陸縣（今湖北省安陸市西南）。　相：官名，郡國相，也稱内史。五品。

[8]諮議參軍：官名，兩晋時大將軍府、丞相府、公府、位從公府、州軍府均有置者，掌顧問謀議。

[9]山陵：皇帝陵墓。

[10]金墉：金墉城，三國魏明帝時築。位於今河南省洛陽市東北漢魏洛陽故址西北角。三面開門，南曰乾光門，東曰含春門，北曰𨵦門。城内又置西宫，西晋改爲永昌宫。魏晋時被廢的皇帝及后妃都安置於此。城小而固，爲攻占戍守要地。

[11]無以相信：信，宋本作“言”。

後荆州大水，仲堪振恤饑者，倉廪空竭。玄乘其虚而伐之，先遣軍襲巴陵。[1]梁州刺史郭銓當之所鎮，[2]路經夏口，玄聲云朝廷遣銓爲己前鋒，[3]乃授以江夏之衆，使督諸軍並進，密報兄偉令爲内應。偉遑遽不知所爲，乃自賫疏示仲堪。仲堪執偉爲質，令與玄書，辭甚苦至。玄曰：“仲堪爲人不能專决，常懷成敗之計，爲兒子作慮，我兄必無憂矣。”

[1]巴陵：縣名，治所在今湖南省岳陽市。

[2]梁州：三國曹魏治所在沔陽縣（今陝西省勉縣東），西晋移治南鄭縣（今陝西省漢中市東）。

[3]遣銓爲己前鋒：銓，原本、宋本、殿本作“佺期”二字，據中華本校勘記改。

玄既至巴陵，仲堪遣衆距之，爲玄所敗。玄進至楊口，[1]又敗仲堪弟子道護，乘勝至零口，[2]去江陵二十里，[3]仲堪遣軍數道距之。佺期自襄陽來赴，[4]與兄廣共擊玄，玄懼其鋭，乃退軍馬頭。[5]佺期等方復追玄苦戰，佺期敗，走還襄陽，仲堪出奔鄼城，[6]玄遣將軍馮該躡佺期，[7]獲之。廣爲人所縛，送玄，並殺之。仲堪聞佺期死，乃將數百人奔姚興，至冠軍城，[8]爲該所得，玄令害之。

[1]楊口：楊口壘，位於今湖北省天門市西南，爲古楊水入漢江之口。

[2]零口：位於今湖北省江陵縣西南。

[3]江陵：縣名，治所在今湖北省江陵縣。

[4]襄陽：郡名，東漢建安十三年（208）置，治所在襄陽縣（今湖北省襄陽市），西晋移治宜城縣（今湖北省宜城市南）。

[5]馬頭：即馬頭岸，位於今湖北省荆州市南長江南岸埠河鎮。

[6]鄼城：鄼縣城，位於今湖北省老河口市西北西集街北。

[7]馮該：桓玄部將，任鎮東將軍，桓玄稱帝後封爲魚復侯。

[8]冠軍城：冠軍縣城，位於今河南省鄧州市西北。

於是遂平荆雍，[1]乃表求領江荆二州。詔以玄都督荆司雍秦梁益寧七州、後將軍、荆州刺史、假節，[2]以桓脩爲江州刺史。玄上疏固争江州，於是進督八州及揚豫八郡，[3]復領江州刺史。玄又輒以偉爲冠軍將軍、雍州刺史。[4]時寇賊未平，朝廷難違其意，許之。玄於是樹用腹心，兵馬日盛，屢上疏求討孫恩，[5]詔輒不許。其後恩逼京都，玄建牙聚衆，外託勤王，實欲觀釁而進，復上疏請討之。會恩已走，玄又奉詔解嚴。以偉爲江州，鎮夏口；司馬刁暢爲輔國將軍，[6]督八郡，鎮襄陽；遣桓振、皇甫敷、馮該等戍湓口。[7]移沮漳蠻二千户于江南，[8]立武寧郡；[9]更招集流人，立綏安郡。又置諸郡丞。詔徵廣州刺史刁逵、豫章太守郭昶之，[10]玄皆留不遣。自謂三分有二，[11]知勢運所歸，屢上禎祥以爲己瑞。

[1]荆雍：荆州和雍州。雍州，治所在姑臧縣（今甘肅省武威市）。東漢建安十八年（213）移治長安縣（今陝西省西安市西北）。

[2]都督荆司雍梁益寧七州：即都督數州諸軍事，上述七州最高軍事行政長官。司，原本、殿本作“襄”，無“襄州”。宋本作“司”，據宋本改。　後將軍：官名，漢代爲重號將軍，與前、左、右將軍並爲上卿。魏晋以後權位漸低，僅爲將軍名號，略高於一般雜號將軍。三品。

[3]督八州及揚豫八郡：應該是“都督八州及揚豫八郡”，上述八州及揚豫二州轄下八個郡最高軍事行政長官。

[4]冠軍將軍：官名，曹魏、孫吴、西晋皆置。西晋時領營兵。三品。

[5]孫恩：字靈秀，本書卷一〇〇有傳。

[6]司馬：官名，府署高級幕僚。掌參讚軍務、管理府内武職，位僅次於長史。魏晋南北朝時王府、公府、軍府、邊郡均置。此爲後將軍司馬，七品。

[7]遣：宋本作“追”。　桓振：字道全，本書卷七四有傳。

[8]沮漳：沮水和漳水。漳水源出今湖北省南漳縣西南荆山，東南流至當陽市東南會沮水南流入長江。

[9]武寧郡：治所在樂鄉縣（今湖北省鍾祥市西北樂鄉關）。

[10]豫章：郡名，治所在南昌縣（今江西省南昌市）。

[11]三分有二：三，宋本作“參”。

初，庾楷既奔于玄，玄之求討孫恩也，以爲右將軍。[1]玄既解嚴，楷亦去職。楷以玄方與朝廷構怨，恐事不克，禍及於己，乃密結於後將軍元顯，[2]許爲内應。元興初，元顯稱詔伐玄，玄從兄石生時爲太傅長史，密書報玄。玄本謂揚土饑饉，[3]孫恩未滅，必未遑討己，可得蓄力養衆，觀釁而動。既聞元顯將伐之，甚懼，欲保江陵。長史卞範之説玄曰："公英略威名振于天下，元顯口尚乳臭，劉牢之大失物情，若兵臨近畿，示以威賞，則土崩之勢可翹足而待，何有延敵入境自取蹙弱者乎！"玄大悦，乃留其兄偉守江陵，抗表率衆，下至尋陽，移檄京邑，罪狀元顯。檄至，元顯大懼，下船而不克發。玄既失人情，而興師犯順，慮衆不爲用，恒有回旆之計。既過尋陽，不見王師，意甚悦，其將吏亦振。庾楷謀泄，收縶之。至姑孰，[4]使其將馮該、苻宏、皇甫敷、索元等先攻譙王尚之，[5]尚之敗。劉牢之遣子敬宣詣玄降。[6]

[1]右將軍：官名，漢代重號將軍之一，與前、左、後將軍並爲上卿。魏晋時常設，權位漸低，僅爲武官名號，略高於一般雜號將軍。三品。

[2]元顯：司馬元顯，司馬道子之子，本書卷六四有傳。

[3]揚土：土，殿本作"士"。

[4]姑孰：即姑孰口，姑孰溪入長江之口，位於今安徽省當塗縣西北。

[5]苻宏：苻，原本作"符"，宋本、殿本作"苻"，據其載記及宋本、殿本改。本卷下文此姓字同。

[6]敬宣：劉敬宣，劉牢之之長子，本書卷八四有傳。

玄至新亭，[1]元顯自潰。玄入京師，矯詔曰："義旗雲集，罪在元顯。太傅已別有教，[2]其解嚴息甲，以副義心。"又矯詔加己總百揆，[3]侍中、都督中外諸軍事、丞相、録尚書事、揚州牧，[4]領徐州刺史，[5]又加假黄鉞、羽葆、鼓吹、班劍二十人，[6]置左右長史、司馬、從事中郎四人，[7]甲仗二百人上殿。[8]玄表列太傅道子及元顯之惡，徙道子于安成郡，[9]害元顯于市。於是玄入居太傅府，害太傅中郎毛泰、泰弟游擊將軍邃、太傅參軍荀遜、前豫州刺史庾楷父子、吏部郎袁遵、譙王尚之等，[10]流尚之弟丹楊尹恢之、廣晋伯允之、驃騎長史王誕、太傅主簿毛遁等於交廣諸郡，[11]尋追害恢之、允之于道。以兄偉爲安西將軍、荆州刺史，[12]領南蠻校尉，從兄謙爲左僕射，[13]加中軍將軍、領選，[14]脩爲右將軍、徐兖二州刺史，[15]石生爲前將軍、江州刺史，[16]長史卞範之爲建武將軍、丹楊尹，[17]王謐爲中書令、領軍將軍。[18]大赦，改元爲大亨。玄讓丞相，自署太尉、領平西將軍、豫州刺史。[19]又加衮冕之服，緑綟綬，[20]增班劍爲六十人，劍履上殿，入朝不趨，讚奏不名。

[1]新亭：又名中興亭，位於今江蘇省南京市西南。

[2]太傅：官名，晋爲八公之一。位上公，太宰之下、太保之上。一品。

[3]百揆：百官。

[4]侍中：官名，東漢建安中與給事黄門侍郎出入禁中，省尚書事。曹魏時爲門下之侍中省長官，常侍衛皇帝左右，掌顧問應對、諫諍糾察、平議奏事、駁奏異議等，權力甚重。三品。　都督

中外諸軍事：官名，亦稱都督中外諸軍。全國最高軍事統帥，總統中央地方的内外諸軍，權力極大。　丞相：官名，原爲最高國務長官，魏晋時省置無常，或分置左、右，或稱大丞相，多用來安置權臣。　録尚書事：官名，初爲職銜名，重臣加此名義始得總知國事，綜理政務，成爲真宰相。魏晋多以公卿權重者居之，總領尚書省政務，凡重號將軍、刺史皆得命曹授用，位在三公之上。　揚州：三國魏、吴各置揚州，魏治所在壽春縣（今安徽省壽縣），吴治所在建業縣（今江蘇省南京市）。西晋統一後復合，治所在建鄴縣（今江蘇省南京市）。

[5]領：以地位較高的官員兼理較低的職務。　徐州：治所在彭城縣（今江蘇省徐州市）。

[6]假黄鉞：假以黄鉞。黄鉞即飾以黄金的斧鉞，爲皇帝儀仗。賜予出征重臣，以示威重，令其專主征伐。　羽葆：帝王儀仗中以鳥羽聯綴爲飾的華蓋。　鼓吹：帝王及高級官員儀仗中的樂隊，由管樂和打擊樂器組成，常用來賜予有軍功的高級武官。　班劍：用虎皮裝飾的劍。漢制，朝服帶劍。晋易以木，謂之班劍，取裝飾燦爛之義。後用作儀仗，由武士佩持，天子以賜功臣。

[7]左右長史：官名，掌顧問參謀，爲所在官署掾屬之長。此爲丞相府長史，六品。　從事中郎：官名，東漢時爲大將軍屬官，地位較高。魏晋時爲將軍府或公府屬官。六品。此爲丞相府從事中郎。

[8]上殿：上，宋本作“入”。

[9]安成郡：成，宋本、殿本作“城”。

[10]中郎：官名，此指從事中郎。東漢時爲大將軍屬官，地位較高。魏晋時爲將軍府或公府屬官。六品。此爲太傅府從事中郎。　游擊將軍：官名，禁軍將領，與驍騎將軍分領命中虎賁，掌宿衛之任。隸屬中領軍（領軍將軍）。四品。　太傅參軍：官名，太傅府屬官。參軍，亦作參軍事，謂參謀軍事。兩晋公府、軍府皆置。　豫州：曹魏時治所在安城縣（今河南省正陽縣東北），西晋移治

陳縣（今河南省周口市淮陽區）。　吏部郎：官名，尚書省吏部曹長官通稱。亦稱郎中，資深者可轉侍郎。屬吏部尚書，主管官吏選任、銓叙、調動事務，對五品以下官吏之任免有建議權。六品。

[11]丹楊尹：官名，東晋京城所在郡府長官，掌京城行政諸務並詔獄，亦稱“京尹”。三品。楊，殿本作“陽”。　恢之：司馬恢之，字季明，本書卷三七有傳。　允之：司馬允之，字季度，本書卷三七有傳。　驃騎長史：官名，驃騎將軍府長史。掌顧問參謀，爲所在官署掾屬之長。六品。　太傅主簿：官名，太傅府屬官。典領文書籍簿，省録衆事，職權甚重。　交廣：交州和廣州。交州，又稱交趾，公元前2世紀初南越王趙佗置，後屬西漢。東漢改爲交州，治所在番禺縣（今廣東省廣州市）。三國時移治龍編縣（今越南社會主義共和國河北省仙游縣東）。

[12]安西將軍：官名，東漢建安年間置，與安東、安南、安北將軍合稱四安將軍，爲出鎮某一地區的軍事長官，或作爲刺史等兼理軍務的加官，權任頗重。三品，加持節都督者二品。

[13]謙：桓謙，字敬祖，本書卷七四有傳。　左僕射：官名，即尚書左僕射，尚書省次官。輔助尚書令執行政務，參議大政，諫諍得失，監察糾彈百官。有時尚書省不置令，祇設左、右僕射，此時左僕射居右僕射之上。三品。

[14]中軍將軍：官名，西晋時統左右衛、前後左右驍騎等宿衛七營禁軍，主管京師及朝廷警衛。泰始四年（268）罷，置北軍中候代其職。後爲將軍名號，與鎮軍將軍、撫軍將軍並爲三名號將軍，不統禁兵。三品。　領選：謂兼管薦舉官吏之事。《資治通鑑》卷一〇九《晋紀》安帝隆安元年：“領軍將軍王國寶爲左僕射，領選。”胡三省注：“領選者，領吏部選。”

[15]徐兖：徐州和兖州。兖州，三國魏治所在廩丘縣（今山東省鄆城縣西北），晋惠帝末，兖州闔境淪没於石勒。東晋元帝僑置兖州，治京口（今江蘇省鎮江市）。

[16]石生：桓石生，桓玄從兄，本書卷七四有傳。　前將軍：

官名，漢代爲重號將軍，與後、左、右將軍並爲上卿。魏晋時常設，權位較兩漢時漸低，僅爲武官名號，略高於一般雜號將軍，不典禁兵，不與朝政。三品。

[17]建武將軍：官名，東漢末曹操置，統兵征伐。四品。　丹楊：楊，原本、殿本作“陽”，宋本作“楊”，據宋本改。

[18]王謐：字稚遠，本書卷六五有傳。　領軍將軍：官名，三國曹丕置，職掌同於中領軍，但任職者資位重於中領軍，簡稱領軍。爲禁衛軍最高統帥，常由皇帝親信或宗室擔任。兩晋沿置。三品。

[19]太尉：官名，曹操爲丞相後，太尉府屬官歸相府，晋時太尉雖爲八公之一、三公之首，實爲名譽宰相，多爲大臣加官。一品。　平西將軍：官名，與平北、平南、平東將軍合稱四平將軍，權任很重，多持節都督或監某一地區的軍事，有時亦作爲刺史等地方官員兼理軍務的加官。三品，加持節都督者二品。

[20]緑綟綬：一种黑黄而近緑色的絲帶。古代丞相以上官吏用作印綬。《東觀漢記·百官表》：“印綬：漢制，公侯紫綬，九卿青綬。建武元年，復設諸侯王金璽綟綬。”

玄將出居姑孰，訪之於衆，王謐對曰：“《公羊》有言，周公何以不之魯？欲天下一乎周也。[1]願静根本，以周公旦爲心。”[2]玄善其對而不能從。遂大築城府，臺館山池莫不壯麗，乃出鎮焉。既至姑孰，固辭録尚書事，詔許之，而大政皆諮焉，小事則決於桓謙、卞範之。

[1]“《公羊》有言”句：語出《春秋公羊傳·文公十三年》：“然則周公之魯乎？曰：不之魯也。封魯公以爲周公主。然則周公曷爲不之魯？欲天下之一乎周也。”

[2]周公旦：亦稱文公、叔旦。周武王弟，與吕尚同爲西周開國元勛。以魯公封於曲阜。武王去世，輔佐成王，平定叛亂，營建洛邑，制禮作樂，功勛卓著。宋本、殿本無“周”字，“旦”宋本作“且”。

自禍難屢構，干戈不戢，百姓厭之，思歸一統。及玄初至也，黜凡佞，擢俊賢，君子之道粗備，京師欣然。後乃陵侮朝廷，幽擯宰輔，豪奢縱欲，衆務繁興，於是朝野失望，人不安業。時會稽饑荒，[1]玄令賑貸之。百姓散在江湖采梠，[2]内史王愉悉召之還。請米，米既不多，吏不時給，頓仆道路死者十八九焉。玄又害吴興太守高素、輔國將軍竺謙之、謙之從兄高平相朗之、輔國將軍劉襲、襲弟彭城内史季武、冠軍將軍孫無終等，[3]皆劉牢之之黨、北府舊將也。[4]襲兄冀州刺史軌及寧朔將軍高雅之、牢之子敬宣並奔慕容德。[5]玄諷朝廷以己平元顯功，封豫章公，食安成郡地方二百二十五里，邑七千五百户；平仲堪、佺期功，封桂陽郡公，地方七十五里，邑二千五百户；本封南郡如故。玄以豫章改封息昇，桂陽郡公賜兄子濬，[6]降爲西道縣公。又發詔爲桓温諱，有姓名同者一皆改之，贈其母馬氏豫章公太夫人。

[1]會稽：郡名，治所在山陰縣（今浙江省紹興市）。

[2]江湖：江，宋本作“山”。　采梠：梠，宋本作“稆”。

[3]吴興：郡名，治所在烏程縣（今浙江省湖州市南）。　高平：郡名，治所在昌邑縣（今山東省巨野縣南）。　彭城：此指彭

城國。　内史：官名，西晋武帝太康十年（289）改諸王國相爲内史，掌管民政。五品。周家禄《晋書校勘記》認爲："晋制，以郡爲國，内史治民事，若郡太守。國除爲郡，復稱太守。然二名往往混淆，史家亦互稱之。"　孫無終：東晋晋陵（今江蘇省常州市）人，北府兵將領，以驍猛稱。任輔國將軍、冀州刺史等職，後爲桓玄所害。

［4］北府：東晋初指北中郎將府。《世説新語·排調》"郗司空拜北府"注引《南徐州記》："舊徐州都督以東爲稱，晋氏南遷，徐州刺史王舒加北中郎將，北府之號自此起也。"後習慣稱駐在京口、廣陵的軍府。

［5］冀州：此爲東晋僑置州，在今揚州、高郵、泰州一帶。（詳見胡阿祥《東晋南朝僑州郡縣與僑流人口研究》，第 201 頁）　寧朔將軍：官名，西晋時多駐幽州，爲幽州地區軍政長官，兼管烏丸事務。四品。　慕容德：字玄明，又名備德，十六國南燕創建者，本書卷一二七有載記。

［6］兄子濬：濬，原本、宋本、殿本作"俊"，據下文及中華本校勘記改。

元興二年，玄詐表請平姚興，又諷朝廷作詔，不許。玄本無資力，而好爲大言，既不克行，乃云奉詔故止。初欲飾裝，無他處分，先使作輕舸，載服玩及書畫等物。或諫之，玄曰："書畫服玩既宜恒在左右，且兵凶戰危，脱有不意，當使輕而易運。"衆咸笑之。

是歲，玄兄偉卒，贈開府、驃騎將軍，[1]以桓脩代之。從事中郎曹靖之説玄以桓脩兄弟職居内外，恐權傾天下，玄納之，乃以南郡相桓石康爲西中郎將、荆州刺史。[2]偉服始以公除，玄便作樂。初奏，玄撫節慟哭，既而收淚盡歡。玄所親仗唯偉，偉既死，玄乃孤危。而不臣之迹已著，自知怨滿天下，欲速定篡逆，殷仲文、卞範之等又共催促之，於是先改授群司，解琅邪王司徒，[3]遷太宰，加殊禮，以桓謙爲侍中、衛將軍、開府、録尚書事，[4]王謐散騎常侍、中書監，[5]領司徒，桓胤中書令，[6]加桓脩散騎常侍、撫軍大將軍。[7]置學官，[8]教授二品子弟數百人。又矯詔加其相國，總百揆，封南郡、南平、宜都、天門、零陵、營陽、桂陽、衡陽、義陽、建平十郡爲楚王，[9]揚州牧，領平西將軍、豫州刺史如故，加九錫備物，[10]楚國置丞相已下，[11]一遵舊典。又諷天子御前殿而策授焉。玄屢僞讓，詔遣百僚敦勸，又云："當親降鑾輿乃受命。"[12]矯詔贈父温爲楚王，南康公主爲楚王后。以平西長史劉瑾爲尚書，[13]刁逵爲中領軍，[14]王嘏爲太常，[15]殷叔文爲左衛，[16]皇甫敷爲右衛，[17]凡衆官合六十餘人，爲楚官屬。玄解平西、豫州，以平西文武配相國府。

[1]開府：開設府署，辟置僚屬。魏晋時常以此作爲對高級官員的寵待。　驃騎將軍：官名，西漢時爲重號將軍，東漢以後，居諸名號將軍之首，僅作爲軍府名號加授大臣或重要州郡長官。二品，開府位從公者一品。

[2]南郡：治所在江陵縣（今湖北省江陵縣）。　西中郎將：官名，東漢末所置東、西、南、北四中郎將之一。帥師征伐或鎮守。曹魏、西晋多兼涼州刺史，東晋多兼豫州刺史。四品。

[3]司徒：官名，西漢哀帝元壽二年（前1）改丞相爲大司徒，東漢光武帝時改名爲司徒，東漢末又改爲丞相。三國魏恢復三公

制，改丞相爲司徒，管理民政。兩晋沿制，爲八公之一，在太尉之下、司空之上。與丞相通職，一般不並置，爲名譽宰相。一品。

[4]衛將軍：官名，魏晋時位在名號將軍之上，多爲軍府名號，加給大臣、重要州郡長官。二品，開府位從公者一品。

[5]散騎常侍：官名，三國魏文帝黄初年間置，侍從皇帝左右，諫諍得失，顧問應對，與侍中等共平尚書奏事。也用作宰相、諸公等加官，入宫議政。三品。　中書監：官名，中書省長官之一。三國魏文帝初年分秘書置中書省，長官爲中書監、中書令。掌收納奏章，草擬詔令。平常不分高下，入朝時監略高於令。三品。

[6]桓胤：字茂遠，本書卷七四有傳。

[7]撫軍大將軍：官名，三國魏文帝始置，皇帝出征，總管留守事。晋二品，開府位從公者一品。

[8]置學官：官，宋本作"宫"。

[9]南平：郡名，治所在江安縣（在今湖北省公安縣西北）。　天門：郡名，三國孫吴置，治所在溇中縣（今湖南省慈利縣），西晋治所在澧陽縣（今湖南省石門縣）。　零陵：郡名，西漢置，治所在零陵縣（今廣西壯族自治區全州縣西南），東漢至晋治所在泉陵縣（今湖南省永州市）。　營陽：郡名，東晋置，治所在營浦縣（今湖南省道縣東）。　桂陽：郡名，治所在郴縣（今湖南省郴州市）。　衡陽：郡名，治所在湘南縣（今湖南省湘潭市西南）。　義陽：郡國名，西晋爲義陽國，治所在新野縣（今河南省新野縣），東晋末改爲義陽郡，移治平陽縣（今河南省信陽市）。

[10]九錫：《漢書》卷六《武帝紀》顔師古注引應劭曰："一曰車馬，二曰衣服，三曰樂器，四曰朱户，五曰納陛，六曰虎賁百人，七曰鈇鉞，八曰弓矢，九曰秬鬯。此皆天子制度，尊之，故事事錫與，但數少耳。"

[11]已下：已，宋本作"以"。

[12]親降鑾輿：天子親臨。

[13]平西長史：官名，平西將軍府長史。掌顧問參謀，爲所在

官署掾屬之長。八品。　尚書：官名，東漢尚書臺六曹各置尚書，秩六百石。魏晋出爲朝官，分掌尚書省諸曹，品秩提高。三品。

[14]中領軍：官名，東漢建安中曹操改領軍置。與中護軍皆典禁兵，屬丞相府。三品。

[15]太常：官名，漢代稱奉常，本掌禮樂宗廟、社稷祭祀，魏晋時此職掌歸尚書裁定，太常成爲閑職。三品。

[16]殷叔文：中華本校勘記："據《殷仲文傳》，'叔文'當爲'仲文'之誤。"　左衛：官名，即左衛將軍。三國魏咸熙二年(265)，司馬炎即晋王位，分中衛將軍爲左、右衛將軍。掌佽飛虎賁及前驅、由基、强弩三部司馬，屬下還有虎賁、羽林、上騎、異力、命中共五部督，負責宫禁侍衛。西晋屬中軍將軍，後屬領軍將軍。爲禁衛軍主要統帥之一，權任很重。四品。

[17]右衛：見前"左衛"注。

新野人庾仄聞玄受九錫，[1]乃起義兵，襲馮該於襄陽，走之。仄有衆七千，於城南設壇，祭祖宗七廟。[2]南蠻參軍庾彬、安西參軍楊道護、江安令鄧襄子謀爲内應。[3]仄本仲堪黨，桓偉既死，石康未至，故乘間而發，江陵震動。桓濟之子亮起兵于羅縣，[4]自號平南將軍、湘州刺史，[5]以討仄爲名。南蠻校尉羊僧壽與石康共攻襄陽，仄衆散，奔姚興，彬等皆遇害。長沙相陶延壽以亮乘亂起兵，[6]遣收之。玄徙亮于衡陽，誅其同謀桓奥等。

[1]新野：郡名，西晋惠帝時改義陽郡置，治所在新野縣（今河南省新野縣)。

[2]七廟：古代禮制，天子七廟。魏晋南北朝以前，無嚴格意

義的皇家七廟制度。三國以後鄭玄、王肅又對七廟制度有各自的解釋。鄭玄認爲七廟包括始祖、二祧、兩昭、兩穆。王肅認爲是太祖、二祧、兩昭、兩穆。實踐中采納王肅主張的居多。

[3]南蠻參軍：官名，護南蠻校尉府屬官。參軍，亦作參軍事，謂參謀軍事。兩晋公府、軍府皆置。　安西參軍：官名，安西將軍府屬官，參謀軍事。　江安：縣名，治所在今湖北省公安縣西北。

[4]羅縣：治所在今湖南省汨羅市北。

[5]平南將軍：官名，與平東、平西、平北將軍合稱四平將軍。多持節都督或監某一地區的軍事，有時作爲刺史等地方官員監理軍務的加官。三品，加持節都督者二品。　湘州：治所在臨湘縣（今湖南省長沙市）。

[6]長沙：郡名，治所在臨湘縣（今湖南省長沙市）。

玄僞上表求歸藩，又自作詔留之，遣使宣旨，玄又上表固請，又諷天子作手詔固留焉。玄好逞僞辭，塵穢簡牘，皆此類也。謂代謝之際宜有禎祥，乃密令所在上臨平湖開除清朗，使衆官集賀。矯詔曰："靈瑞之事，非所敢聞也，斯誠相國至德，故事爲之應。太平之化，於是乎始，六合同悅，[1]情何可言！"又詐云江州甘露降王成基家竹上。玄以歷代咸有肥遁之士，[2]而己世獨無，乃徵皇甫謐六世孫希之爲著作，并給其資用，皆令讓而不受，號曰高士，時人名爲"充隱"。議復肉刑，斷錢貨，迴復改異，造革紛紜，志無一定，條制森然，動害政理。性貪鄙，好奇異，尤愛寶物，珠玉不離于手。人士有法書、好畫及佳園宅者，悉欲歸己，猶難逼奪之，皆蒲博而取。[3]遣臣佐四出，掘果移竹，不遠數千里，百姓佳果美竹無復遺餘。信悅諂譽，逆忤讜言，或奪其所憎與其所愛。

[1]六合同悦：天下同歡。六合，天下。

[2]肥遁：隱居，退隱。

[3]蒲博：又作蒱博，當時流行的賭博游戲。

十一月，玄矯制加其冕十有二旒，建天子旌旗，出警入蹕，乘金根車，[1]駕六馬，備五時副車，置旄頭雲罕，[2]樂儛八佾，[3]設鍾簴宫縣，[4]妃爲王后，世子爲太子，其女及孫爵命之號皆如舊制。玄乃多斥朝臣爲太宰僚佐，又矯詔使王謐兼太保，[5]領司徒，奉皇帝璽禪位於己。又諷帝以禪位告廟，出居永安宫，移晋神主于琅邪廟。

[1]金根車：根車，用自然圓曲的樹木做車輪裝配成的車子。黄金爲飾的根車謂金根車，帝王所乘。

[2]旄頭：古代皇帝儀仗中一种担任先驅的騎兵。　雲罕：旌旗。

[3]八佾：古代天子用的一种樂舞。佾，舞列，縱横都是八人，共六十四人。

[4]鍾簴（jù）：即鐘簴，一种懸鐘的格架。上有猛獸爲飾。簴，宋本作“虡”，殿本作“虡”。　宫縣：即宫懸，宫廷音樂。

[5]太保：官名，史上屢次廢置，三國魏末年復置。晋爲八公之一，位上公，在太宰、太傅之下。安置元老重臣，無職掌。一品。

初，玄恐帝不肯爲手詔，又慮璽不可得，逼臨川王寶請帝自爲手詔，因奪取璽。比臨軒，[1]璽已久出，玄甚喜。百官到姑孰勸玄僭僞位，玄僞讓，朝臣固請，玄乃於城南七里立郊，登壇篡位，以玄牡告天，百僚陪列，而儀注不備，忘稱萬歲，又不易帝諱。榜爲文告天皇后帝云："晋帝欽若景運，敬順明命，以命于玄。夫天工人代，帝王所以興，匪君莫治，惟德司其元，故承天理物，必由一統。並聖不可以二君，非賢不可以無主，故世换五帝，鼎遷三代。爰曁漢魏，咸歸勛烈。晋自中葉，仍世多故，海西之亂，皇祚殆移，九代廓寧之功，升明黜陟之勛，微禹之德，左衽將及。太元之末，君子道消，積釁基亂，鍾于隆安，禍延士庶，理絶人倫。玄雖身在草澤，見棄時班，義情理感，胡能無慨！投袂克清之勞，阿衡撥亂之績，[2]皆仰憑先德遺愛之利，玄何功焉！屬當理運之會，猥集樂推之數，以寡昧之身踵下武之重，[3]膺革泰之始，[4]託王公之上。誠仰藉洪基，德漸有由，夕惕祗懷，罔知攸厝。君位不可以久虚，人神不可以乏饗，是用敢不奉以欽恭大禮，敬簡良辰，升壇受禪，告類上帝，以永綏民望，[5]式孚萬邦，惟明靈是饗。"乃下書曰："夫三才相資，[6]天人所以成功，理由一統，貞夫所以司契，[7]帝王之興，其源深矣。自三五已降，[8]世代參差，雖所由或殊，其歸一也。朕皇考宣武王聖德高邈，誕啓洪基，景命攸歸，理貫自昔。中間屯險，弗克負荷，仰瞻宏業，殆若綴旒。[9]藉否終之運，[10]遇時來之會，用獲除奸救溺，拯拔人倫。晋氏以多難薦臻，[11]曆數唯既，[12]典章唐虞之準，述遵漢魏之則，用集天禄於朕躬。[13]惟德不敏，辭不獲命，稽若令典，遂升壇燎于南郊，受終於文祖。思覃斯慶，願與億兆聿兹更始。”於是大赦，[14]改元永始，賜天下爵二級，[15]孝悌力田人三級，鰥寡孤獨不能自存者穀人五斛。其賞賜之制，徒設空文，無其實也。初出僞詔，改年爲建始，右丞王悠之曰：[16]“建始，趙王倫僞號也。”[17]又改爲永始，復是王莽始執權之歲，其兆號不祥，冥符僭逆如此。又下書曰：“夫三恪作賓，[18]有自來矣。爰暨漢魏，[19]咸建疆宇。晋氏欽若曆數，禪位于朕躬，宜則是古訓，授兹茅土。以南康之平固縣奉晋帝爲平固王，[20]車旗正朔一如舊典。”遷帝居尋陽，即陳留王處鄴宫故事。[21]降永安皇后爲零陵君，[22]琅邪王爲石陽縣公，武陵王遵爲彭澤縣侯。追尊其父温宣武皇帝，廟稱太祖，南康公主爲宣皇后。封子昇爲豫章郡王，叔父雲孫放之爲寧都縣王，[23]豁孫稚玉爲臨沅縣王，[24]豁次子石康爲右將軍、武陵郡王，祕子蔚爲醴陵縣王，[25]贈冲太傅、宣城郡王，加殊禮，依晋安平王故事，以孫胤襲爵，爲吏部尚書，[26]冲次子謙爲揚州刺史、新安郡王，謙弟脩爲撫軍大將軍、安成郡王，兄歆臨賀縣王，禕富陽縣王，贈偉侍中、大將軍、義興郡王，以子濬襲爵，爲輔國將軍，濬弟邈西昌縣王。封王謐爲武昌公，班劍二十人，卞範之爲臨汝公，殷仲文爲東興公，馮該爲魚復侯。又降始安郡公爲縣公，長沙爲臨湘縣公，廬陵爲巴丘縣公，各千户。其康樂、武昌、南昌、望蔡、建興、永修、觀陽皆降封百户，公侯之號如故。又普進諸征鎮軍號各有差。以相國左長史王綏爲中書令。[27]崇桓謙母庾氏爲宣城太妃，[28]加殊禮，給以輦乘。號温墓曰永崇陵，置守衛四十人。

［1］臨軒：皇帝不坐正殿而御前殿。殿前堂陛之間近檐處兩邊有檻楯，如車之軒，故稱。

［2］阿衡：《史記》卷三《殷本紀》："伊尹名阿衡。" 司馬貞索隱："《孫子兵書》：'伊尹名摯。' 孔安國亦曰 '伊摯'。然解者以阿衡爲官名。按：阿，倚也，衡，平也。言依倚而取平。《書》曰 '惟嗣王弗惠于阿衡'，亦曰保衡，皆伊尹之官號，非名也。"　撥亂：撥，原本作"揆"，宋本、殿本作"撥"，據宋本、殿本改。

［3］寡昧之身踵下武之重：以愚昧淺陋之身繼承聖德先王功業。下武，語出《詩・大雅・下武》："下武維周，世有哲王。" 鄭玄箋："下，猶後也。哲，知也。後人能繼先祖者，維有周家最大，世世益有明知之王，謂大王、王季、文王稍就盛也。"

［4］革泰：《易經》中《革》《泰》兩卦。

［5］民望：民，宋本作"衆"。

［6］三才：指天、地、人。

［7］貞夫所以司契：志節堅定、操守方正的人掌管國家法規。

［8］三五：三皇五帝。

［9］綴旒：如旒之懸，比喻國勢垂危。旒，冠上垂珠。

［10］否終：厄運終結。

［11］多難薦臻：許多灾難接連來到。

［12］曆數唯既：曆數已盡。

［13］用集天禄於朕躬：因此天賜之禄集中在我身上。

［14］大赦：大，殿本作"太"。

［15］爵二級：級，宋本作"給"。

［16］右丞王悠之：中華本校勘記："《斠注》：《魏書・桓玄傳》

作‘左丞王納之’。按：納之，臨之子。”

［17］趙王倫：司馬倫，字子彝，本書卷五九有傳。

［18］三恪：周朝新立，封前代三王朝的子孫，給以王侯名號，稱三恪，以示敬重。後世帝王亦多承三恪之制。

［19］漢魏：宋本無“漢”字。

［20］南康：郡名，西晉治所在雩都縣（今江西省于都縣東北），東晉永和五年（349）移治贛縣（今江西省贛州市西南）。　平固縣：治所在今江西省興國縣南。

［21］陳留王：即常道鄉公曹奂，字景明，燕王曹宇之子。封安次縣常道鄉公，後被司馬昭迎立爲帝。公元 260 至 265 年在位。後被廢爲陳留王。　鄴：縣名，曹魏五都之一。治所在今河北省臨漳縣西南。

［22］零陵君：零，宋本作“迁”。

［23］雲：桓雲，字雲子，本書卷七四有傳。

［24］豁：桓豁，字朗子，本書卷七四有傳。　臨沅縣王：沅，殿本作“沆”。

［25］祕：桓祕，字穆子，本書卷七四有傳。

［26］吏部尚書：官名，三國魏時爲尚書省吏部曹長官，位居列曹尚書之上。三品。

［27］相國左長史：官名，掌顧問参謀，爲相國府掾屬之長。六品。　王綏：王戎之子。《世説新語·賞譽》劉孝標注：“《晉諸公贊》曰：‘王綏，字萬子，辟太尉掾，不就。年十九卒。’《晉書》曰：‘戎子萬，有美號而太肥，戎令食穅，而肥愈甚也。’”

［28］庾氏：宋本無“氏”字。

玄入建康宫，逆風迅激，旍旗儀飾皆傾偃。及小會于西堂，[1]設妓樂，殿上施絳綾帳，縷黄金爲顔，四角作金龍，頭銜五色羽葆旒蘇，[2]群臣竊相謂曰：“此頗似轜車，[3]亦王莽仙蓋之流也。龍角，所謂亢龍有悔者也。"[4]又造金根車，駕六馬。是月，玄臨聽訟觀閲囚徒，罪無輕重，多被原放。有干輿乞者，[5]時或恤之。其好行小惠如此。自以水德，壬辰，[6]臘於祖。[7]改尚書都官郎爲賊曹，又增置五校、三將及强弩、積射武衛官。元興三年，玄之永始二年也，尚書答"春蒐"字誤爲"春菟"，凡所關署皆被降黜。玄大綱不理，而糾擿纖微，皆此類也。以其妻劉氏爲皇后，將修殿宇，乃移入東宫。又開東掖、平昌、廣莫及宫殿諸門，[8]皆爲三道。更造大輦，容三十人坐，以二百人舁之。性好畋游，以體大不堪乘馬，又作徘徊輿，施轉關，令迴動無滯。既不追尊祖曾，疑其禮儀，問於群臣。散騎常侍徐廣據晋典宜追立七廟，[9]又敬其父則子悦，位彌高者情理得申，[10]道愈廣者納敬必普也。玄曰："禮云三昭、三穆，[11]與太祖爲七，然則太祖必居廟之主也，昭穆皆自下之稱，則非逆數可知也。禮，太祖東向，左昭右穆。如晋室之廟，則宣帝在昭穆之列，[12]不得在太祖之位。昭穆既錯，太祖無寄，失之遠矣。"玄曾祖以上名位不顯，故不欲序列，且以王莽九廟見譏於前史，[13]遂以一廟矯之，郊廟齋二日而已。秘書監卞承之曰：[14]"祭不及祖，知楚德之不長也。"又毁晋小廟以廣臺榭。其庶母蒸嘗，[15]靡有定所，忌日見賓客游宴，唯至亡時一哭而已。期服之内，不廢音樂。玄出游水門，飄風飛其儀蓋。夜，濤水入石頭，大桁流壞，[16]殺人甚多。大風吹朱雀門樓，[17]上層墜地。

［1］西堂：太極殿西堂。《景定建康志》卷二一《城闕志·古宫殿》："太極殿，建康宫内正殿也。晋初造以十二間，象十二月。至梁武帝改製十三間，象閏焉。高八丈，長二十七丈，廣十丈，内外並以錦石爲砌次。東有太極東堂七間，西有太極西堂七間。"

［2］羽葆：帝王儀仗中以鳥羽聯綴爲飾的華蓋。　旒蘇：旒旗的垂飾。

［3］轜車：載運棺柩的車。

［4］亢龍有悔：語出《易·乾·上九》："上九，亢龍，有悔。"

［5］干輿乞者：攔住乘輿乞討的人。

［6］壬辰：是年十一月庚申朔，月内無壬辰。本書卷一〇《安帝紀》："十二月壬辰，玄篡位。"十二月庚寅朔，壬辰初三日。此"十一月"爲"十二月"之誤。（參見牛繼清、張林祥《十七史疑年録》，黄山書社 2007 年版，第 62 頁）

［7］臘於祖：於，宋本、殿本作"子"。

［8］東掖：東掖門，宫城東邊的小門。　平昌：平昌門，《景定建康志》卷二〇《城闕志·門闕》："宫西大路出都城開陽門，其北面平昌門，上有爵絡，世謂之冠爵門。"　廣莫：廣莫門，《景定建康志》卷二〇《城闕志·門闕》："建陽門西對西明門，即臺城前横街北面，最東曰延熹門，南直對清明門。當二宫中，大路次西曰廣莫門，門三道，陳改名北捷門。"

［9］徐廣：字野民，本書卷八二有傳。

［10］位彌高者情理得申：理，殿本作"禮"。

［11］三昭、三穆：宗廟中神主的排列次序，太祖居中，以下父子遞爲昭穆，左爲昭，右爲穆。

［12］之列：列，宋本作"例"。

［13］王莽九廟：《漢書》卷九九《王莽傳》載王莽九廟："一曰黄帝太初祖廟，二曰帝虞始祖昭廟，三曰陳胡王統祖穆廟，四曰齊敬王世祖昭廟，五曰濟北愍王王祖穆廟，凡五廟不墮云；六曰濟南伯王尊禰昭廟，七曰元城孺王尊禰穆廟，八曰陽平頃王戚禰昭

廟，九曰新都顯王戚禰穆廟。”

[14]秘書監：官名，秘書省長官，掌管藝文圖籍、課試署吏，統著作局，亦掌國史修撰並管理中外三閣圖書。三品。

[15]蒸嘗：本指秋冬二祭。後泛指祭祀。

[16]大桁：又稱朱雀桁，六朝都城建康南城門朱雀門外的浮橋，横跨秦淮河上。三國吴時稱南津橋，晋改名朱雀桁。桁爲連船而成，長九十步，廣六丈。因在臺城南，又稱“南航”。秦淮河上二十四航，此爲最大，又稱“大航”。

[17]朱雀門：一名大航門，六朝都城建康城南門，約當今江蘇省南京市中華門内秦淮河岸。

玄自篡盗之後，驕奢荒侈，游獵無度，以夜繼晝。兄偉葬日，旦哭晚游，或一日之中屢出馳騁。性又急暴，呼召嚴速，直官咸繫馬省前，禁内讙雜，無復朝廷之體。於是百姓疲苦，朝野勞瘁，怨怒思亂者十室八九焉。於是劉裕、劉毅、何無忌等共謀興復。[1]裕等斬桓脩於京口，[2]斬桓弘于廣陵，[3]河内太守辛扈興、弘農太守王元德、振威將軍童厚之、竟陵太守劉邁謀爲内應。[4]至期，裕遣周安穆報之，而邁惶遽，遂以告玄。玄震駭，即殺扈興等，安穆馳去得免。封邁重安侯，[5]一宿又殺之。

[1]劉裕：字德輿，小名寄奴，彭城（今江蘇省徐州市）人，南朝宋開國皇帝。世居京口，初爲東晋冠軍司馬，後被劉牢之任爲參軍。歷任鎮軍將軍、都督十六州諸軍事等職，官至相國，受封宋王。元熙二年（420）代晋稱帝。卒謚武皇帝，廟號高祖。　劉毅：字希樂，本書卷八五有傳。　何無忌：東晋東海郯縣（今山東省郯

城縣北）人，在京口常參議舅父劉牢之大事。隨劉裕討桓玄，歷任江州刺史、都督荆江豫三州八郡諸軍事等職。後戰死。

[2]京口：地名，即今江蘇省鎮江市。京，宋本作“荆”。

[3]廣陵：郡名，治所在廣陵縣（今江蘇省揚州市西北蜀岡上）。

[4]河内：東晋義熙十二年（416）僑置，屬司州，治所在洛陽縣（今河南省洛陽市東北漢魏故城西北隅）。　弘農：東晋僑置郡，治所在今江西省九江市。後改爲弘農縣。　振威將軍：官名，雜號將軍，統兵出征。四品。　竟陵：郡名，治所在石城縣（今湖北省鍾祥市）。

[5]重安侯：重安，原本、宋本、殿本作“安重”，據中華本校勘記乙正。

裕率義軍至竹里，[1]玄移還上宫，百僚步從，召侍官皆入止省中。赦揚、豫、徐、兖、青、冀六州，[2]加桓謙征討都督、假節，[3]以殷仲文代桓脩，遣頓丘太守吴甫之、右衛將軍皇甫敷北距義軍。[4]裕等於江乘與戰，[5]臨陣斬甫之，進至羅落橋，[6]與敷戰，復梟其首。玄聞之大懼，乃召諸道術人推算數爲厭勝之法，[7]乃問衆曰：“朕其敗乎？”曹靖之對曰：“神怒人怨，臣實懼焉。”玄曰：“人或可怨，神何爲怒？”對曰：“移晋宗廟，飄泊失所，[8]大楚之祭，不及於祖，此其所以怒也。”玄曰：“卿何不諫？”對曰：“輦上諸君子皆以爲堯舜之世，臣何敢言！”玄愈忿懼，使桓謙、何澹之屯東陵，[9]卞範之屯覆舟山西，[10]衆合二萬，以距義軍。裕至蔣山，[11]使羸弱貫油帔登山，分張旗幟，數道並前。玄偵候還云：“裕軍四塞，不知多少。”玄益憂惶，遣武衛將軍庾頤之配以精卒，[12]副援諸軍。于時東北風急，義軍放火，烟塵張天，鼓噪之音震駭京邑。劉裕執鉞麾而進，謙等諸軍一時奔潰。玄率親信數千人聲言赴戰，遂將其子昇、兄子濬出南掖門，西至石頭，使殷仲文具船，相與南奔。

[1]竹里：地名，在今江蘇省句容市北。

[2]揚：宋本作“楊”。　青：青州，治所在臨淄縣（今山東省淄博市東北）。

[3]征討都督：即都督征討諸軍事，征討部隊最高軍事統帥。

[4]頓丘：郡名，治所在頓丘縣（今河南省浚縣北）。　右衛將軍：官名，三國魏咸熙二年（265），司馬炎即晋王位，分中衛將軍爲左、右衛將軍。掌佽飛虎賁及前驅、由基、强弩三部司馬，屬下還有虎賁、羽林、上騎、異力、命中共五部督，負責宫禁侍衛。西晋屬中軍將軍，後屬領軍將軍。爲禁衛軍主要統帥之一，權任很重。四品。

[5]江乘：縣名，治所在今江蘇省句容市北。

[6]羅落橋：位於今江蘇省南京市東北長江南岸。

[7]厭勝：古代巫术，通過詛咒方式，壓服人或物，以達取勝目的。

[8]失所：失，宋本作“无”。

[9]何澹之：東晋人，先後任王恭參軍、桓玄龍驤將軍、游擊將軍，後投奔後秦姚興。

[10]覆舟山：一名龍舟山、玄武山，即今江蘇省南京市城區東北隅九華山。

[11]蔣山：即今江蘇省南京市中山門外鐘山。

[12]武衛將軍：官名，三國魏置，權任很重。四品。

初，玄在姑孰，將相星屢有變；篡位之夕，月及太白，[1]又入羽林，[2]玄甚惡之。及敗走，腹心勸其戰，玄不暇答，直以策指天。而經日不得食，左右進以粗飯，咽不能下。昇時年數歲，抱玄胸而撫之，玄悲不自勝。

[1]太白：即金星。

[2]羽林：星名。《史記》卷二七《天官書》："北宫玄武，虚、危。危爲蓋屋；虚爲哭泣之事。其南有衆星，曰羽林天軍。"張守節正義："羽林四十五星，三三而聚，散在壘壁南，天軍也。"

劉裕以武陵王遵攝萬機，[1]立行臺，[2]總百官。遣劉毅、劉道規躡玄，[3]誅玄諸兄子及石康兄權、振兄洪等。

[1]武陵王遵：司馬遵，字茂遠，本書卷六四有傳。　萬機：機，殿本作"幾"。

[2]行臺：臺省在外者。將帥出征時隨其所駐之地設立的代表中央的政務機構。

[3]劉道規：字道則，劉裕少弟，東晋末任振武將軍、義昌太守，隨劉裕征桓玄，破孫恩，屢立戰功。死後追封臨川王。

玄至尋陽，江州刺史郭昶之給其器用兵力。殷仲文自後至，望見玄舟，旍旗輿服備帝者之儀，嘆息曰："敗中復振，故可也。"玄於是逼乘輿西上。桓歆聚黨向歷陽，[1]宣城内史諸葛長民擊破之。[2]玄於道作起居注，叙其距義軍之事，自謂經略指授，算無遺策，諸將違節度，以致虧喪，非戰之罪。於是不遑與群下謀議，唯耽思誦述，宣示遠近。玄至江陵，石康納之，張幔屋于城南，署置百官，以卞範之爲尚書僕射，[3]其餘職多用輕資。於是大修舟師，曾未三旬，衆且二萬，樓船器械甚盛。謂其群黨曰："卿等並清塗翼從朕躬，都下竊位者方應謝罪軍門，其觀卿等入石頭，無異雲霄中人也。"

[1]歷陽：縣名，治所在今安徽省和縣。

[2]宣城：郡名，治所在宛陵縣（今安徽省宣城市宣州區）。諸葛長民：本書卷八五有傳。

[3]尚書僕射：官名，秦漢爲尚書令副貳，東漢建安四年（199）分置左、右，爲尚書省次官。三品。

玄以奔敗之後，懼法令不肅，遂輕怒妄殺，人多離怨。殷仲文諫曰："陛下少播英譽，遠近所服，遂掃平荆雍，一匡京室，聲被八荒矣。既據有極位，而遇此圮運，[1]非爲威不足也。百姓喁喁，想望皇澤，宜弘仁風，以收物情。"玄怒曰："漢高、魏武幾遇敗，但諸將失利耳！以天文惡，故還都舊楚，而群小愚惑，妄生是非，方當糾之以猛，未宜施之以恩也。"玄左右稱玄爲"桓詔"，桓胤諫曰："詔者，施於辭令，不以爲稱謂也。漢魏之主皆無此言，唯聞北虜以苻堅爲'苻詔'耳。願陛下稽古帝則，令萬世可法。"玄曰："此事已行，今宣敕罷之，更爲不祥。必其宜革，可待事平也。"荆州郡守以玄播越，[2]或遣使通表，有匪寧之辭，玄悉不受，仍乃更令所在表賀遷都。[3]

[1]圮運：衰微之運。圮，原本作"玘"，宋本、殿本作

“圮”，據中華本改。

［2］播越：顛沛流離。

［3］仍乃更令所在表賀還都：中華本校勘記：“《校文》：‘乃’字衍。”

玄遣游擊將軍何澹之、武衛將軍庾稚祖、江夏太守桓道恭就郭銓以數千人守湓口。[1]又遣輔國將軍桓振往義陽聚衆，至弋陽，[2]爲龍驤將軍胡嘩所破，[3]振單騎走還。[4]何無忌、劉道規等破郭銓、何澹之、郭昶之於桑落洲，[5]進師尋陽。玄率舟艦二百發江陵，使苻宏、羊僧壽爲前鋒。以鄱陽太守徐放爲散騎常侍，[6]欲遣説解義軍，謂放曰：“諸人不識天命，致此妄作，遂懼禍屯結，不能自反。卿三州所信，可明示朕心，若退軍散甲，當與之更始，各授位任，令不失分。江水在此，朕不食言。”放對曰：“劉裕爲唱端之主，劉毅兄爲陛下所誅，並不可説也。輒當申聖旨於何無忌。”玄曰：“卿使若有功，當以吴興相敘。”放遂受使，入無忌軍。

［1］庾稚祖：中華本校勘記：“周校：《安紀》作‘庾稚’。”

［2］弋陽：郡名，治所在弋陽縣（今河南省潢川縣西）。

［3］龍驤將軍：官名，高級軍事將領。三品。

［4］單騎：騎，宋本作“馬”。

［5］桑落洲：位於今江西省九江市東北長江中。

［6］鄱陽：郡名，治所在廣晋縣（今江西省鄱陽縣東北）。

魏咏之破桓歆于歷陽，[1]諸葛長民又敗歆于芍陂，[2]歆單馬渡淮。毅率道規及下邳太守孟懷玉與玄戰於峥嶸洲。[3]于時義軍數千，玄兵甚盛，而玄懼有敗衄，常漾輕舸於舫側，故其衆莫有鬥心。義軍乘風縱火，盡鋭争先，玄衆大潰，燒輜重夜遁，郭銓歸降。玄故將劉統、馮稚等聚黨四百人，襲破尋陽城，毅遣建威將軍劉懷肅討平之。[4]玄留永安皇后及皇后於巴陵。殷仲文時在玄艦，求出别船收集散軍，因叛玄，奉二后奔于夏口。玄入江陵城，馮該勸使更下戰，玄不從，欲出漢川，[5]投梁州刺史桓希，而人情乖阻，制令不行。玄乘馬出城，至門，左右於暗中斫之，不中，前後相殺交横，玄僅得至船。於是荆州别駕王康産奉帝入南郡府舍，[6]太守王騰之率文武營衛。

[1]魏咏之：字長道，本書卷八五有傳。　桓歆：桓温子，字叔道，本書卷九八有傳。

[2]芍陂：又名龍泉陂，位於今安徽省壽縣南。

[3]郡國名，治所在下邳縣（今江蘇省睢寧縣古邳鎮東）。孟懷玉：平昌安丘（今山東省安丘市西南）人。隨劉裕東伐孫恩，爲建武司馬。從平京城，進定京邑。以功封鄱陽縣侯，食邑千户。劉裕鎮京口，以懷玉爲鎮軍參軍、下邳太守。盧循逼京邑，懷玉於石頭岸連戰有功，爲中軍諮議參軍。死後追贈平南將軍。　峥嶸洲：位於今湖北省黄岡市黄州區西北長江中。

[4]建威將軍：宋本無“軍”字。　劉懷肅：彭城（今江蘇省徐州市）人，劉裕從母兄，初爲劉敬宣寧朔將軍府司馬，東征孫恩，有戰功，又爲龍驤司馬、費令。隨劉裕討桓玄及桓氏餘黨，除通直郎，任淮南、歷陽二郡太守。

[5]漢川：即漢水。

[6]别駕：官名，别駕從事、别駕從事史省稱。州部佐官，因

從刺史行部，别乘傳車，故稱。位居州吏之右。

時益州刺史毛璩使其從孫祐之、參軍費恬送弟璠喪葬江陵，[1]有衆二百，璩弟子修之爲玄屯騎校尉，[2]誘玄以入蜀，玄從之。達枚回洲，恬與祐之迎擊玄，矢下如雨。玄嬖人丁仙期、萬蓋等以身蔽玄，並中數十箭而死。玄被箭，其子昇輒拔去之。益州督護馮遷抽刀而前，玄拔頭上玉導與之，乃曰：[3]"是何人邪？敢殺天子！"遷曰："欲殺天子之賊耳。"遂斬之，時年三十六。又斬石康及濬等五級，庾頤之戰死。昇云："我是豫章王，諸君勿見殺。"送至江陵市斬之。

[1]益州：治所在成都縣（今四川省成都市）。　毛璩：字叔璉，本書卷八一有傳。　參軍：官名，亦作參軍事，謂參謀軍事。兩晋公府、軍府皆置。

[2]屯騎校尉：官名，北軍五校尉之一，隸屬中領軍，掌本營騎士，戍衛京師。四品。

[3]乃曰：乃，宋本、殿本作"仍"。

初，玄在宫中，恒覺不安，若爲鬼神所擾，語其所親云："恐己當死，故與時競。"元興中，衡陽有雌鷄化爲雄，八十日而冠萎。[1]及玄建國於楚，衡陽屬焉，自簒盗至敗，時凡八旬矣。其時有童謡云："長干巷，巷長干，今年殺郎官，後年斬諸桓。"其凶兆符會如此。郎官，[2]謂元顯也。

[1]八十日而冠萎：原本、宋本、殿本作“冠萎”下衍“具”字，據中華本校勘記删。

[2]郎官：官，宋本、殿本作“君”。從上文“今年殺郎官”文並結合押韵，作“官”更合適。

是月，王騰之奉帝入居太府。桓謙亦聚衆沮中，[1]爲玄舉哀，立喪庭，[2]僞謚爲武悼皇帝。毅等傳送玄首，梟於大桁，百姓觀者莫不欣幸。

[1]沮中：一作柤中，即今湖北省南漳縣、宜城市蠻河流域一帶。

[2]立喪庭：宋本無“庭”字。

何無忌等攻桓謙于馬頭、桓蔚于龍洲，[1]皆破之。義軍乘勝競進，振、該等距戰於靈溪，[2]道規等敗績，死没者千餘人。[3]義軍退次尋陽，更繕舟甲。毛璩自領梁州，遣將攻漢中，[4]殺桓希。江夏相張暢之、高平太守劉懷肅攻何澹之於西塞磯，[5]破之。振遣桓蔚代王曠守襄陽。道規進討武昌，破僞太守王旻。魏咏之、劉藩破桓石綏於白茅。[6]義軍發尋陽。桓亮自號江州刺史，侵豫章，時江州刺史劉敬宣討走之。[7]義軍進次夏口。僞鎮東將軍馮該等守夏口，[8]揚武將軍孟山圖據魯城，[9]輔國將軍桓山客守偃月壘。[10]劉毅攻魯城，道規攻偃月壘，無忌與檀祇列艦中流，[11]以防越逸。義軍騰赴，叫聲動山谷，自辰及午，[12]二城俱潰，馮該散走，生擒山客。毅等平巴陵。毛璩遣涪陵太守文處茂東下，[13]振遣桓放之爲益州，屯夷陵，[14]處茂距戰，放之敗走，還江陵。

［1］龍洲：位於今湖北省江陵縣西南江中。

［2］靈溪：位於今湖南省永順縣東北。

［3］死没者：宋本無“者”字。

［4］漢中：漢水中游流域。

［5］西塞磯：位於今湖北省大冶縣東長江南岸西塞山下。

［6］劉藩：東晋人，歷任兖州刺史、右將軍等職，隨劉裕征討，後被劉裕所殺。　桓石綏：本書卷七四有傳。　白茅：白茅灣，位於今江西省九江市東北。

［7］時江州刺史：宋本無“時”字。

［8］鎮東將軍：官名，東漢建安年間置，與鎮西、鎮南、鎮北將軍合稱四鎮將軍，多爲持節都督，出鎮方面。曹魏二品。晋三品，加持節都督者二品。

［9］揚武將軍：官名，統兵出征。四品。　魯城：位於今湖北省武漢市漢陽區東。

［10］桓山客：中華本校勘記：“《斠注》：《宋書》劉道規、劉懷肅《傳》‘山客’均作‘仙客’。按：《通鑑》一一三亦作‘仙客’。”本卷下同。　偃月壘：一名却月城，位於今湖北省武漢市漢口區。

［11］檀祇：東晋高平金鄉（今山東省嘉祥縣南）人，字恭叔，檀韶二弟。少爲孫無終輔國參軍，東征孫恩，屢有戰功。復爲王誕龍驤參軍。又從劉裕克建康，歷任建武參軍、龍驤將軍、秦郡太守、北陳留内史、寧朔將軍、中書侍郎等職。

［12］自辰及午：從七時到十三時。

［13］涪陵：郡名，劉備置。兩晋治所時在涪陵縣（今重慶市彭水苗族土家族自治縣），時在漢復縣（今貴州省沿河土家族自治

縣洪渡鎮)。

[14]夷陵：縣名，治所在今湖北省宜昌市東南。

義熙元年正月，南陽太守魯宗之起義兵襲襄陽，[1]破僞雍州刺史桓蔚。無忌諸軍次江陵之馬頭，振擁帝出營江津。魯宗之率衆於柞溪，[2]破僞武賁中郎温楷，[3]進至紀南。[4]振自擊宗之，宗之失利。時蜀軍據靈溪，毅率無忌、道規等破馮該軍，推鋒而前，即平江陵。振見火起，知城已陷，乃與謙等北走。是日，安帝反正。大赦天下，唯逆黨就戮，詔特免桓胤一人。桓亮自豫章，自號鎮南將軍、湘州刺史。苻宏寇安成、廬陵，[5]劉敬宣遣將討之，宏走入湘中。[6]二月，桓謙、何澹之、温楷等奔于姚興。桓振與宏出自涢城，[7]襲破江陵，劉懷肅自雲杜伐振等，破之。廣武將軍唐興斬振及僞輔國將軍桓珍，毅於臨鄣斬僞零陵太守劉叔祖。[8]桓亮、苻宏復出寇湘中，害郡守長吏，[9]檀祗討宏於湘東，斬之，廣武將軍郭彌斬亮於益陽，[10]其餘擁衆假號皆討平之。詔徙桓胤及諸黨與於新安諸郡。[11]

[1]南陽：郡名，治所在宛縣（今河南省南陽市）。　魯宗之：東晋扶風郿縣（今陝西省眉縣東渭河北岸）人，字彦仁。南陽太守，從劉裕伐桓玄有功，遷輔國將軍、雍州刺史。後自疑不爲劉裕所容，乃起兵與司馬休之伐劉裕，兵敗後投姚興。　起義兵：宋本無“兵”字。

[2]柞溪：即柞溪水，源出今湖北省江陵縣北，東流至潜江市西入古揚夏水。

[3]武賁中郎：官名，即武賁中郎將，光禄勛屬官，統率宿衛兵。“武”爲唐人避“虎”字諱。

[4]紀南：即紀南城，位於今湖北省江陵縣西北。

[5]安成：郡名，治所在平都縣（今江西省安福縣東南）。　廬陵：郡名，治所在石陽縣（今江西省吉水縣東北）。

[6]湘中：泛指今湖南省湘江流域中部長沙市及其附近一帶。

[7]涓城：地名，在今湖北省安陸市。

[8]臨鄣：鄣，原本、殿本作“章”，宋本作“鄣”，據宋本改。中華本校勘記：“《劉毅傳》‘鄣’作‘嶂’，當從之。”臨嶂，臨嶂山，位於今湖北省武漢市漢陽區西。

[9]長吏：吏，原本、殿本作“史”，宋本作“吏”，據宋本改。

[10]廣武將軍：官名，曹魏、西晋皆置。名號將軍中地位較高。四品。　益陽：縣名，治所在今湖南省益陽市東。

[11]新安：治所在始新縣（今浙江省淳安縣西北新安江北岸，現已没入千島湖）。

三年，東陽太守殷仲文與永嘉太守駱球謀反，[1]欲建桓胤爲嗣，曹靖之、桓石松、卞承之、劉延祖等潛相交結，劉裕以次收斬之，并誅其家屬。後桓謙走入蜀，蜀賊譙縱以謙爲荆州刺史，[2]使率兵而下，荆楚之衆多應之。[3]謙至枝江，[4]荆州刺史劉道規斬之，梁州刺史傅歆又斬桓石綏，桓氏遂滅。

[1]東陽：郡名，治所在長山縣（今浙江省金華市）。　永嘉：郡名，治所在永寧縣（今浙江省温州市）。

[2]譙縱：巴西南充（今四川省南充市）人，本書卷一〇〇有傳。

[3]荆楚：地區名，荆爲楚之舊稱，略當古荆州地區，在今湖北、湖南兩省一帶。

[4]枝江：縣名，治所在今湖北省枝江市東北。

卞範之

卞範之，字敬祖，濟陰宛句人也。[1]識悟聰敏，見美於當世。太元中，自丹楊丞爲始安太守。[2]桓玄少與之游，及玄爲江州，引爲長史，委以心膂之任，潛謀密計，莫不决之。後玄將爲簒亂，以範之爲丹楊尹。範之與殷仲文陰撰策命，進範之爲征虜將軍、散騎常侍。玄僭位，以範之爲侍中，班劍二十人，進號後將軍，封臨汝縣公。其禪詔，即範之文也。

[1]濟陰：郡名，西漢建元年間改濟陰國爲郡，治所在定陶縣（今山東省菏澤市定陶區）。　宛句：中華本校勘記："《卞壼傳》作'冤句'，《漢書·地理志上》《續漢志三》《宋書·州郡志一》《魏書·地形志二》《隋書·地理志》並作'冤句'。"冤句，縣名，治所在今山東省曹縣西北。

[2]丹楊丞：官名，一作丹楊尹丞，丹楊尹屬官。七品。楊，原本、殿本作"陽"，宋本作"楊"，據宋本改。本卷下文"以範之爲丹楊尹"同。　始安：郡名，孫吴孫皓置，治所在始安縣（今廣西壯族自治區桂林市）。

玄既奢侈無度，範之亦盛營館第。[1]自以佐命元勛，深懷矜伐，以富貴驕人，子弟傲慢，衆咸畏嫉之。義軍起，範之屯兵於覆舟山西，爲劉毅所敗，[2]隨玄西走，玄又以範之爲尚書僕射。玄爲劉毅等所敗，左右分散，唯範之在側。玄平，斬於江陵。

[1]館第：第，宋本作“弟”。

[2]劉毅：毅，宋本作“裕”。

殷仲文

殷仲文，南蠻校尉顗之弟也。[1]少有才藻，美容貌。從兄仲堪薦之於會稽王道子，即引爲驃騎參軍，[2]甚相賞待。[3]俄轉諮議參軍，[4]後爲元顯征虜長史。[5]會桓玄與朝廷有隙，玄之姊，仲文之妻，疑而間之，左遷新安太守。仲文於玄雖爲姻親，而素不交密，及聞玄平京師，便棄郡投焉。玄甚悦之，以爲諮議參軍。時王謐見禮而不親，卞範之被親而少禮，而寵遇隆重，兼於王、卞矣。玄將爲亂，使總領詔命，以爲侍中，領左衛將軍。[6]玄九錫，仲文之辭也。

[1]顗：殷顗，字伯通，本書卷八三有傳。顗，原本、宋本、殿本作“覬”，據其本傳及中華本改。

[2]驃騎參軍：官名，驃騎將軍府屬官。參軍，亦作參軍事，謂參謀軍事。兩晋公府、軍府皆置。

[3]甚相賞待：相，宋本作“見”。

[4]諮議參軍：宋本無“議”字。

[5]征虜長史：官名，征虜將軍府長史。掌顧問參謀，爲所在官署掾屬之長。七品。

[6]左衛將軍：官名，三國魏咸熙二年（265），司馬炎即晋王位，分中衛將軍爲左、右衛將軍。掌佽飛虎賁及前驅、由基、强弩三部司馬，屬下還有虎賁、羽林、上騎、異力、命中共五部督，負

責宫禁侍衛。西晋屬中軍將軍，後屬領軍將軍。爲禁衛軍主要統帥之一，權任很重。四品。

初，玄篡位入宫，其床忽陷，群下失色，仲文曰："將由聖德深厚，地不能載。"玄大悦。以佐命親貴，厚自封崇，輿馬器服，窮極綺麗，後房妓妾數十，絲竹不絶音。性貪吝，多納貨賄，家累千金，常若不足。玄爲劉裕所敗，隨玄西走，其珍寶玩好悉藏地中，皆變爲土。至巴陵，因奉二后投義軍，而爲鎮軍長史，轉尚書。

帝初反正，抗表自解曰："臣聞洪波振壑，川無恬鱗；驚飆拂野，林無静柯。何者？勢弱則受制於巨力，質微則無以自保。於理雖可得而言，於臣實非所敢譬。昔桓玄之代，誠復驅逼者衆。至如微臣，罪實深矣，進不能見危授命，亡身殉國；退不能辭粟首陽，[1]拂衣高謝。遂乃宴安昏寵，叨昧僞封，錫文篡事，曾無獨固。名義以之俱淪，情節自兹兼撓，宜置極法，以判忠邪。會鎮軍將軍劉裕匡復社稷，[2]大弘善貸，佇一戮於微命，申三驅於大信，既惠之以首領，又申之以縶維。于時皇輿否隔，天人未泰，用忘進退，[3]是以僶俛從事，自同令人。今宸極反正，唯新告始，憲章既明，品物思舊，臣亦胡顔之厚，可以顯居榮次！乞解所職，待罪私門。違離闕庭，乃心慕戀。"詔不許。

[1]辭粟首陽：指隱居。伯夷和叔齊，殷商人，商滅後隱居首陽山，不食周粟而死。

［2］鎮軍將軍：官名，三國時始置，西晋罷又復置。位在鎮軍大將軍下，與中軍將軍、撫軍將軍並爲三名號將軍，位比四鎮將軍。三品。

［3］用忘進退：因此忘記隱退。

仲文因月朔與衆至大司馬府，府中有老槐樹，顧之良久而嘆曰："此樹婆娑，無復生意！"仲文素有名望，自謂必當朝政，又謝混之徒疇昔所輕者，[1]並皆比肩，常怏怏不得志。忽遷爲東陽太守，意彌不平。劉毅愛才好士，深相禮接，臨當之郡，游宴彌日。行至富陽，[2]慨然嘆曰："看此山川形勢，當復出一伯符。"[3]何無忌甚慕之。東陽，無忌所統，仲文許當便道修謁，無忌故益欽遲之，令府中命文人殷闡、孔寧子之徒撰義構文，以俟其至。仲文失志恍惚，遂不過府。無忌疑其薄己，大怒，思中傷之。時屬慕容超南侵，[4]無忌言於劉裕曰："桓胤、殷仲文乃腹心之疾，北虜不足爲憂。"義熙三年，又以仲文與駱球等謀反，及其弟南蠻校尉叔文並伏誅。仲文時照鏡不見其面，數日而遇禍。仲文善屬文，爲世所重，謝靈運嘗云：[5]"若殷仲文讀書半袁豹，[6]則文才不減班固。"[7]言其文多而見書少也。[8]

［1］謝混：字叔源，本書卷七九有傳。

［2］富陽：縣名，治所在今浙江省杭州市富陽區。

［3］伯符：孫策，東漢末吴郡富春（今浙江省杭州市富陽區）人，字伯符，孫堅長子。先後被袁術表拜懷義校尉、折衝校尉。後與周瑜匯合，渡江先後擊敗下邳相笮融、揚州刺史劉繇。袁術稱帝後，遂與之絶交。後據有會稽、廬江、豫章、丹徒等地，被拜爲討

逆將軍。終被吴郡太守許貢手下射殺。死後追謚長沙桓王。符，原本作“苻”，宋本、殿本作“符”，據宋本、殿本改。

[4]慕容超：字祖明，本書卷一二八有載記。

[5]謝靈運：南朝宋陳郡陽夏（今河南省太康縣）人，小名客兒，謝玄孫。世稱謝康樂。山水詩人，與顔延之並稱“顔謝”。

[6]袁豹：字士蔚，本書卷八三有傳。

[7]班固：東漢扶風安陵（今陝西省咸陽市東北）人，字孟堅，班彪子。任蘭臺令史，奉命撰寫東漢以來的史事，寫成《漢書》。和帝時隨竇憲出擊匈奴。後因竇憲失勢，受牽連而被捕入獄，死於獄中。

[8]見書少也：宋本無“也”字。

史臣曰：桓玄纂凶，父之餘基。挾奸回之本性，含怒於失職；苞藏其豕心，抗表以稱冤。登高以發憤，觀釁而動，窺圖非望。始則假寵於仲堪，俄而戮殷以逞欲，遂得據全楚之地，驅勁勇之兵，因晋政之陵遲，乘會稽之酗醟，[1]縱其狙詐之計，扇其陵暴之心，敢率犬羊，稱兵内侮。天長喪亂，凶力實繁，逾年之間，奄傾晋祚，自謂法堯禪舜，改物君臨，鼎業方隆，卜年惟永。俄而義旗電發，忠勇雷奔，半辰而都邑廓清，逾月而凶渠即戮，更延墜曆，復振頽綱。是知神器不可以暗干，天禄不可以妄處者也。夫帝王者，功高宇内，道濟含靈，龍宫鳳曆表其祥，彤雲玄石呈其瑞，然後光臨大寶，克享鴻名，允徯后之心，副樂推之望。若桓玄之么麽，豈足數哉！適所以干紀亂常，傾宗絶嗣，肇金行之禍難，[2]成宋氏之驅除者乎！

[1]乘會稽之酗蒏（yòng）：以討伐司馬道子爲藉口。酗蒏，醉酒狂亂。會稽，指會稽王司馬道子。本書卷六四《司馬道子傳》載，孝武帝不親萬機，祇與司馬道子酣歌爲務。司馬道子爲長夜之宴，蓬首昏目，政事多闕。桓玄嘗候道子，正遇其醉，賓客滿坐，道子張目謂人曰："桓温晚塗欲作賊，云何?"桓玄伏地流汗不得起。長史謝重舉板答曰："故宣武公黜昏登聖，功超伊霍，紛紜之議，宜裁之聽覽。"道子頷曰："儂知儂知。"因舉酒屬玄，玄乃得起。由是玄益不自安，切齒於道子。

[2]肇金行之禍難：開啓了東晋朝的禍難之端。宋本無"難"字。

贊曰：靈寶隱賊，世載凶德。信順未孚，奸回是則。肆逆遷鼎，憑威縱慝。違天虐人，覆宗殄國。

晉書　卷一〇〇

列傳第七十

王彌　張昌　陳敏　王如　杜曾　杜弢　王機兄矩　祖約　蘇峻　孫恩　盧循　譙縱

王彌

王彌，東萊人也。[1]家世二千石。祖頎，魏玄菟太守，[2]武帝時，至汝南太守。[3]彌有才幹，博涉書記。少游俠京師，[4]隱者董仲道見而謂之曰："君豺聲豹視，好亂樂禍，若天下騷擾，不作士大夫矣。"

[1]東萊：郡國名，治所在掖縣（今山東省萊州市）。

[2]玄菟：郡名，西漢武帝時置，治所在沃沮縣（今朝鮮社會主義共和國咸鏡南道咸興市），昭帝時遷至高句麗縣（今遼寧省新賓滿族自治縣西南京興老城附近），東漢時高句麗縣移治今遼寧省沈陽市東上柏官屯古城（一説今遼寧省撫順市東）。

[3]汝南：郡名，西晉治所在新息縣（今河南省息縣西南），東晉移治懸瓠城（今河南省汝南縣）。

[4]京師：師，宋本作"都"。

惠帝末，妖賊劉伯根起於東萊之惤縣，[1]彌率家僮從之，伯根以爲長史。[2]伯根死，聚徒海渚，爲苟純所敗，亡入長廣山爲群賊。[3]彌多權略，凡有所掠，必豫圖成敗，舉無遺策，弓馬迅捷，膂力過人，青土號爲“飛豹”。後引兵入寇青徐，[4]兖州刺史苟晞逆擊，[5]大破之。彌退集亡散，衆復大振，晞與之連戰，不能克。彌進兵寇泰山、魯國、譙、梁、陳、汝南、潁川、襄城諸郡，[6]入許昌，[7]開府庫，取器杖，所在陷没，多殺守令，有衆數萬，朝廷不能制。

[1]劉伯根：伯，宋本作“柏”。下文此人名同。　惤縣：治所在今山東省龍口市東南。

[2]長史：官名，掌顧問參謀，爲所在官署掾屬之長。魏晋南北朝時王府、公府、軍府、邊郡均置。八至六品。

[3]長廣：縣名，治所在今山東省萊市西。縣有長清山。　群賊：賊，宋本作“盜”。

[4]青：青州，治所在臨淄縣（今山東省淄博市東北）。　徐：徐州，治所在彭城縣（今江蘇省徐州市）。

[5]兖州：三國魏治所在廩丘縣（今山東省鄄城縣西北），晋惠帝末，兖州闔境淪没於石勒。東晋元帝僑置兖州，治京口（今江蘇省鎮江市）。　苟晞：字道將，本書卷六一有傳。

[6]泰山：郡名，治所在奉高縣（今山東省泰安市東）。　魯國：治所在魯縣（今山東省曲阜市東）。　譙：郡國名，曹魏置，治所在譙縣（今安徽省亳州市）。　梁：封國名，治所在睢陽縣（今河南省商丘市）。　陳：郡國名，治所在陳縣（今河南省周口市淮陽區）。　潁川：郡名，治所在許昌縣（今河南省許昌市東）。潁，原本、宋本作“穎”，殿本作“潁”，據殿本改。本卷下文此

地名同。　襄城：郡名，西晋武帝置，治所在襄城縣（今河南省許昌市襄城縣）。

［7］許昌：縣名，治所在許昌城（今河南省許昌市東）。

會天下大亂，進逼洛陽，京邑大震，宫城門晝閉。司徒王衍等率百官距守，[1]彌屯七里澗，[2]王師進擊，大破之。彌謂其黨劉靈曰："晋兵尚强，歸無所厝。劉元海昔爲質子，[3]我與之周旋京師，[4]深有分契，今稱漢王，將歸之，可乎？"靈然之。乃渡河歸元海。元海聞而大悦，遣其侍中兼御史大夫郊迎，[5]致書於彌曰："以將軍有不世之功，超時之德，故有此迎耳。遲望將軍之至，孤今親行將軍之館，輒拂席洗爵，敬待將軍。"及彌見元海，勸稱尊號，元海謂彌曰："孤本謂將軍如竇周公耳，[6]今真吾孔明、仲華也。[7]烈祖有云：[8]'吾之有將軍，如魚之有水。'"於是署彌司隸校尉，[9]加侍中、特進，[10]彌固辭。使隨劉曜寇河内，[11]又與石勒攻臨漳。[12]

［1］司徒：官名，西漢哀帝元壽二年（前1）改丞相爲大司徒，東漢光武帝時改名爲司徒，東漢末又改爲丞相。三國魏恢復三公制，改丞相爲司徒，管理民政。兩晋沿制，爲八公之一，在太尉之下、司空之上。與丞相通職，一般不並置，爲名譽宰相。一品。　王衍：字夷甫，本書卷四三有傳。

［2］七里澗：水名，西承魏晋洛陽城東，經今河南省偃師市南，東注洛河。

［3］劉元海：劉淵，本書卷一〇一有載記。　質子：人質，多爲被質押國的王子或世子。

［4］京師：國都。《春秋公羊傳·桓公九年》："京師者何？天子之居也。"

［5］侍中：官名，東漢建安中與給事黄門侍郎出入禁中，省尚書事。曹魏時爲門下之侍中省長官，常侍衛皇帝左右，掌顧問應對、諫諍糾察、平議奏事、駁奏異議等，權力甚重。三品。　御史大夫：官名，協助丞相處理天下政務，以監察執法爲主要執掌。東漢稱司空。建安年間曹操罷三公，復置此官。三品。

［6］竇周公：竇融，東漢初扶風平陵（今陝西省咸陽市西北）人，字周公。世代仕宦河西。新莽末任波水將軍。後歸降更始，任張掖屬國都尉。更始敗，又聯合酒泉、金城、張掖、敦煌、武威五郡，割據河西。稱行河西五郡大將軍事。東漢建武五年（29）歸附光武帝，歷任涼州牧、冀州牧、大司空、行衛尉事等職，並兼領將作大匠。公，原本、殿本作"等"，宋本作"公"，據宋本改。

［7］孔明：諸葛亮，三國時琅邪陽都（今山東省沂南縣南）人，字孔明。東漢末隨叔父諸葛玄依附荆州劉表，隱居躬耕於隆中。後加入劉備集團，協助劉備占領荆州、益州，實現三分之勢。劉備死後輔佐劉禪，南征南中，北伐曹魏，最終病逝於北伐前綫。　仲華：鄧禹，東漢南陽新野（今河南省新野縣）人，字仲華。新莽末年隨劉秀起兵，任前將軍。劉秀稱帝後，拜爲大司徒。由於兵敗長安，免大司徒。後拜右將軍，因功以特進、奉朝請，復行司徒事。明帝即位後爲太傅，卒於官。

［8］烈祖：即劉備，謚號昭烈。

［9］司隸校尉：官名，三國魏時先治弘農，後治河南，轄司州所屬河南、河東、河内、弘農、平陽五郡。掌監察京師、糾察京都百官。西晋沿置。三品。

［10］特進：官名，三國兩晋時表示有特殊地位，或用作安置閑退大臣。二品。

［11］劉曜：字永明，劉淵族子，本書卷一〇三有載記。　河内：郡名，治所在野王縣（今河南省沁陽市）。

[12]石勒：字世龍，本書卷一〇四有載記。　臨漳：縣名，西晋建興初改鄴縣置，治所在今河北省臨漳縣西南鄴鎮。

永嘉初，寇上黨，[1]圍壺關，[2]東海王越遣淮南内史王曠、安豐太守衛乾等討之，[3]及彌戰于高都、長平間，大敗之，死者十六七。元海進彌征東大將軍，[4]封東萊公。與劉曜、石勒等攻魏郡、汲郡、頓丘，[5]陷五十餘壁，皆調爲軍士。又與勒攻鄴，[6]安北將軍和郁棄城而走。[7]懷帝遣北中郎將裴憲次白馬討彌，[8]車騎將軍王堪次東燕討勒，[9]平北將軍曹武次太陽討元海。[10]武部將軍彭默爲劉聰所敗，[11]見害，衆軍皆退。聰渡黄河，帝遣司隸校尉劉暾、將軍宋抽等距之，[12]皆不能抗。彌、聰以萬騎至京城，焚二學。東海王越距戰於西明門，[13]彌等敗走。彌復以二千騎寇襄城諸縣，[14]河東、平陽、弘農、上黨諸流人之在潁川、襄城、汝南、南陽、河南者數萬家，[15]爲舊居人所不禮，皆焚燒城邑，殺二千石長吏以應彌。彌又以二萬人會石勒，寇陳郡、潁川，屯陽翟，[16]遣弟璋與石勒共寇徐兗，因破越軍。

[1]上黨：郡名，治所在潞縣（今山西省黎城縣南）。

[2]壺關：縣名，治所在今山西省長治市北。

[3]東海王越：司馬越，字元超，本書卷五九有傳。　淮南：郡名，治所在壽春縣（今安徽省壽縣）。　内史：官名，西晋武帝太康十年（289）改諸王國相爲内史，掌管民政。五品。周家禄《晋書校勘記》認爲："晋制，以郡爲國，内史治民事，若郡太守。國除爲郡，復稱太守。然二名往往混淆，史家亦互稱之。"　安豐：郡名，曹魏文帝分廬江郡置，西晋治所在安風縣（今安徽省霍邱縣

西南)。

[4]征東大將軍：官名，三國魏文帝黄初三年（222）置，執掌與征東將軍同，但位在其上，多統兵出鎮方面，都督數州軍事，不常置。二品，開府位從公者一品。

[5]魏郡：治所在鄴縣（今河北省臨漳縣西南)。　汲郡：西晋始置，治所在汲縣（今河南省衛輝市西南)。宋本無此二字。　頓丘：郡名，治所在頓丘縣（今河南省浚縣北)。

[6]鄴：縣名，曹魏五都之一，治所在今河北省臨漳縣西南。

[7]安北將軍：官名，東漢建安年間置，與安東、安南、安西將軍合稱四安將軍，爲出鎮某一地區的軍事長官，或作爲刺史等兼理軍務的加官，權任頗重。三品，加持節都督者二品。　和郁：字仲輿，和嶠弟，本書卷四五有傳。

[8]北中郎將：官名，與東、西、南中郎將並稱四中郎將，統兵征戰，權職甚重。四品。　裴憲：字景思，本書卷三五有傳。　白馬：縣名，治所在今河南省滑縣東南城關鎮東。

[9]車騎將軍：官名，魏晋南北朝時位次於驃騎將軍，在諸名號將軍之上，多作爲軍府名號，以加授大臣及重要州郡長官。二品，開府位從公者一品。　王堪：西晋東平（今山東省東平縣西北）人，歷任司隸校尉、尚書令、車騎將軍等職，爲石勒所殺。　東燕：縣名，治所在今河南省延津縣東北。

[10]平北將軍：官名，與平東、平西、平南將軍合稱四平將軍。多持節都督或監某一地區的軍事，有時作爲刺史等地方官員監理軍務的加官。三品，加持節都督者二品。　曹武：西晋人，歷任揚州刺史、平北將軍、前將軍等職。　太陽：即大陽，縣名，治所在今山西省平陸縣西南。

[11]武部將軍：名號將軍，統兵。宋本無“將”字。　劉聰：字玄明，一名載，本書卷一〇二有載記。

[12]劉暾：字長升，本書卷四五有傳。　宋抽：西晋人，任平陽太守、征虜將軍等職，與石勒戰於懷縣，兵敗被殺。抽，原本作

"拙"，宋本、殿本作"抽"，據宋本、殿本改。

[13]西明門：魏晋洛陽城西面正西一門。漢稱雍門，魏晋改爲西明門。

[14]諸縣：宋本無"縣"字。

[15]河東：郡名，治所在安邑縣（今山西省夏縣西北禹王城）。　平陽：郡名，治所在平陽縣（今山西省臨汾市西南）。　弘農：郡名，治所在弘農縣（今河南省靈寶市）。　南陽：郡名，治所在宛縣（今河南省南陽市）。　河南：郡名，治所在洛陽縣（今河南省洛陽市東北）。

[16]陽翟：縣名，治所在今河南省禹州市。

彌後與曜寇襄城，遂逼京師。時京邑大饑，人相食，百姓流亡，公卿奔河陰。[1]曜、彌等遂陷宫城，至大極前殿，[2]縱兵大掠。幽帝於端門，逼辱羊皇后，[3]殺皇太子詮，[4]發掘陵墓，焚燒宫廟，城府蕩盡，百官及男女遇害者三萬餘人，遂遷帝于平陽。

[1]河陰：縣名，治所在今河南省洛陽市東北。

[2]大極前殿：即太極前殿。2014至2016年，中國社會科學院考古研究所漢魏洛陽城考古隊在太極殿宫院西南角進行發掘，一方面，確定了太極殿宫院西南角的位置、建築形式與特徵；另一方面，結合以往勘察發現的三號宫門、太極殿主殿及東西堂遺址，將太極殿所處宫院的空間架構和基本平面佈局初步呈現出來，顯示了太極殿居中、居高、居前的重要地位，彰顯了太極殿"建中立極"的建築理念。被評爲2016年度河南省五大考古新發現之一。（參見《華夏考古》2017年第2期）大，宋本、殿本作"太"。

[3]羊皇后：惠帝皇后羊獻容，本書卷三一有傳。

[4]殺皇太子詮：中華本校勘記："《清河康王傳》'詮'作

‘銓’。”

彌之掠也，曜禁之，彌不從。曜斬其牙門王延以徇，[1]彌怒，與曜阻兵相攻，死者千餘人。彌長史張嵩諫曰：“明公與國家共興大事，事業甫耳，[2]便相攻討，何面見主上乎！[3]平洛之功誠在將軍，然劉曜皇族，宜小下之。晋二王平吴之鑒，其則不遠，願明將軍以爲慮。縱將軍阻兵不還，其若子弟宗族何！”彌曰：[4]“善，微子，吾不聞此過也。”於是詣曜謝，結分如初。彌曰：“下官聞過，乃是張長史之功。”曜謂嵩曰：“君爲朱建矣，[5]豈况范生乎！”[6]各賜嵩金百斤。彌謂曜曰：“洛陽天下之中，山河四險之固，城池宫室無假營造，可徙平陽都之。”曜不從，焚燒而去。彌怒曰：“屠各子，[7]豈有帝王之意乎！汝奈天下何！”遂引衆東屯項關。[8]

［1］牙門：官名，牙門將省稱，三國魏晋南北朝皆置，統兵武職，位在裨將軍下、郡守上。五品。　徇：示衆。

［2］事業甫耳：事業剛剛開始。宋本無“事”字；耳，殿本作“爾”。

［3］何面見主上：宋本無“何”字。

［4］彌曰：宋本無“彌”字。

［5］朱建：西漢楚人，曾爲淮南王英布相。英布欲反，問計於朱建。朱建加以諫阻，英布被殺後，朱建被賜號平原君。

［6］范生：即范增，秦末居巢（今安徽省桐城市南）人。秦末隨項梁起兵，足智多謀，被項羽尊爲“亞父”。劉邦、項羽相繼入關後，范增力主除掉劉邦，被項羽拒絶，後建議封劉邦爲漢王，以弱其勢。楚漢相争，滎陽相持時，勸項羽勿許劉邦請和，急攻滎陽

以滅之。後項羽中劉邦反間計，把范增削職奪權。范增忿而請歸，疽發背而卒。

[7]屠各：又稱休屠各、休著屠各等。匈奴部落名。東漢至西晉雜居西北沿邊諸郡。《後漢書》卷七三《公孫瓚傳》："續爲屠各所殺。"李賢注："屠各，胡號。"唐長孺先生對此有考論。(參見唐長孺《魏晉南北朝史論叢·魏晉雜胡考》，河北教育出版社 2000 年版）各，原本、殿本作"販"，宋本作"各"，據宋本改。

[8]項關：地名，在今河南省項城市西南頓鎮。宋本無"關"字。

初，曜以彌先入洛，不待己，怨之，至是嫌隙遂構。劉暾説彌還據青州，彌然之，乃以左長史曹嶷爲鎮東將軍，[1]給兵五千，多賫寶物還鄉里，招誘亡命，[2]且迎其室。彌將徐邈、高梁輒率部曲數千人隨嶷去，彌益衰弱。

[1]左長史：官名，掌顧問參謀，爲所在官署掾屬之長。魏晉南北朝時王府、公府、軍府、邊郡均置長史，有時分左、右。此爲王彌左長史，六品。　曹嶷：西晉人，王彌左長史、鎮東將軍，領青州刺史，與石勒通和，被授以東州大將軍、青州牧，封琅邪公，後爲石勒所殺。　鎮東將軍：官名，東漢建安年間置，與鎮西、鎮南、鎮北將軍合稱四鎮將軍，多爲持節都督，出鎮方面。曹魏二品。晉三品，加持節都督者二品。

[2]招誘亡命：宋本無"招"字。

初，石勒惡彌驍勇，常密爲之備。彌之破洛陽也，多遺勒美女寶貨以結之。[1]時勒擒苟晞，以爲左司馬，彌謂勒曰："公獲苟晞而用之，何其神妙！使晞爲公左，彌爲公右，天下不足定也！"[2]勒愈忌彌，陰圖之。劉暾又勸彌徵曹嶷，籍其衆以誅勒。[3]於是彌使暾詣青州，令曹嶷引兵會己，而詐要勒共向青州。暾至東阿，爲勒游騎所獲。[4]勒見彌與嶷書，大怒，乃殺暾。彌未之知，勒伏兵襲彌，殺之，并其衆。

[1]遺勒：宋本無"勒"字。

[2]天下：宋本作"左年"。

[3]籍其衆：籍，宋本、殿本作"藉"。

[4]爲勒游騎所獲：宋本無"勒"字。

張昌

張昌，本義陽蠻也。[1]少爲平氏縣吏，[2]武力過人，每自占卜，言應當富貴。好論攻戰，儕類咸共笑之。[3]及李流寇蜀，[4]昌潛遁半年，聚黨數千人，盜得幢麾，詐言臺遣其募人討流。會《壬午詔書》發武勇以赴益土，號曰"壬午兵"。自天下多難，數術者云當有帝王興於江左，[5]及此調發，人咸不樂西征，昌黨因之誑惑，百姓各不肯去。而詔書催遣嚴速，所經之界停留五日者，[6]二千石免。由是郡縣官長皆躬出驅逐，展轉不遠，屯聚而爲劫掠。是歲江夏大稔，[7]流人就食者數千口。

[1]義陽：郡國名，西晉爲義陽國，治所在新野縣（今河南省新野縣），東晉末改爲義陽郡，移治平陽縣（今河南省信陽市）。蠻：古代對長江中游及其以南地區少數民族的泛稱。

[2]平氏縣：治所在今河南省桐柏縣西北平氏鎮。

[3]儕類：同類人。

[4]李流：字玄通，本書卷一二〇有載記。

[5]江左：江東。因自北方視之，江東在左，江西在右，故稱。

[6]五日：宋本作“三日”。

[7]江夏：郡名，三國魏治所在上昶城（今湖北省雲夢縣），西晋移治安陸縣（今湖北省安陸市西南）。　大稔：大豐收。

太安二年，昌於安陸縣石巖山屯聚，[1]去郡八十里，[2]諸流人及避戍役者多往從之。昌乃易姓名爲李辰。太守弓欽遣軍就討，輒爲所破。昌徒衆日多，遂來攻郡。欽出戰，大敗，乃將家南奔沔口。[3]鎮南大將軍、新野王歆遣騎督靳滿討昌於隨郡西，[4]大戰，滿敗走，昌得其器杖，據有江夏，即其府庫。造妖言云：“當有聖人出。”

[1]安陸縣：治所在今湖北省雲夢縣。　石巖山：位於今湖北省安陸市西南涢水西岸。

[2]去郡八十里：宋本無“去”字。

[3]沔口：原漢水入長江之口，又稱漢口、夏口、魯口。位於今湖北省武漢市。

[4]鎮南大將軍：官名，三國魏置，執掌與鎮南將軍同，唯資歷深者得任此職，不常置。二品，開府位從公者一品。　新野王歆：司馬歆，字弘舒，本書卷三八有傳。　隨郡：西晋太康九年（288），析義陽郡之隨、平林二縣置，治所在隨縣（今湖北省隨縣）。

山都縣吏丘沉遇於江夏，[1]昌名之爲聖人，盛車服出迎之，立爲天子，置百官。沉易姓名爲劉尼，稱漢後，以昌爲相國，昌兄味爲車騎將軍，弟放廣武將軍，[2]各領兵。於石巖中作宫殿，又於巖上織竹爲鳥形，衣以五彩，聚肉於其傍，衆鳥群集，詐云鳳皇降，[3]又言珠袍、玉璽、鐵券、金鼓自然而至。乃下赦書，建元神鳳，郊祀、服色依漢故事。其有不應其募者，族誅。又流訛言云："江淮已南當圖反逆，[4]官軍大起，悉誅討之。"[5]群小互相扇動，人情惶懼，江沔間一時猋起，[6]豎牙旗，鳴鼓角，以應昌，旬月之間，衆至三萬，[7]皆以絳科頭，撍之以毛。[8]江夏、義陽士庶莫不從之，惟江夏舊姓江安令王傴、秀才吕蕤不從。[9]昌以三公位徵之，傴、蕤密將宗室北奔汝南，[10]投豫州刺史劉喬。[11]鄉人期思令李權、常安令吴鳳、孝廉吴暢糾合善士，[12]得五百餘家，[13]追隨傴等，[14]不豫妖逆。

[1]山都縣：治所在今湖北省襄陽市西北。

[2]廣武將軍：官名，曹魏、西晋皆置。名號將軍中地位較高。四品。

[3]鳳皇：皇，宋本作"凰"。

[4]當圖反逆：當，宋本作"皆"。

[5]誅討之：宋本無"討"字。

[6]一時猋起：猋，迅速。原本、宋本、殿本作"猋"，據中華本改。

[7]衆至三萬：至，殿本作"十"。

[8]撍之以毛：毛，宋本作"屯"。

[9]江安：縣名，治所在今湖北省公安縣西北。　秀才：察舉

科目，州舉秀才，郡舉孝廉。

[10]密將宗室北奔汝南：中華本校勘記："《通志》一三〇'宗'作'家'。"

[11]豫州：曹魏時治所在安城縣（今河南省正陽縣東北），西晋移治陳縣（今河南省周口市淮陽區）。　劉喬：字仲彦，本書卷六一有傳。

[12]期思：縣名，治所在今河南省淮濱縣東南期思集。　常安：縣名，治所在今山西省蒲城縣西南。　孝廉：漢代選拔人才的科目。

[13]五百餘家：百，宋本作"伯"。

[14]追隨：宋本無"追"字。

新野王歆上言："妖賊張昌、劉尼妄稱神聖，犬羊萬計，[1]絳頭毛面，挑刀走戟，其鋒不可當。請臺敕諸軍，[2]三道救助。"於是劉喬率諸軍據汝南以禦賊，前將軍趙驤領精卒八千據宛，[3]助平南將軍羊伊距守。[4]昌遣其將軍黄林爲大都督，[5]率二萬人向豫州，前驅李宫欲掠取汝水居人，喬遣將軍李楊逆擊，[6]大破之。林等東攻弋陽，[7]太守梁桓嬰城固守。又遣其將馬武破武昌，[8]害太守，昌自領其衆。西攻宛，破趙驤，害羊伊。進攻襄陽，[9]害新野王歆。昌别率石冰東破江、揚二州，[10]僞置守長。當時五州之境皆畏逼從逆。又遣其將陳貞、陳蘭、張甫等攻長沙、湘東、零陵諸郡。[11]昌雖跨帶五州，樹立牧守，皆盜桀小人而無禁制，[12]但以劫掠爲務，人情漸離。[13]

[1]犬羊萬計：宋本"萬"下有小字夾文"一作妄竊帝號犬羊

百萬”十字。

［2］請臺敕諸軍：宋本無“請”字。

［3］前將軍：官名，漢代爲重號將軍，與左、右、後將軍並爲上卿。魏晋時常設，權位較兩漢時漸低，僅爲武官名號，略高於一般雜號將軍，不典禁兵，不與朝政。三品。　趙驤：齊王冏右司馬，司馬穎前鋒都督，因破趙王倫軍有功，被司馬穎上表封侯。　宛：縣名，治所在今河南省南陽市。

［4］平南將軍：官名，與平東、平西、平北將軍合稱四平將軍。多持節都督或監某一地區的軍事，有時作爲刺史等地方官員監理軍務的加官。三品，加持節都督者二品。　羊伊：羊祜兄子，羊祜死後無子，武帝令羊伊爲羊祜後，因不奉詔。被收免之。

［5］大都督：官名，高級軍事長官。三國初作爲加官於戰時臨時設置，後逐漸成爲常設加官官職，地位極高。

［6］喬遣將軍：宋本無“軍”字。

［7］弋陽：郡名，治所在弋陽縣（今河南省潢川縣西）。

［8］武昌：郡名，治所在武昌縣（今湖北省鄂州市鄂城區）。

［9］襄陽：郡名，東漢建安十三年（208）置，治所在襄陽縣（今湖北省襄陽市），西晋移治宜城縣（今湖北省宜城市南）。

［10］石冰：西晋人，太安二年（303）隨張昌起兵，攻破江州。後被晋將周玘打敗，又被陳敏擊破，乃北投封雲，爲封雲部將張統所殺。　江：江州，治所在南昌縣（今江西省南昌市）。　揚：揚州，三國魏、吴各置揚州，魏治所在壽春縣（今安徽省壽縣），吴治所在建業縣（今江蘇省南京市）。西晋統一後復合，治所在建鄴縣（今江蘇省南京市）。

［11］又遣：宋本作“道之”。　長沙：郡名，治所在臨湘縣（今湖南省長沙市）。宋本無“長”字。　湘東：郡名，三國孫吴置，治所在酃縣（今湖南省衡陽市東）。　零陵：郡名，西漢置，治所在零陵縣（今廣西壯族自治區全州縣西南），東漢至晋治所在泉陵縣（今湖南省永州市）。

[12]盗桀：宋本乙作“桀盗”。

[13]人情漸離：宋本重“漸”字。

是歲，詔以寧朔將軍、領南蠻校尉劉弘鎮宛，[1]弘遣司馬陶侃，[2]參軍蒯桓、皮初等率衆討昌於竟陵，[3]劉喬又遣將軍李楊、督護尹奉總兵向江夏。[4]侃等與昌苦戰累日，大破之，納降萬計，昌乃沉竄于下雋山。[5]明年秋，乃擒之，傳首京師，同黨並夷三族。

[1]寧朔將軍：官名，西晉時多駐幽州，爲幽州地區軍政長官，兼管烏丸事務。此時駐洛陽。四品。　領：以地位較高的官員兼理較低的職務。　南蠻校尉：官名，亦稱護南蠻校尉，府鎮襄陽，東晉改鎮江陵。掌荆州及江州少數民族事務，統兵。四品。　劉弘鎮宛：宋本無“弘鎮宛”三字。劉弘，字和季，本書卷六六有傳。

[2]司馬：官名，此爲寧朔將軍府司馬，或爲護南蠻校尉府司馬。軍府高級幕僚，掌參讚軍務、管理府内武職，位僅次於長史。七品。今注按：本書卷六六《陶侃傳》載陶侃此時被劉弘辟爲“南蠻長史”，“遣先向襄陽討賊張昌，破之”。非爲司馬。　陶侃：字士行，本書卷六六有傳。

[3]參軍：官名，亦作參軍事，謂參謀軍事。兩晋公府、軍府皆置。　竟陵：郡名，治所在石城縣（今湖北省鍾祥市）。

[4]李楊：宋本作“李陽”。　督護：官名，州郡及出鎮方面將軍府皆設，掌兵事。兩晋時常統軍征伐，祇督一軍。

[5]昌乃沉竄于下雋山：雋，殿本作“儁”。中華本校勘記：“周校：‘昌乃沈’當作‘昌及沈’。《斠注》：沈即上文之丘沈也。”今注按：中華本作“丘沈”，百衲本原本、宋本、殿本皆作“丘沉”。

陳敏

陳敏，字令通，廬江人也。[1]少有幹能，以郡廉吏補尚書倉部令史。[2]及趙王倫篡逆，[3]三王起義兵，[4]久屯不散，京師倉廩空虛，敏建議曰："南方米穀皆積數十年，時將欲腐敗，而不漕運以濟中州，非所以救患周急也。"[5]朝廷從之，以敏爲合肥度支，[6]遷廣陵度支。[7]

[1]廬江：郡名，三國魏、吴於境内各置廬江郡，魏治所在六安縣（今安徽省六安市），吴治所在皖縣（今安徽省潛山市）。西晉合爲一，治所在舒縣（今安徽省廬江縣西南）。

[2]以郡：郡，原本、殿本作"部"，宋本作"郡"，據宋本改。　尚書倉部令史：官名，尚書省倉部曹屬官。協助倉部郎中掌管糧食倉儲出納之賬目。八品。

[3]趙王倫：司馬倫，字子彝，本書卷五九有傳。

[4]三王：西晉八王之亂中，互相攻伐的齊王司馬冏、成都王司馬穎、河間王司馬顒。

[5]非所以救患周急也：宋本無"非""也"二字。

[6]合肥度支：規劃掌管合肥縣財賦會計漕運的官員。

[7]廣陵：郡名，治所在廣陵縣（今江蘇省揚州市西北蜀岡上）。

張昌之亂，遣其將石冰等趣壽春，[1]都督劉準憂惶計無所出。時敏統大軍在壽春，謂準曰："此等本不樂遠戍，故逼迫成賊。烏合之衆，其勢易離。敏請合率運兵，公分配衆力，破之必矣。"準乃益敏兵擊之，破吴弘、石冰等，敏遂乘勝逐北，戰數十合。時冰衆十倍，敏以少擊衆，每戰皆克，遂至揚州。回討徐州賊封雲，[2]雲將張統斬雲降。敏以功爲廣陵相。[3]時惠帝幸長安，四方交争，敏遂有割據江東之志。[4]其父聞之，怒曰："滅我門者，必此兒也!"父亡，去職。

[1]壽春：縣名，治所在今安徽省壽縣東南。

[2]封雲：西晋臨淮（今江蘇省盱眙縣東北）人，太安二年（303）起兵響應張昌，後爲部將張統所殺。

[3]相：官名，郡國相，也稱内史。五品。

[4]江東：亦稱江左，因自北方視之，江東在左，江西在右，故稱。

東海王越當西迎大駕，承制起敏爲右將軍、假節、前鋒都督，[1]致書於敏曰：

將軍建謀富國，則有大漕之勛。及遭冰、昌之亂，則首率義徒，以寡敵衆。外無强兵之援，[2]内無運籌之侣，隻身挺立，雄略從横，擢奇謀於馬首，奮靈計於臨危，金聲振於江外，精光赫于揚楚。攻堅陷險，三十餘戰，師徒無虧，勍敵自滅。五州復全，苞茅入貢，[3]豈非將軍之功力哉!

[1]承制：秉承皇帝旨意便宜行事。　右將軍：官名，漢代重號將軍之一，與前、左、後將軍並爲上卿。魏晋時常設，權位漸低，僅爲武官名號，略高於一般雜號將軍。三品。　假節：假以節杖。指大臣臨時持節出巡，爲權臣掌軍、秉政的地位象徵和政治待遇。　前鋒都督：前鋒部隊的統帥。

[2]外無强兵之援：援，宋本作"受"。

[3]苞茅入貢：向中央進貢用以縮酒的包茅。喻中央朝廷具有號令全國的權威。

今羯賊屯結，[1]游魂河濟，鼠伏雉竄，藏匿陳留，[2]始欲奸盜，[3]終圖不軌。將軍孫吴之術既明，[4]已試之功先著，孤與將軍情分特隆，[5]想割草土之哀，[6]抑難居之思，捨經執戈，來恤國難。天子遠巡，鑾輿未反，引領東眷，有懷山陵。當憑將軍戮力，王輅有旋。將軍率將所領，承書風發，米布軍資，惟將軍所運。

[1]羯：魏晋時少數民族，活動於今山西、河北兩省間的内遷胡人，與西域胡人關係密切，爲舊屬匈奴的雜胡。唐長孺先生對此有考證。（參見唐長孺《魏晋南北朝史論叢》，河北教育出版社2000年版，第398頁）

[2]陳留：郡國名，治所在小黄縣（今河南省開封市東）。

[3]始欲奸盜：宋本作“始雖奸”。

[4]孫吴：軍事家孫子和吴起。　之術：宋本無“之”字。

[5]孤與將軍：宋本無“軍”字。

[6]草土之哀：居親人之喪的哀痛。古代居喪寢苫枕塊，故曰“草土”。

時越討豫州刺史劉喬，敏引兵會之，與越俱敗於蕭。[1]

[1]蕭：縣名，治所在今安徽省蕭縣西北。

敏因中國大亂，[1]遂請東歸，收兵據歷陽。[2]會吴王常侍甘卓自洛至，[3]教卓假稱皇太弟命，[4]拜敏爲揚州刺史，并假江東首望顧榮等四十餘人爲將軍、郡守，[5]榮等僞從之。[6]敏爲息娶卓女，遂相爲表裏。揚州刺史劉機、丹楊太守王廣等皆棄官奔走。[7]敏弟昶知顧榮等有貳心，勸敏殺之，敏不從。昶將精兵數萬據烏江，[8]弟恢率錢端等南寇江州，刺史應邈奔走，弟斌東略諸郡，遂據有吴越之地。敏命寮佐以己爲都督江東軍事、大司馬、楚公，[9]封十郡，加九錫，[10]列上尚書，稱自江入河，奉迎鑾駕。

[1]敏因中國大亂：宋本無“中”字。

[2]歷陽：縣名，治所在今安徽省和縣。

[3]吴王：吴王司馬晏，字平度，本書卷六四有傳。　常侍：官名，散騎常侍、散騎中常侍、通直散騎常侍、員外散騎常侍等官的簡稱。三品。　甘卓：字季思，本書卷七〇有傳。

[4]皇太弟：指成都王司馬穎。八王之亂中曾被立爲皇太弟。

[5]首望：第一望族。　顧榮：字彦先，本書卷六八有傳。

[6]榮等僞從之：等，宋本、殿本作“並”。

[7]揚州：揚，宋本作“楊”。　丹楊：郡名，治所在建鄴縣（今江蘇省南京市）。楊，原本、殿本作“陽”，宋本作“楊”，據宋本改。　王廣：中華本校勘記：“周校：《惠紀》、《顧榮傳》作‘王曠’。按：《通鑑》八六亦作‘王曠’。”今注按：上文《王彌傳》亦作“王曠”，則此處“王廣”應誤。

[8]烏江：縣名，治所在今安徽省和縣東北烏江鎮。

[9]都督江東軍事：即都督江東諸軍事，江東地區最高軍事行政長官。　大司馬：官名，八公之一，位在上公之下、大將軍及三

公之上，高級將帥，多爲大臣加官。一品。

[10]九錫：《漢書》卷六《武帝紀》顏師古注引應劭曰："一曰車馬，二曰衣服，三曰樂器，四曰朱户，五曰納陛，六曰虎賁百人，七曰鈇鉞，八曰弓矢，九曰秬鬯。此皆天子制度，尊之，故事事錫與，但數少耳。"

東海王軍諮祭酒華譚聞敏自相署置，[1]而顧榮等並江東首望，悉受敏官爵，乃遺榮等書曰：

石冰之亂，朝廷録敏微功，故加越次之禮，授以上將之任，庶有韓盧一噬之效。[2]而本性凶狡，素無識達，貪榮干運，逆天而動，阻兵作威，盜據吴會，内用凶弟，外委軍吏，[3]上負朝廷寵授之榮，下孤宰輔過禮之惠。[4]天道伐惡，人神所不祐。雖阻長江，命危朝露。忠節令圖，君子高行，屈節附逆，義士所耻。王蠋匹夫，[5]志不可屈；於期慕義，[6]隕首燕庭。況吴會仁人並受國寵，或剖符名郡，或列爲近臣，而便辱身奸人之朝，降節逆叛之黨，稽顙屈膝，不亦羞乎！昔龔勝絶粒，[7]不食莽朝；魯連赴海，[8]耻爲秦臣。君子義行，同符千載，遥度雅量，豈獨是安！

[1]東海王：司馬越，字元超，本書卷五九有傳。　軍諮祭酒：官名，即軍師祭酒，晋朝避司馬師名諱而改。亦稱軍咨祭酒、軍謀祭酒、軍祭酒，諸軍府屬官，參謀軍事，位在軍府諸僚佐之上。華譚：字令思，本書卷五二有傳。

[2]韓盧：古代名犬名。《戰國策·秦策三》："以秦卒之勇，車騎之多，以當諸侯，譬若放韓盧而逐蹇兔也。"鮑彪注："韓盧，俊

犬名。《博物志》：‘韓有黑犬，名盧。’”

［3］外委軍吏：吏，宋本作“史”。

［4］下孤宰輔過禮之惠：辜負宰輔對我恩寵過禮之惠。孤，同“辜”。

［5］王蠋：戰國時齊國晝邑（今山東省淄博市臨淄區西北）人，布衣有賢聲。齊湣王十七年（前284）燕軍攻入齊國，聞其賢，令軍卒無入晝邑。不久燕軍又迫其爲將軍，封以萬家，並以將屠晝邑相威脅。王蠋以“國既破亡，吾不能存，今又劫之以兵爲君將，是助桀爲暴也”，遂自殺。事見《史記》卷八二《田單列傳》。

［6］於期：樊於期，戰國末人，秦將，人稱樊將軍。因得罪秦王嬴政，逃亡奔燕，歸身燕太子丹門下。秦以金千金、邑萬家懸賞購其首。後秦滅趙，燕國危急，太子丹派荆軻刺殺秦王。爲使荆軻入秦得以面見秦王，樊於期拔刀自刎，讓荆軻携其首級入秦。

［7］龔勝：西漢楚國彭城（今江蘇省徐州市）人，字君賓。少好學明經，爲郡吏。哀帝時歷任諫大夫、丞相司直、光禄大夫、給事中等職。由於上言忤旨，出爲渤海太守。王莽時拒絶徵召，絶食而死。

［8］魯連：魯仲連，戰國時齊人，稷下學士。好謀劃，善辭令，不肯仕宦。周赧王五十六年（前259），秦軍圍攻趙國首都邯鄲。魏使辛垣衍力促趙尊秦昭王爲帝，以换取秦退兵。魯仲連力駁辛垣衍之論，表示如果做秦國的臣民，寧願赴東海而死。適逢魏公子無忌奪晋鄙軍以救趙擊秦，秦軍引而去。於是平原君欲封魯仲連。魯仲連辭讓者三，終不肯受。平原乃置酒，酒酣，起，前，以千金爲魯連壽。魯連笑曰：“所貴於天下之士者，爲人排患、釋難、解紛亂而無所取也。即有所取者，是商賈之人也，仲連不忍爲也。”語見《戰國策·趙策三》。　赴海：赴，殿本作“越”。

昔吴之武烈，[1]稱美一代，[2]雖奮奇宛葉，亦受折襄陽。討逆雄氣，[3]志存中夏，臨江發怒，命訖丹徒。[4]賴先王承運，[5]雄謀天挺，尚内倚慈母仁明之教，外杖子布廷争之忠，[6]又有諸葛、顧、步、張、朱、陸、全之族，[7]故能鞭笞百越，稱制南州。然兵家之興，不出三世，運未盈百，歸命入臣。今以陳敏倉部令史，七第頑冗，六品下才，欲躡桓王之高蹤，蹈大皇之絶軌，遠度諸賢，猶當未許也。諸君垂頭，不能建翟義之謀；[8]而顧生俯眉，[9]已受羈絆之辱。皇輿東軒，行即紫館，百寮垂纓，雲翔鳳闕，廟勝之謨，潛運帷幄。[10]然後發荆州武旅，[11]順流東下；徐州鋭鋒，南據堂邑；[12]征東勁卒，耀威歷陽；飛橋越横江之津，泛舟涉瓜步之渚；[13]威震丹楊，[14]擒寇建鄴，[15]而諸賢何顔見中州之士邪！

[1]吴之武烈：孫堅，東漢末吴郡富春（今浙江省杭州市富陽區）人，字文臺。東漢末任長沙太守，起兵討董卓，入洛陽，得傳國璽。後還軍魯陽。初平二年（191）率軍攻打荆州劉表，被黄祖部下射殺。謚號武烈。

[2]稱美一代：宋本無“一”字。

[3]討逆：討逆將軍，指孫策，東漢末吴郡富春（今浙江省杭州市富陽區）人，字伯符，孫堅長子。先後被袁術表拜懷義校尉、折衝校尉。後與周瑜匯合，渡江先後擊敗下邳相笮融、揚州刺史劉繇。袁術稱帝後，遂與之絶交。後據有會稽、廬江、豫章、丹徒等地，被拜爲討逆將軍。終被吴郡太守許貢手下射殺。

[4]丹徒：縣名，治所在今江蘇省鎮江市東南丹徒鎮。

[5]先王：指孫權。

[6]子布：張昭，三國時彭城（今江蘇省徐州市）人，字子布。東漢末年避亂渡江，被孫策任爲長史、撫軍中郎將。孫策卒，受遺命輔佐孫權。赤壁之戰前主張降曹而使孫權失望。孫權稱帝後，更拜輔吴將軍。孫權派人北上拜公孫淵爲燕王，張昭認爲不可。孫權不聽，張昭忿其言不被采用，稱疾不朝。孫權恨之，以土塞其門，張昭又於門内以土封之。

[7]諸葛：諸葛謹，三國時琅邪陽都（今山東省沂南縣南）人，字子瑜，諸葛亮兄。東漢末避亂江東，任孫權長史，深得孫權信任。歷任綏南將軍、南郡太守、左將軍、大將軍、左都護等職。顧：顧雍，三國時吴郡吴縣（今江蘇省蘇州市）人，字元嘆。少從蔡邕學琴書，歷任孫吴大理、奉常、領尚書令、丞相等職。步：步騭，三國時臨淮淮陰（今江蘇省淮安市淮陰區西南）人，字子山。歷任孫吴交州刺史、征南中郎將、平戎將軍、丞相等職。張：張紘，東漢末廣陵（今江蘇省揚州市廣陵區）人，字子綱。避難江東，任孫策正議校尉。孫權初統事，任長史，從征合肥。勸孫權以秣陵爲都。　朱：朱治，三國時丹楊故鄣（今浙江省安吉縣）人，字君理。從孫堅出征，歷任司馬、行都尉、督軍校尉等職。孫堅死後輔助孫策，孫策死後與張昭等共尊奉孫權。歷任吴郡太守、扶義將軍、安國將軍等職。　陸：陸績，三國時吴郡吴縣（今江蘇省蘇州市）人，字公紀。博學多識，任孫權奏曹掾，以直諫見嫌。後出爲鬱林太守，加偏將軍。在天文、《易》學、玄學方面均有著述。　全：全琮，三國時吴郡錢塘（今浙江省杭州市）人，字子璜。歷任孫吴奮威校尉、東安郡太守、衛將軍、徐州牧等職。

[8]翟義：西漢汝南上蔡（今河南省上蔡縣西南）人，字文仲，翟方進之子，少以父任爲郎。成帝、哀帝時歷任南陽都尉、弘農太守、青州牧、東郡太守等職。東漢居攝二年（7）與東郡都尉劉宇、嚴鄉侯劉信等起兵聲討王莽。後被王莽軍所敗，被磔尸棄市。

[9]顧生俯眉：指顧榮順從陳敏。

[10]帷幄：帷，宋本作“幃”。

[11]荆州：三國時曹魏治所在新野縣（今河南省新野縣），孫吴治所在江陵縣（今湖北省江陵縣），西晋統一後治所在江陵縣（今湖北省江陵縣）。

[12]堂邑：郡名，東晋僑置郡，治所在堂邑縣（今江蘇省南京市六合區東），安帝時改爲秦郡。

[13]瓜步：瓜步江，即今江蘇省揚州市瓜洲鎮附近長江江段。

[14]丹楊：楊，宋本、殿本作“陽”。

[15]建鄴：東晋都城，即今江蘇省南京市。

小寇隔津，音符道闊，引領南望，情存舊懷。忠義之人，何世蔑有！夫危而不能安，亡而不能存，將何貴乎！永長宿德，[1]情所素重；彦先垂髮，[2]分著金石；公胄早交，[3]恩紀特隆；令伯義聲，[4]親好密結。上欲與諸賢效翼紫宸，[5]建功帝籍。如其不爾，亦可泛舟河渭，擊楫清歌。何爲辱身小寇之手，以蹈逆亂之禍乎！昔爲同志，今已殊域；往爲一體，今成異身。瞻江長嘆，非子誰思！願圖良策，以存嘉謀也。

[1]永長宿德：孫吴人朱誕。《世説新語·賞譽》劉孝標注：“朱誕，字永長，吴郡人。體履清和，黄中通理。吴朝舉賢良，累遷議郎。今歸在家。誠理物之至德，清選之高望也。”

[2]彦先：顧榮，字彦先。

[3]公胄：袁甫，字公胄，本書卷五二有傳。

[4]令伯：李密，字令伯，本書卷八八有傳。

[5]效翼紫宸：爲翼戴朝廷效力。宸，宋本作“庭”。

敏凡才無遠略，一旦據有江東，刑政無章，不爲英俊所服，且子弟凶暴，所在爲患。周玘、顧榮之徒常懼禍敗，[1]又得譚書，皆有慚色。玘、榮遣使密報征東大將軍劉準遣兵臨江，[2]己爲内應。準遣揚州刺史劉機、寧遠將軍衡彦等出歷陽，[3]敏使弟昶及將軍錢廣次烏江以距之，又遣弟閎爲歷陽太守，[4]戍牛渚。[5]錢廣家在長城，玘鄉人也，玘潛使圖昶。廣遣其屬何康、錢象投募送白事於昶，昶傾頭視書，康揮刀斬之，稱州下已殺敏，敢有動者誅三族，[6]吹角爲内應。廣先勒兵在朱雀橋，[7]陳兵水南，玘、榮又説甘卓，卓遂背敏。敏率萬餘人將與卓戰，未獲濟，榮以白羽扇麾之，敏衆潰散。敏單騎東奔至江乘，[8]爲義兵所斬，母及妻子皆伏誅，於是會稽諸郡並殺敏諸弟無遺焉。[9]

[1]周玘：字宣佩，本書卷五八有傳。

[2]劉準：《世説新語·方正》劉孝標注引《晋諸公贊》："準，字君平，沛國杼秋人。少以清正稱。累遷河内太守、侍中、尚書僕射、司徒。"

[3]揚州：揚，原本作"楊"，宋本、殿本作"揚"，據宋本、殿本改。　寧遠將軍：官名，屬名號將軍。五品。

[4]弟閎：中華本校勘記："《陳訓傳》、《通鑑》八六'閎'作'宏'。"　歷陽：郡名，西晋永興元年（304）置，治所在歷陽縣（今安徽省和縣）。　太守：太，宋本作"大"。

[5]牛渚：地名，在今安徽省馬鞍山市西長江南岸采石磯。

[6]三族：三，殿本作"二"。

[7]朱雀橋：又稱朱雀桁，六朝都城建康南城門朱雀門外的浮橋，横跨秦淮河上。三國吴時稱南津橋，晋改名朱雀桁。桁爲連船

而成，長九十步，廣六丈。因在臺城南，又稱“南航”。秦淮河上二十四航，此爲最大，又稱“大航”。

[8]江乘：縣名，治所在今江蘇省句容市北。

[9]會稽：郡名，治所在山陰縣（今浙江省紹興市）。

王如

王如，京兆新豐人也。[1]初爲州武吏，遇亂流移至宛。時諸流人有詔並遣還鄉里，如以關中荒殘，不願歸，征南將軍山簡、南中郎將杜蕤各遣兵送之，[2]而促期令發。如遂潛結諸無賴少年，夜襲二軍，破之。杜蕤悉衆擊如，戰于涅陽，[3]蕤軍大敗。山簡不能禦，移屯夏口，[4]如又破襄城。於是南安龐寔、馮翊嚴嶷、長安侯脱等各帥其黨攻諸城鎮，[5]多殺令長以應之。未幾，衆至四五萬，自號大將軍，領司雍二州牧。[6]

[1]京兆：郡名，治所在長安縣（今陝西省西安市西北）。　新豐：縣名，治所在今陝西省西安市臨潼區東北。

[2]征南將軍：官名，與征東、征西、征北將軍合稱四征將軍。三國魏蜀吴兩晋皆置，出鎮方面，地位顯要。三品，加持節都督者二品。　山簡：字季倫，本書卷四三有傳。　南中郎將：官名，與東、西、北中郎將並稱四中郎將，統兵征戰，權職甚重。四品。

[3]涅陽：縣名，治所在今河南省鄧州市東北。

[4]夏口：即沔口，位於今湖北省武漢市，漢江入長江之口。

[5]南安龐寔：中華本校勘記：“周校：《懷紀》作‘新平人龐寔’。”南安，郡名，治所在獂道縣（今甘肅省隴西縣東南）。　馮翊：郡名，三國魏以左馮翊改置，治所在臨晋縣（今陝西省大荔縣）。翊，原本作“翌”，宋本、殿本作“翊”，據宋本、殿本改。

長安：縣名，治所在今陝西省西安市西北。　侯脱：西晋末起兵響應王如，俱依附石勒，後與王如不和，王如向石勒進讒言被殺。

[6]司：司州，治所在洛陽縣（今河南省洛陽市東北）。　雍：雍州，治所在姑臧縣（今甘肅省武威市）。東漢建安十八年（213）移治長安縣（今陝西省西安市西北）。　二州牧：宋本“牧”下有“據宛與如不協惟脱脱結連石勒”十三字。

如懼石勒之攻己也，乃厚賄於勒，結爲兄弟，勒亦假其强而納之。[1]時侯脱據宛，與如不協，如説勒曰：“侯脱雖名漢臣，[2]其實漢賊。如常恐其來襲，兄宜備之。”勒素怒脱貳己，[3]憚如唇齒，[4]故不攻之。及聞如言，[5]甚悦，遂夜令三軍蓐食待命，鷄鳴而駕，後出者斬，晨壓宛門攻之，旬有二日而克之，勒遂斬脱。如於是大掠沔漢，[6]進逼襄陽。征南山簡使將趙同帥師擊之，經年不能克，智力並屈，遂嬰城自守。王澄帥軍赴京都，[7]如邀擊破之。

[1]勒亦假其强：亦，原本、殿本作“又”，宋本作“亦”，據宋本改。

[2]“時侯脱據宛”至“如説勒曰侯”：此十四字宋本作“如且言”。　雖名漢臣：名漢，宋本乙作“漢名”。

[3]怒脱貳己：宋本無“脱”字。

[4]憚如唇齒：忌憚王如與侯脱唇齒相依的關係。

[5]及聞如言：宋本無“及”字。

[6]沔漢：沔，宋本作“河”。

[7]王澄：字平子，本書卷四三有傳。　京都：即京師。國都。

如連年種穀皆化爲莠，軍中大饑，其黨互相攻劫，[1]官軍進討，各相率來降。如計無所出，歸于王敦。[2]敦從弟棱愛如驍武，請敦配己麾下。敦曰："此輩虓險難蓄，汝性忌急，不能容養，更成禍端。"棱固請，與之。棱置諸左右，[3]甚加寵遇。如數與敦諸將角射，屢鬥争爲過失，棱果不容而杖之，如甚以爲耻。初，敦有不臣之迹，棱每諫之，敦常怒其異己。及敦聞如爲棱所辱，密使人激怒之，勸令殺棱。如詣棱，因開宴，[4]請劍舞爲歡，棱從之。如於是舞刀爲戲，漸漸來前。棱惡而呵之不止，叱左右使牽去，如直前害棱。敦聞而陽驚，亦捕如誅之。

[1]攻劫：劫，宋本作"執"。

[2]王敦：字處仲，本書卷九八有傳。

[3]置諸左右：原本無"諸"字，宋本、殿本有，據宋本、殿本補。

[4]開宴：開，宋本、殿本作"閑"。

杜曾

杜曾，新野人，[1]南中郎將蕤之從祖弟也。少驍勇絶人，能被甲游於水中。始爲新野王歆鎮南參軍，[2]歷華容令，[3]至南蠻司馬。[4]凡有戰陣，勇冠三軍。

[1]新野：縣名，治所在今河南省新野縣。

[2]鎮南參軍：官名，鎮南將軍府屬官。參軍，亦作參軍事，謂參謀軍事。兩晋公府、軍府皆置。

[3]華容：縣名，治所在今湖北省潛江市南。

[4]南蠻司馬：官名，護南蠻校尉府司馬。府署高級幕僚，掌參讚軍務、管理府内武職，位僅次於長史。七品。按，刺史王澄爲荆州刺史、持節、都督，領南蠻校尉，杜曾任南蠻司馬當在王澄府中。

會永嘉之亂，荆州荒梗，故牙門將胡亢聚衆於竟陵，自號楚公，假曾竟陵太守。亢後與其黨自相猜貳，誅其驍將數十人，曾心不自安，潛謀圖之，乃卑身屈節以事於亢，亢弗之覺，甚信任之。會荆州賊王冲自號荆州刺史，部衆亦盛，屢遣兵抄亢所統，亢患之，問計於曾，曾勸令擊之，亢以爲然。曾白亢取帳下刀戟付工磨之，因潛引王冲之兵。亢遣精騎出距冲，城中空虚，曾因斬亢而并其衆，自號南中郎將，領竟陵太守。曾求南郡太守劉務女不得，[1]盡滅其家。會愍帝遣第五猗爲安南將軍、荆州刺史，[2]曾迎猗於襄陽，爲兄子娶猗女，遂分據沔漢。

[1]南郡：治所在江陵縣（今湖北省江陵縣）。

[2]第五猗：愍帝時任侍中、征南大將軍，監荆、梁、益、寧四州。受杜曾等迎奉，聚兵數萬。後被周訪斬殺。　安南將軍：官名，東漢建安年間置，與安東、安北、安西將軍合稱四安將軍，爲出鎮某一地區的軍事長官，或作爲刺史等兼理軍務的加官，權任頗重。三品，加持節都督者二品。

時陶侃新破杜弢，乘勝擊曾，有輕曾之色。侃司馬魯恬言於侃曰："古人争戰，[1]先料其將，今使君諸將無及曾者，未易可逼也。”侃不從，進軍圍之於石城。[2]時曾軍多騎，而侃兵無馬，曾密開門，突侃陣，出其後，反擊其背，侃師遂敗，投水死者數百人。曾將趨順陽，[3]下馬拜侃，告辭而去。既而致箋於平南將軍荀崧，[4]求討丹水賊以自效，崧納之。侃遺崧書曰：“杜曾凶狡，所將之卒皆豺狼也，可謂鴟梟食母之物。[5]此人不死，州土未寧，足下當識吾言。”崧以宛中兵少，藉曾爲外援，不從侃言。曾復率流亡二千餘人圍襄陽，數日不下而還。

[1]古人争戰：争戰，宋本乙作“戰争”。

[2]石城：地名，在今湖北省鍾祥市。

[3]順陽：縣名，治所在今河南省淅川縣南。

[4]荀崧：字景猷，本書卷七五有傳。

[5]鴟梟食母之物：鴟梟，貓頭鷹。《後漢書》卷三三《朱浮傳》：“惜乎棄休令之嘉名，造梟鴟之逆謀。”李賢注：“梟鴟即鴟梟也，其子適大，還食其母。《説文》云不孝鳥也。”

及王廙爲荆州刺史，[1]曾距之，廙使將朱軌、趙誘擊曾，皆爲曾所殺。王敦遣周訪討之，[2]屢戰不能克，訪潛遣人緣山開道，[3]出曾不意以襲之，曾衆潰，其將馬雋、蘇温等執曾詣訪降。[4]訪欲生致武昌，而朱軌息昌、趙誘息胤皆乞曾以復冤，於是斬曾，而昌、胤臠其肉而啖之。

[1]王廙：字世將，本書卷七六有傳。

[2]周訪：字士達，本書卷五八有傳。

[3]訪潜遣人：訪，原本作“討”，宋本、殿本作“訪”，據上下文及宋本、殿本改。

[4]馬雋：雋，殿本作“儁”。

杜弢

杜弢，字景文，蜀郡成都人也。[1]祖植，有名蜀土，武帝時爲符節令。[2]父聆，略陽護軍。[3]弢初以才學著稱，州舉秀才。遭李庠之亂，[4]避地南平，[5]太守應詹愛其才而禮之。[6]後爲醴陵令。[7]

[1]蜀郡：治所在成都縣（今四川省成都市）。

[2]符節：縣名，治所在今四川省合江縣。

[3]略陽護軍：官名，統率略陽地區軍隊的將領。五品。略陽，郡名，西晋泰始中以廣魏郡改名，治所在臨渭縣（今甘肅省天水市東北渭河北岸）。

[4]遭李庠之亂：中華本校勘記：“校文：‘庠’當作‘特’。”

[5]南平：郡名，治所在江安縣（在今湖北省公安縣西北）。

[6]應詹：字思遠，本書卷七〇有傳。

[7]醴陵：縣名，治所在今湖南省醴陵市。

時巴蜀流人汝班、蹇碩等數萬家，布在荆湘間，而爲舊百姓之所侵苦，並懷怨恨。會蜀賊李驤殺縣令，[1]屯聚樂鄉，[2]衆數百人，弢與應詹擊驤，破之。蜀人杜疇、蹇撫等復擾湘州，參軍馮素與汝班不協，言於刺史荀眺曰：“流人皆欲反。”眺以爲然，欲盡誅流人。班等懼死，聚衆以應疇。時弢在湘中，賊衆共推弢爲主，[3]

弢自稱梁益二州牧、平難將軍、湘州刺史，[4]攻破郡縣，眺委城走廣州。[5]廣州刺史郭訥遣始興太守嚴佐率衆攻弢，[6]弢逆擊破之。[7]荆州刺史王澄復遣王機擊弢，[8]敗於巴陵。[9]弢遂縱兵肆暴，僞降於山簡，簡以爲廣漢太守。[10]

[1]李驤：十六國時略陽臨渭（今甘肅省天水市東北渭河北岸）人，原籍巴西宕渠（今四川省渠縣東北），字玄龍，李特幼弟。本書卷一二〇、一二一及《華陽國志》有詳載。

[2]樂鄉：縣名，治所在今湖北省鍾祥市西北。

[3]推弢爲主：宋本無"弢"字。

[4]梁：梁州，三國曹魏治所在沔陽縣（今陝西省勉縣東），西晋移治南鄭縣（今陝西省漢中市東）。　益：州名，治所在成都縣（今四川省成都市）。宋本無"益"字。　平難將軍：官名，東漢建安年間曹操始置，統兵。　湘州：治所在臨湘縣（今湖南省長沙市）。

[5]廣州：治所在番禺縣（今廣東省廣州市）。宋本無此二字。

[6]郭訥：訥，原本作"納"，宋本、殿本作"訥"，據宋本、殿本改。　始興：郡名，治所在曲江縣（今廣東省韶關市東南蓮花嶺下）。

[7]擊破之：宋本無"破"字。

[8]荆州刺史：宋本無"州刺"二字。

[9]巴陵：縣名，治所在今湖南省岳陽市。

[10]廣漢：郡名，治所在廣漢縣（今四川省射洪市南）。

眺之走也，州人推安成太守郭察領州事，[1]因率衆討弢，反爲所敗，察死之。弢遂南破零陵，[2]東侵武昌，害長沙太守崔敷、宜都太守杜鑒、邵陵太守鄭融等。[3]元帝命征南將軍王敦、荆州刺史陶侃等討之，前後數十戰，弢將士多物故，於是請降。帝不許。弢乃遺應詹書曰：

天步艱難，[4]始自吾州；州黨流移，在於荆土。其所遇值，蔑之如遺，頓伏死亡者略復過半，備嘗荼毒，足下之所鑒也。客主難久，嫌隙易構，不謂樂鄉起變出於不意，時與足下思散疑結，求擒其黨帥，惟患算不經遠，力不陷堅耳。及在湘中，懼死求生，[5]遂相結聚，欲守善自衛，天下小定，然後輸誠盟府。尋山公鎮夏口，即具陳之。此公鑒開塞之會，察窮通之運，納吾於衆疑之中，非高識玄睹，孰能若此！西州人士得沐浴於清流，[6]豈惟滌蕩瑕穢，乃骨肉之施。此公薨逝，斯事中廢，賢愚痛毒，竊心自悼。欲遣滕永文、張休豫詣大府備列起事以來本末，但恐貪功徇名之徒將讒間於聖主之聽，[7]戮吾使於市朝以彰叛逆之罪，故未敢遣之。而甘、陶卒至，水陸十萬，[8]旌旗曜於山澤，舟艦盈於三江，威則威矣，[9]然吾衆竊未以爲懼。晋文伐原，[10]以全信爲本，故能使諸侯歸之。陶侃宣赦書而繼之以進討，豈所以崇奉明詔，示軌憲於四海！逼向義之夫以爲叛逆之虜，蹴思善之衆以極不赦之責，[11]非不戰而屈人之算也。驅略烏合，欲與必死者求一戰，未見爭衡之機權也。吾之赤心，貫於神明，西州人士，卿粗悉之耳。寧當令抱枉於時，[12]不證於大府邪！

[1]安成：郡名，治所在平都縣（今江西省安福縣東南）。

[2]零陵：陵，宋本作“隣”。

[3]宜都：郡名，治所在夷陵縣（今湖北省宜昌市東南長江北岸）。　邵陵：郡名，治所在邵陵縣（今湖南省邵陽市）。

[4]天步艱難：時運艱難。天步，指時運，國運。《詩·小雅·白華》：“天步艱難，之子不猶。”朱熹集傳：“步，行也。天步，猶言時運也。”

[5]懼死求生：宋本無“求”字。

[6]西州：泛指凉州，相當於今甘肅省中部與西北部。

[7]貪功徇名：徇，宋本作“殉”。

[8]水陸十萬：宋本“水”前有“於”字。

[9]威則威矣：宋本無“矣”字。

[10]晋文伐原：《左傳·僖公二十五年》：晋侯攻打原國，衹命令帶三天的糧食。三天過後，原仍不投降，晋侯命令離開原國。間諜從圍城中出來説原國將要投降了。軍隊中的官員建議等待原國投降。晋侯認爲信用是國家之寶，是百姓所依憑。得到原國而失去信用，百姓將無所依憑。

[11]敺思善之衆以極不赦之責：促使向善的人們走向極端犯罪。宋本無“之衆”二字。

[12]寧當令：宋本無“寧”字；令，原本、宋本、殿本作“今”，據中華本改。

昔虞卿不榮大國之相，[1]與魏齊同其安危；司馬遷明言於李陵，[2]雖刑殘而無慨。足下抗威千里，聲播汶衡，進宜爲國思靖難之略，[3]退與舊交措枉直之正，[4]不亦綽然有餘裕乎！望卿騰吾箋令，時達盟府，遣大使光臨，使吾得披露肝膽，[5]没身何恨哉！伏想盟府必結紐於紀綱，爲一匡於聖世，使吾厠列義徒，負戈前驅，迎皇輿於閶闔，[6]掃長蛇於荒裔，雖死之日，猶生之年也。若然，先清方夏，却定中原，吾得一年之糧，使泝流西歸，夷李雄之逋寇，[7]修《禹貢》之舊獻，[8]展微勞以補往愆，復州邦以謝鄰國，亦其志也，惟所裁處耳。

[1]虞卿不榮大國之相：虞卿，戰國時人，被趙孝成王任爲上卿，封之於虞，故號虞卿。長平之戰時，建議聯合楚國、魏國，迫使秦國講和，趙王不聽。後果致長平大敗。魏國公子魏齊曾迫害范雎，後來范雎做了秦相，秦昭王欲爲范雎報仇，懸賞逮捕魏齊。魏齊逃到趙國，藏在平原君處。秦昭王乃給趙王寫信説："王之弟在秦，范君之仇魏齊在平原君之家。王使人疾持其頭來；不然，吾舉兵而伐趙，又不出王之弟於關。"趙孝成王乃發卒圍平原君家，魏齊連夜逃出，見好友虞卿。虞卿料想不可能説服趙王，便解其萬户侯卿相之印，與魏齊一起逃亡。事見《史記》卷七九《范雎列傳》。

[2]司馬遷明言於李陵：西漢李陵隨貳師將軍李廣利征伐匈奴，兵敗投降。漢武帝聽説李陵投降，非常氣憤，責問李陵部下陳步樂，迫其自殺。當時群臣皆認爲李陵有罪，而司馬遷却説："陵事親孝，與士信，常奮不顧身以殉國家之急。其素所畜積也，有國士之風。今舉事一不幸，全軀保妻子之臣隨而媒蘖其短，誠可痛也！且陵提步卒不滿五千，深輮戎馬之地，抑數萬之師，虜救死扶傷不暇，悉舉引弓之民共攻圍之。轉鬥千里，矢盡道窮，士張空拳，冒白刃，北首爭死敵，得人之死力，雖古名將不過也。身雖陷敗，然其所摧敗亦足暴於天下。彼之不死，宜欲得當以報漢也。"武帝以爲司馬遷誣罔，爲李陵開脱，將司馬遷下獄受腐刑。事見《漢書》

卷五四《李陵傳》。

［3］靖難：靖，宋本作“静”。

［4］措枉直之正：辨明是非曲直的正義感。

［5］肝膽：膽，宋本作“瞻”。

［6］閶闔：洛陽城門名。本書卷一四《地理志上》：洛陽“西有廣陽、西明、閶闔三門”。

［7］李雄：字仲儁，李特之子，本書卷一二一有載記。

［8］《禹貢》：《尚書》中的篇名，用自然分區方法，把全國分爲九州，記述了當時中國的地理情況以及政區制度，對黄河流域的山川、藪澤、土壤、物産、貢賦、交通有較詳的記載，是中國最早的一部地理著作。

吾遠州寒士，與足下出處殊倫，誠不足感神交而濟其傾危。但顯吾忠誠，則汶岳荷忠順之恕，衡湘無伐叛之虞，隆足下宏納之望，拯吾徒陷溺之艱，焉可金玉其音哉！[1]然顒顒十餘萬口，[2]亦勞瘁於警備，思放逸於南畝矣。[3]衡岳、江、湘列吾左右，若往言有貳，血誠不亮，益梁受殃，不惟鄙門而已。[4]

［1］金玉其音：玉，宋本作“石”。

［2］顒顒：企盼的樣子。

［3］放逸於南畝：安心於農業生産。南畝，謂農田。南坡向陽，利於農作物生長，古人田土多向南開闢，故稱。《詩·小雅·大田》：“俶載南畝，播厥百穀。”

［4］不惟鄙門而已：宋本無“門”字。

詹甚哀之，乃啓呈弢書，并上言曰："弢益州秀才，素有清望，文理既優，幹事兼美。往因使流寓，居詹郡界，其貞心堅白，詹所委究。李驤爲變樂鄉，劫略良善，弢時出家財，招募忠勇，登壇歃血，義誠慷慨。會驤攻燒南平，弢遂東下巴漢，[1]與湘中鄉人相遇，推其素望，遂相憑結。論弢本情，非首作亂階者也。然破湘川，實弢之罪，亦由兵交其間，遂使滋蔓。按弢今書，血誠亦至矣。昔朱鮪自疑於洛陽，[2]光武指河水以明心，鮪感義歸誠，終展力報施，受封侯之寵，由恕過以録功也。詹竊謂今者當圮運之會，[3]思弘遠猷，故齊赦射鈎之誅，[4]晋貰斬袪之戮，[5]用能濟翼戴之高勛，隆一匡之美譽，况弢等素無斯愆而稽顙投命邪！[6]以爲可遣大使宣揚聖旨，雲澤沾之於上，百姓沐浴於下，則上下交泰，江左無風塵之虞矣。"帝乃使前南海太守王運受弢降，[7]宣詔書大赦，凡諸反逆一皆除之，加弢巴東監軍。[8]

[1]東下巴漢：下，宋本作"流"。

[2]朱鮪自疑於洛陽：朱鮪，新莽末淮陽（今河南省周口市淮陽區）人，初隨王匡等聚衆緑林山，後入南陽號新市兵。更始政權建立後任大司馬。據守洛陽抗拒劉秀。劉秀派岑彭勸朱鮪投降，朱鮪心存疑慮，説："大司徒被害時，鮪與其謀，又諫更始無遣蕭王北伐，誠自知罪深。"岑彭還，將朱鮪的顧慮告訴劉秀。劉秀説："夫建大事者，不忌小怨。鮪今若降，官爵可保，况誅罰乎？河水在此，吾不食言。"事見《後漢書》卷一七《岑彭傳》。

[3]圮運之會：正當衰微之運之際。

[4]齊赦射鉤之誅：春秋時齊襄公昏亂，其弟糾奔魯，以管仲、召忽爲師；小白奔莒，以鮑叔爲師。襄公死，糾與小白争歸齊國爲君。管仲將兵遮莒道阻小白，射中其衣帶鉤。小白佯死，得先入爲君，是爲桓公。桓公即位後不記舊仇，任管仲爲相，終成霸業。

[5]晉貰斬袪之戮：晉獻公末年，太子申生被逼死，公子重耳逃到蒲城。獻公命軍隊攻打蒲城，重耳跳墻逃跑，被蒲人宦者勃鞮追殺，斬斷了衣袪。重耳後來回國即位，是爲晉文公，他不但没有忌恨斬袪之仇，反而對勃鞮加以親近任用。

[6]素無斯愆而稽顙投命：愆，宋本作“德”；稽，宋本作“啓”。

[7]南海：郡名，秦始皇時置，治所在番禺縣（今廣東省廣州市）。

[8]巴東：郡名，東漢建安六年（201）以固陵郡改名，治所在魚復縣（今重慶市奉節縣東）。　監軍：官名，軍隊出征所置官員，掌監視將帥，權勢頗重。四品。

弢受命後，諸將殉功者攻擊之不已，弢不勝憤怒，遂殺運而使其將王真領精卒三千爲奇兵，出江南，向武陵，[1]斷官軍運路。陶侃使伏波將軍鄭攀邀擊，[2]大破之，真步走湘城。[3]於是侃等諸軍齊進，真遂降侃，衆黨散潰。弢乃逃遁，不知所在。

[1]武陵：郡名，治所在臨沅縣（今湖南省常德市）。

[2]伏波將軍：官名，屬名號將軍，地位較高。五品。　邀擊：在中途阻攔襲擊。

[3]步走：徒步逃跑。　湘城：一名高王子城，位於今湖北省江陵縣西。

王機

王機，字令明，長沙人也。父毅，廣州刺史，甚得南越之情。機美姿儀，俶儻有度量。陳恢之亂，機年十七，率衆擊破之。常慕王澄爲人，澄亦雅知之，以爲己亞，遂與友善，内綜心膂，外爲牙爪。[1]尋用爲成都内史。機終日醉酒，不存政事，由是百姓怨之，人情騷動。

[1]牙爪：宋本乙作“爪牙”。

會澄遇害，機懼禍及，又屬杜弢所在發墓，而獨爲機守冢，機益自疑。就王敦求廣州，敦不許。會廣州人背刺史郭訥，迎機爲刺史，機遂將奴客門生千餘人入廣州，州部將温邵率衆迎機。敦遣參軍葛幽追之，[1]及於廬陵，[2]機叱幽曰：“何以敢來？欲取死邪？”幽不敢逼而歸。郭訥聞邵之納機也，乃遣兵擊邵，反爲所破。訥又遣機父兄時吏距之，[3]咸倒戈迎機，訥衆皆散，乃握節而避機。機遂入城就訥求節，訥嘆曰：[4]“昔蘇武不失其節，[5]前史以爲美談。此節天朝所假，義不相與，自可遣兵來取之。”機慚而止。

[1]參軍葛幽：參，原本、殿本作“將”，宋本作“參”，據宋本改。

[2]廬陵：郡名，治所在石陽縣（今江西省吉水縣東北）。

[3]父兄時吏：吏，宋本作“史”。

[4]就訥求節，訥嘆曰：宋本無“求節訥”三字。

[5]蘇武：西漢京兆杜陵（今陝西省西安市東南）人，字子卿，蘇建之子。武帝天漢元年（前100）爲中郎將出使匈奴，因副使張勝與匈奴緱王圖謀劫持單于母閼氏歸漢事受牽連，被匈奴扣押，遠徙北海以牧羊爲生。前後十九年，持漢節不投降。昭帝即位後與匈奴和親，使其返回漢朝。

機自以篡州，懼爲王敦所討，乃更求交州。[1]時杜弢餘黨杜弘奔臨賀，[2]送金數千兩與機，求討桂林賊以自效。[3]機爲列上，[4]朝廷許之。王敦以機難制，又欲因機討梁碩，故以降杜弘之勛轉爲交州刺史。碩聞而遣子侯候機於鬱林，[5]機怒其迎遲，責云："須至州當相收拷。"碩子馳使報碩，碩曰："王郎已壞廣州，何可復來破交州也！"乃禁州人不許迎之。府司馬杜讚以碩不迎機，率兵討碩，爲碩所敗。碩恐諸僑人爲機，於是悉殺其良者，乃自領交阯太守。機既爲碩所距，遂往鬱林。[6]時杜弘大破桂林賊還，遇機於道，機勸弘取交州。弘素有意，乃執機節曰："當相與迭持，何可獨捉！"機遂以節與之。於是機與弘及温邵、劉沉等並反。[7]

[1]交州：又稱交趾、交阯，公元前2世紀初南越王趙佗置，後屬西漢。東漢改爲交州，治所在番禺縣（今廣東省廣州市）。三國時移治龍編縣（今越南社會主義共和國河北省仙游縣東）。

[2]臨賀：郡名，三國吴置，治所在臨賀縣（今廣西壯族自治區賀州市八步區）。

[3]桂林：郡名，秦置，治所在潭中縣（今廣西壯族自治區柳州市東南柳江東南岸）。

[4]機爲列上：上，宋本作"十"。

[5]鬱林：郡名，西漢元鼎六年（前111）置，治所在布山縣（今廣西壯族自治區桂平市西南古城）。

[6]遂往：往，殿本作"住"。

[7]劉沉：沉，殿本作"沈"。下文此人名同。

尋而陶侃爲廣州，到始興，州人皆諫不可輕進，侃不聽。及至州，諸郡縣皆已迎機矣。侃先討温邵、劉沉，皆殺之。機遣牙門屈藍還州，詐言增糧，密招誘所部，欲以距侃。侃即收藍斬之，遣督護許高討機走之，病死于道。高掘出其尸斬首，并殺其二子焉。

機兄矩，字令式。美姿容，每出游，觀者盈路。初爲南平太守，豫討陳恢有功，遷廣州刺史。將赴職，忽見一人持奏謁矩，自云京兆杜靈之。矩問之，答稱："天上京兆，被使召君爲主簿。"矩意甚惡之。至州月餘卒。

祖約

祖約，字士少，豫州刺史逖之弟也。[1]初以孝廉爲成皋令，[2]與逖甚相友愛。永嘉末，隨逖過江。元帝稱制，引爲掾屬，與陳留阮孚齊名。[3]後轉從事中郎，[4]典選舉。

[1]逖：祖逖，字士稚，本書卷六二有傳。

[2]成皋：縣名，治所在今河南省滎陽市西北汜水鎮。

[3]阮孚：字遥集，本書卷四九有傳。

[4]從事中郎：官名，東漢時爲大將軍屬官，地位較高。魏晋時爲將軍府或公府屬官。六品。

約妻無男而性妒，約亦不敢違忤。嘗夜寢於外，忽爲人所傷，疑其妻所爲，約求去職，帝不聽，約便從右司馬營東門私出。司直劉隗劾之曰：[1]“約幸荷殊寵，顯位選曹，銓衡人物，[2]衆所具瞻。當敬以直内，義以方外，杜漸防萌，式遏寇害。而乃變起蕭墻，[3]患生婢妾，身被刑傷，虧其膚髪。群小噂嗜，囂聲遠被，塵穢清化，垢累明時。天恩含垢，猶復慰喻，而約違命輕出，既無明智以保其身，[4]又孤恩廢命，宜加貶黜，以塞衆謗。”帝不之罪。隗重加執據，[5]終不許。

[1]司直：丞相司直，省稱司直，掌輔佐丞相舉不法。漢武帝時初置，東漢隸屬司徒。建武十一年（35）省。建安八年（203）復置，掌督京師百官。九年，詔司直比司隸校尉，坐同席。曹操任司空，置司空司直，與丞相司直同。晋朝不常置，如權臣爲相則多置之。　劉隗：字大連，本書卷六九有傳。

[2]銓衡人物：選拔官吏。

[3]蕭墻：古代宫室内作爲屏障的矮墻。《論語·季氏》：“吾恐季孫之憂，不在顓臾，而在蕭墻之内也。”何晏集解引鄭玄曰：“蕭之言肅也；墻謂屏也。君臣相見之禮，至屏而加肅敬焉，是以謂之蕭墻。”後用以借指内部。

[4]保其身：殿本無“其”字。

[5]重加執據：再一次據理相争。

及逖有功於譙沛，[1]約漸見任遇。逖卒，自侍中代逖爲平西將軍、豫州刺史，[2]領逖之衆。約異母兄光禄大夫納密言於帝曰：[3]“約内懷陵上之心，抑而使之可也。今顯侍左右，假其權勢，將爲亂階矣。”帝不納。時人亦謂納與約異生，忌其寵貴，故有此言。而約竟無綏馭之才，不爲士卒所附。

[1]譙：譙郡，郡國名，曹魏置，治所在譙縣（今安徽省亳州市）。　沛：沛郡，治所在沛縣（今江蘇省沛縣）。

[2]平西將軍：官名，與平北、平南、平東將軍合稱四平將軍，權任很重，多持節都督或監某一地區的軍事，有時亦作爲刺史等地方官員兼理軍務的加官。三品，加持節都督者二品。

[3]光禄大夫：官名，三公等大臣告老回家即拜此職，或作爲在朝顯職的加官。三品，開府位從公者一品。　納：祖納，字士言，本書卷六二有傳。

及王敦舉兵，約歸衛京都，率衆次壽陽，[1]逐敦所署淮南太守任台，以功封五等侯，進號鎮西將軍，[2]使屯壽陽，爲北境藩扞。自以名輩不後郗、卞，[3]而不豫明帝顧命，[4]又望開府，及諸所表請多不見許，遂懷怨望。石聰嘗以衆逼之，[5]約屢表請救，而官軍不至。聰既退，朝議又欲作涂塘以遏胡寇，約謂爲棄己，彌懷憤恚。先是，太后使蔡謨勞之，[6]約見謨，瞋目攘袂，非毁朝政。及蘇峻舉兵，遂推崇約而罪執政，約聞而大喜。從子智及衍並傾險好亂，又讚成其事，於是命逖子沛内史涣、女婿淮南太守許柳以兵會峻。[7]逖妻，柳之姊也，固諫不從。[8]及峻克京都，矯詔以約爲侍中、太尉、尚書令。[9]潁川人陳光率其屬攻之，約左右閻秃貌類約，[10]光謂爲約而擒之，約逾垣獲免。光奔於石勒，而約之諸將復陰結於勒，請爲内應。勒遣石聰來攻之，約衆潰，奔歷陽。遣兄子涣攻桓宣于皖城，[11]會毛寶援宣，[12]擊涣，敗之。趙胤復遣將軍甘苗從三焦上歷陽，[13]約懼而夜遁，其將牽騰率衆出降。[14]

[1]壽陽：縣名，治所在今安徽省壽縣東南。

[2]鎮西將軍：官名，與鎮東、鎮南、鎮北將軍合稱四鎮將軍。多爲持節都督，出鎮方面。曹魏二品。晋改三品，加持節都督者二品。

[3]郗：郗鑒，字道徽，本書卷六七有傳。郗，原本、殿本作“郄”，宋本作“郗”，據其本傳及宋本改。本卷下文此姓字同。卞：卞壼，字望之，本書卷七〇有傳。

[4]不豫明帝顧命：没有參與接受明帝臨終遺命。

[5]石聰：亦作“石葱”或“石悤”。十六國時人，本漢族，石勒收爲養子，故冒姓石氏。任汲郡内史。石勒死後，因與東晋交通，被石虎殺死。

[6]蔡謨：字道明，本書卷七七有傳。

[7]内史涣：中華本校勘記：“《桓宣傳》‘涣’作‘焕’。下同。《蘇峻傳》亦同，不再出校。”

[8]固諫不從：不，宋本作“弗”。

[9]太尉：官名，曹操爲丞相後，太尉府屬官歸相府，晋時太尉雖爲八公之一、三公之首，實爲名譽宰相，多爲大臣加官。一品。　尚書令：官名，秦漢時爲尚書署長官。秩位雖低，權力甚重。魏晋時沿置，爲尚書省長官，綜理全國政務，參議大政，爲高級政務長官。三品。

[10]秃貌：秃，宋本作“委”。

[11]桓宣：東晋人，本書卷八一有傳。　皖城：又名皖公城，位於今安徽省潛山市。

[12]毛寶：字碩真，本書卷八一有傳。

[13]三焦：三，原本、殿本作"二"，宋本作"三"，據宋本改。

[14]牽騰：騰，原本、殿本作"滕"，宋本作"騰"，據宋本改。

約以左右數百人奔于石勒，勒薄其爲人，不見者久之。勒將程遐説勒曰：[1]"天下粗定，當顯明逆順，此漢高祖所以斬丁公也。[2]今忠於事君者莫不顯擢，[3]背叛不臣者無不夷戮，此天下所以歸伏大王也。祖約猶存，臣切惑之。[4]且約大引賓客，又占奪鄉里先人田地，地主多怨。"於是勒乃詐約曰："祖侯遠來，未得喜歡，可集子弟一時俱會。"至日，勒辭之以疾，令遐請約及其宗室。約知禍及，大飲致醉。既至于市，抱其外孫而泣。遂殺之，并其親屬中外百餘人悉滅之，婦女妓妾班賜諸胡。

[1]程遐：十六國後趙人，任長樂太守、右司馬、寧朔將軍、監冀州七郡諸軍事等職。後被石虎所殺。

[2]漢高祖所以斬丁公：《史記》卷一〇〇《季布欒布列傳》："季布母弟丁公，爲楚將。丁公爲項羽逐窘高祖彭城西，短兵接，高祖急，顧丁公曰：'兩賢豈相厄哉！'於是丁公引兵而還，漢王遂解去。及項王滅，丁公謁見高祖。高祖以丁公徇軍中，曰：'丁公爲項王臣不忠，使項王失天下者，乃丁公也。'遂斬丁公，曰：'使後世爲人臣者無效丁公！'"

［3］事君者：君，宋本作“石”。

［4］臣切惑之：中華本校勘記：“《通志》一三〇、《册府》九四二‘切’作‘竊’。”

初，遜有胡奴曰王安，待之甚厚。及在雍丘，[1]告之曰：“石勒是汝種類，吾亦不在爾一人。”乃厚資遣之，遂爲勒將。祖氏之誅也，安多將從人於市觀省，潛取遜庶子道重，藏之爲沙門，[2]時年十歲。石氏滅後來歸。

［1］雍丘：縣名，治所在今河南省杞縣。

［2］沙門：僧人。

蘇峻

蘇峻，字子高，長廣掖人也。[1]父模，安樂相。[2]峻少爲書生，有才學，仕郡主簿。年十八，舉孝廉。永嘉之亂，百姓流亡，所在屯聚，峻糾合得數千家，結壘於本縣。于時豪傑所在屯聚，而峻最强。遣長史徐瑋宣檄諸屯，[3]示以王化，又收枯骨而葬之，遠近感其恩義，推峻爲主。遂射獵於海邊青山中。

［1］長廣掖人也：中華本校勘記：“《地理志下》掖屬東萊國，長廣郡有挺縣，疑‘掖’乃‘挺’之誤。”長廣，郡名，東漢治所在長廣縣（今山東省萊陽市東），西晋治所在不其縣（今山東省即墨市西南）。挺，縣名，治所在今山東省萊州市。

［2］安樂：縣名，治所在今北京市順義區西北。　相：縣相，職如縣令、縣長。八品。

[3]長史：史，原本、殿本作“沙”，宋本作“史”，據宋本改。

元帝聞之，假峻安集將軍。[1]時曹嶷領青州刺史，表峻爲掖令，峻辭疾不受。嶷惡其得衆，必恐爲患，將討之。峻懼，率其所部數百家泛海南渡。既到廣陵，朝廷嘉其遠至，轉鷹揚將軍。[2]會周堅反於彭城，[3]峻助討之，有功，除淮陵内史，[4]遷蘭陵相。[5]

[1]安集將軍：《資治通鑑》卷六一《漢紀》獻帝興平元年：“五月，以揚武將軍郭汜爲後將軍，安集將軍樊稠爲右將軍。”胡三省注：“安集將軍，亦一時暫置。”

[2]鷹揚將軍：官名，雜號將軍中地位較高者，曾作爲荆州、兖州等州刺史的加官。五品。

[3]彭城：縣名，治所在今江蘇省徐州市。

[4]淮陵：郡名，治所在武進縣（今江蘇省丹陽市東）。

[5]蘭陵：郡名，治所在丞縣（今山東省棗莊市嶧城區）。

王敦作逆，詔峻討敦。卜之不吉，遲迴不進。及王師敗績，峻退保盱眙。[1]淮陵故吏徐深、艾毅重請峻爲内史，詔聽之，加奮威將軍。[2]

[1]盱眙：縣名，治所在今江蘇省盱眙縣東北。原本作“旴咍”，宋本、殿本作“盱眙”，據宋本、殿本改。

[2]奮威將軍：官名，爲雜號將軍。四品。

太寧初，更除臨淮内史。王敦復肆逆，尚書令郗鑒議召峻及劉遐援京都，[1]敦遣峻兄説峻曰："富貴可坐取，何爲自來送死？"峻不從，遂率衆赴京師，頓于司徒故府。道遠行速，軍人疲困。沈充、錢鳳謀曰：[2]"北軍新到，未堪攻戰，擊之必克。若復猶豫，後難犯也。"賊於其夜度竹格渚，[3]拔柵將戰，峻率其將韓晃於南塘橫截，[4]大破之。又隨庾亮追破沈充。[5]進使持節、冠軍將軍、歷陽内史，[6]加散騎常侍，[7]封邵陵公，食邑一千八百户。

[1]劉遐：字正長，本書卷八一有傳。

[2]沈充：字士居，本書卷九八有傳。　錢鳳：字世儀，王敦鎧曹參軍。知王敦有不臣之心，因進邪説，遂相朋構，專弄威權，言成禍福。

[3]竹格渚：位於今江蘇省南京市朱雀航西。

[4]南塘：地名，在今江蘇省南京市西南秦淮河南岸。

[5]庾亮：字元規，本書卷七三有傳。

[6]使持節：漢朝官吏奉使外出時，或由皇帝授予節杖，以提高其權力。魏晋以後，凡重要軍事長官出征或出鎮，加使持節，可誅殺二千石以下官員。　冠軍將軍：官名，曹魏、孫吴、西晋皆置。西晋時領營兵。三品。

[7]散騎常侍：官名，三國魏文帝黄初年間置，侍從皇帝左右，諫諍得失，顧問應對，與侍中等共平尚書奏事。也用作宰相、諸公等加官，入宫議政。三品。

峻本以單家聚衆於擾攘之際，[1]歸順之後，志在立功，既有功於國，威望漸著。至是有鋭卒萬人，器械甚精，朝廷以江外寄之。而峻頗懷驕溢，自負其衆，潛有異志，撫納亡命，得罪之家有逃死者，峻輒蔽匿之。衆力日多，皆仰食縣官，運漕者相屬，稍有不如意，便肆忿言。

[1]單家：寒門。

時明帝初崩，委政宰輔，護軍庾亮欲徵之。[1]峻聞將徵，遣司馬何仍詣亮曰："討賊外任，遠近從命，至於内輔，實非所堪。"不從，遂下優詔徵峻爲大司農，[2]加散騎常侍，位特進，以弟逸代領部曲。[3]峻素疑亮欲害己，表曰："昔明皇帝親執臣手，使臣北討胡寇。今中原未靖，無用家爲，乞補青州界一荒郡，以展鷹犬之用。"復不許。峻嚴裝將赴召，而猶豫未决，參軍任讓謂峻曰："將軍求處荒郡而不見許，事勢如此，恐無生路，不如勒兵自守。"峻從之，遂不應命。朝廷遣使諷諭之，峻曰："臺下云我欲反，豈得活邪！我寧山頭望廷尉，[4]不能廷尉望山頭。往者國危累卵，非我不濟，狡兔既死，獵犬理自應烹，但當死報造謀者耳。"[5]於是遣參軍徐會結祖約，謀爲亂，而以討亮爲名。約遣祖涣、許柳率衆助峻，峻遣將韓晃、張健等襲姑孰，[6]進逼慈湖，[7]殺于湖令陶馥及振威將軍司馬流。[8]峻自率涣、柳衆萬人，乘風濟自横江，[9]次于陵口，[10]與王師戰，頻捷，遂據蔣陵覆舟山，[11]率衆因風放火，臺省及諸營寺署一時蕩盡。遂陷宫城，縱兵大掠，侵逼六宫，窮凶極暴，殘酷無道。驅役百官，光禄勛王彬等皆被捶撻，[12]逼令擔負登蔣山。[13]裸剥士女，皆以壞席苫草自鄣，無草者坐地以土自覆，哀號之聲震動内外。時官有布二十萬匹，金銀五千斤，錢億萬，[14]絹數萬匹，他物稱是，峻盡廢之。[15]矯詔大赦，惟庾亮兄弟不在原例。自爲驃騎領軍將軍、録尚書事，[16]許柳丹楊尹，[17]加前將軍馬雄左衛將軍，[18]祖涣驍騎將軍，[19]復弋陽王羕爲西陽王、太宰、録尚書事，[20]羕息播亦復本官。於是改易官司，置其親黨，朝廷政事一皆由之。又遣韓晃入義興，[21]張健、管商、弘徽等入晋陵。[22]

[1]護軍：官名，此爲護軍將軍省稱。東漢建安十二年（207）曹操改丞相府護軍爲中護軍，資重者可遷護軍將軍，典武官選舉，與中領軍同掌禁軍。曹魏時四品，西晋時三品。

[2]大司農：官名，掌管全國財政和各地的屯田。三品。

[3]部曲：帶有人身依附性質的私兵。

[4]廷尉：官名，中央最高司法審判機構長官，負責會審朝中有罪文武大臣，覆核審决郡國疑獄等。三品。

[5]死報造謀者：用死亡報復設計謀劃的人。

[6]姑孰：即姑孰口，姑孰溪入長江之口，位於今安徽省當塗縣西北。

[7]慈湖：位於今安徽省馬鞍山市東北長江南岸。

[8]于湖：縣名，治所在今安徽省當塗縣。　振威將軍：官名，雜號將軍，統兵出征。四品。

[9]横江：今安徽省和縣與馬鞍山市之間的長江。

[10]陵口：陵口城，位於今安徽省當塗縣東北長江南岸。

[11]蔣陵：位於今江蘇省南京市東北紫金山南麓。　覆舟山：一名龍舟山、玄武山，即今江蘇省南京市城區東北隅九華山。

[12]光禄勛：官名，侍從皇帝左右，掌宫廷宿衛。西晋時兼掌

原屬少府的一部分宫廷供御事務。三品。　王彬：字世儒，本書卷七六有傳。

[13]擔負登蔣山：擔，宋本作“檐”。

[14]錢億萬：億，宋本作“一”。

[15]峻盡廢之：廢，宋本、殿本作“費”。中華本校勘記：“‘廢’，殿本及《通鑑》九四作‘費’。”

[16]驃騎領軍將軍：中華本校勘記：“《成紀》、《建康實録》七、《通鑑》九四皆無‘領軍’二字。”驃騎將軍，官名，西漢時爲重號將軍，東漢以後，居諸名號將軍之首，僅作爲軍府名號加授大臣或重要州郡長官。二品，開府位從公者一品。　官名，初爲職銜名，重臣加此名義始得總知國事，綜理政務，成爲真宰相。魏晋多以公卿權重者居之，總領尚書省政務，凡重號將軍、刺史皆得命曹授用，位在三公之上。

[17]丹楊尹：官名，東晋京城所在郡府長官，掌京城行政諸務並詔獄，亦稱“京尹”。三品。楊，殿本作“陽”。

[18]左衛將軍：官名，三國魏咸熙二年（265），司馬炎即晋王位，分中衛將軍爲左、右衛將軍。掌佽飛虎賁及前驅、由基、强弩三部司馬，屬下還有虎賁、羽林、上騎、異力、命中共五部督，負責宫禁侍衛。西晋屬中軍將軍，後屬領軍將軍。爲禁衛軍主要統帥之一，權任很重。四品。

[19]驍騎將軍：官名，三國魏爲内軍將領，統營兵。兩晋與領軍、護軍、左右衛、游擊諸將軍合稱六軍，擔當宿衛之任，是護衛宫廷的主要將領。四品。

[20]弋陽王羕：司馬羕，字延年，本書卷五九有傳。　太宰：官名，即太師，因避司馬師名諱而改名太宰。八公之一，居上公之首，爲宰相之任。一品。

[21]義興：郡名，治所在陽羨縣（今江蘇省宜興市）。

[22]張健：中華本校勘記：“《斠注》：《成紀》、《魏書·司馬叡傳》均作‘張瑾’。按：《建康實録》七亦作‘張瑾’。”　晋陵：

縣名，治所在今江蘇省常州市。

時温嶠、陶侃已唱義於武昌，[1]峻聞兵起，用參軍賈寧計，還據石頭，[2]更分兵距諸義軍，所過無不殘滅。嶠等將至，峻遂遷天子於石頭，逼迫居人，盡聚之後苑，使懷德令匡術守苑城。[3]嶠等既到，乃築壘於白石，[4]峻率衆攻之，幾至陷没。東西抄掠，多所擒虜，兵威日盛，戰無不克，由是義衆沮衄，人懷異計。朝士之奔義軍者皆云："峻狡黠有智力，其徒黨驍勇，所向無敵。惟當以天討有罪，誅滅不久；若以人事言之，未易除也。"温嶠怒曰："諸君怯懦，乃是譽賊。"及後累戰不捷，嶠亦深憚之。管商等進攻吴郡，[5]焚吴縣、海鹽、嘉興，[6]敗諸義軍。韓晃又攻宣城，[7]害太守桓彝。[8]商等又焚餘杭，而大敗於武康，[9]退還義興。嶠與趙胤率步兵萬人，從白石南上，欲以臨之。峻與匡孝將八千人逆戰，峻遣子碩與孝以數十騎先薄趙胤，敗之。峻望見胤走，曰："孝能破賊，我更不如乎！"因舍其衆，與數騎北下突陣，不得入，將回趨白木陂，[10]牙門彭世、李千等投之以矛，墜馬，斬首臠割之，焚其骨，三軍皆稱萬歲。峻司馬任讓等共立峻弟逸爲主。求峻尸不獲，碩乃發庾亮父母墓，剖棺焚尸。逸閉城自守。韓晃聞峻死，引兵赴石頭。管商及弘徽進攻庱亭壘，[11]督護李閎及輕車長史滕含擊破之，[12]斬首千級。商率衆走延陵，[13]李閎與庱亭諸軍追之，斬獲數千級。商詣庾亮降，匡術舉苑城降。韓晃與蘇逸等并力攻術，不能陷。温嶠等選精鋭將攻賊營，碩率驍勇數百渡淮而戰，於陣斬碩。晃等震懼，以其衆奔張健於曲阿，[14]門阸不得出，更相蹈藉，死者萬數。逸爲李湯所執，斬于車騎府。

[1]温嶠：字太真，本書卷六七有傳。

[2]石頭：石頭城，故址在今江蘇省南京市清涼山。

[3]懷德：縣名，東晋大興三年（320）僑置，治所在今江蘇省南京市城内。　苑城：又名臺城，位於今江蘇省南京市鷄鳴山南、乾河沿北。

[4]白石：即白石陂，又名蘇峻湖，位於今江蘇省南京市城區西北部。宋本無“白”字。

[5]吴郡：治所在吴縣（今江蘇省蘇州市）。

[6]海鹽：縣名，治所在今上海市松江區南拓山。　嘉興：縣名，治所在今浙江省嘉興市南。

[7]宣城：郡名，治所在宛陵縣（今安徽省宣城市宣州區）。

[8]桓彝：字茂倫，本書卷七四有傳。

[9]武康：縣名，治所在今浙江省德清縣武康鎮千秋村。

[10]白木陂：位於今江蘇省南京市東北。宋本作“曰大破”。

[11]庱亭壘：位於今江蘇省丹陽市東南。

[12]輕車長史：官名，輕車將軍府長史。掌顧問參謀，爲所在官署掾屬之長。七品。輕車將軍，官名，東漢末一度地位較高，在九卿及衛將軍之上。三國魏以後地位稍降，爲將軍名號。五品。滕含：東晋人，歷任奮威長史、奮武司馬、輕車長史、建威長史、平南將軍、廣州刺史等職。

[13]延陵：縣名，治所在今江蘇省丹陽市西南延陵鎮。

[14]曲阿：縣名，治所在今江蘇省丹陽市。

管商之降也，[1]餘衆並歸張健。健又疑弘徽等不與己同，盡殺之，更以舟軍自延陵向長塘，小大二萬餘口，金銀寶物不可勝數。[2]揚烈將軍王允之與吴興諸軍擊健，[3]大破之，獲男女萬餘口。健復與馬雄、韓晃等輕軍俱走，閎率鋭兵追之，及於巖山，攻之甚急。健等不敢下山，惟晃獨出，帶兩步靫箭，[4]却據胡床，[5]彎弓射之，傷殺甚衆。箭盡，乃斬之。健等遂降，並梟其首。

[1]管商之降也：宋本"管"上有"初"字。

[2]不可勝數：勝，宋本作"稱"。

[3]揚烈將軍：官名，統軍出鎮地方，或爲刺史加官。五品。　王允之：字深猷，本書卷七六有傳。　吴興：郡名，治所在烏程縣（今浙江省湖州市南）。

[4]步靫：盛箭器。步，通"鞴"。《釋名·釋兵》："步叉，人所帶，以箭叉於其中也。"靫，原本、宋本、殿本作"鞁"，據中華本改。

[5]胡床：魏晉時傳入中原的少數民族用的輕便坐具，又稱交床。朱大渭先生《中古漢人由跪坐到垂脚高坐》一文中有論述。（參見朱大渭《六朝史論》，中華書局 1998 年版）

孫恩

孫恩，字靈秀，琅邪人，[1]孫秀之族也。[2]世奉五斗米道。[3]恩叔父泰，字敬遠，師事錢唐杜子恭。[4]而子恭有秘術，嘗就人借瓜刀，其主求之，子恭曰："當即相還耳。"既而刀主行至嘉興，有魚躍入船中，破魚得瓜刀。其爲神效往往如此。子恭死，泰傳其術。然浮狡有小才，誑誘百姓，愚者敬之如神，皆竭財産，進子女，以求福慶。[5]王珣言於會稽王道子，[6]流之于廣州。廣州刺史王懷之以泰行鬱林太守，南越亦歸之。[7]太子少傅王雅先與泰善，[8]言於孝武帝，以泰知養性之方，因召還。道子以爲徐州主簿，[9]猶以道術眩惑士庶。稍遷輔國將軍、新安太守。[10]王恭之役，[11]泰私合義兵，得數千人，爲國討恭。黄門郎孔道、鄱陽太守桓放之、驃騎諮議周勰等皆敬事之，[12]會稽世子元顯亦數詣泰求其秘術。[13]泰見天下兵起，以爲晋祚將終，乃扇動百姓，私集徒衆，三吴士庶多從之。[14]于時朝士皆懼泰爲亂，以其與元顯交厚，咸莫敢言。會稽内史謝輶發其謀，[15]道子誅之。

[1]琅邪：封國名，治所在今山東省臨沂市。

[2]孫秀：西晋琅邪臨沂（今山東省臨沂市）人，趙王倫心腹。趙王倫執政後任中書令，威震朝廷。趙王倫稱帝，任侍中、中書監、驃騎將軍等職。趙王倫失敗後被殺。

[3]五斗米道：即天師道，東漢張道陵創立，以《老子》爲經典。教主自稱“天師”或“師君”。因入道要交五斗米，故稱。

[4]錢唐：縣名，治所在今浙江省杭州市西靈隱山下。

[5]以求福慶：求，宋本作“祈”。

[6]王珣：字元琳，本書卷六五有傳。　會稽王道子：司馬道子，字道子，本書卷六四有傳。

[7]南越亦歸之：亦，殿本作“以外皆”。

[8]太子少傅：官名，與太子太傅並稱二傅，三國時並攝東宫事務，與尚書、東曹並掌太子、諸侯官署選舉。西晋時下設丞、功曹、主簿等屬官。三品。　王雅：字茂達，本書卷八三有傳。

[9]徐州主簿：官名，徐州府屬官。典領文書籍簿、省録衆事，

職權甚重。

［10］輔國將軍：官名，屬將軍名號，三國兩晋皆置。三品。　新安：治所在始新縣（今浙江省淳安縣西北新安江北岸，現已没入千島湖）。

［11］王恭：字孝伯，本書卷八四有傳。

［12］黄門郎：官名，黄門侍郎或給事黄門侍郎的省稱。五品。　鄱陽：郡名，治所在廣晋縣（今江西省鄱陽縣東北）。　驃騎諮議：官名，驃騎將軍府諮議參軍。將軍府的屬官，掌咨詢謀議軍事，位在諸參軍之上。　周勰：字彦和，本書卷五八有傳。

［13］元顯：司馬元顯，司馬道子之子，本書卷六四有傳。

［14］三吴：地區名，一説指吴、吴興、會稽三郡；一説指吴、吴興、丹楊三郡；一説指吴、吴興、義興三郡。

［15］謝輶：東晋人，任中領軍、會稽内史等職。

恩逃于海。衆聞泰死，惑之，皆謂蟬蜕登仙，故就海中資給。恩聚合亡命得百餘人，志欲復仇。及元顯縱暴吴會，百姓不安，恩因其騷動，自海攻上虞，[1]殺縣令，因襲會稽，害内史王凝之，[2]有衆數萬。於是會稽謝鍼、吴郡陸瓌、吴興丘尪、義興許允之、臨海周胄、永嘉張永及東陽、新安等凡八郡，[3]一時俱起，殺長吏以應之，旬日之中，衆數十萬。於是吴興太守謝邈，永嘉太守謝逸，[4]嘉興公顧胤，南康公謝明慧，黄門郎謝冲、張琨，中書郎孔道，[5]太子洗馬孔福，[6]烏程令夏侯愔等皆遇害。[7]吴國内史桓謙，[8]義興太守魏傿，[9]臨海太守、新蔡王崇等並出奔。[10]於是恩據會稽，自號征東將軍，[11]號其黨曰“長生人”，宣語令誅殺異己，有不同者戮及嬰孩，由是死者十七八。畿内諸縣處處蜂起，朝廷震懼，内外戒嚴。遣衛將軍謝琰、鎮北將軍劉牢之討之，[12]並轉鬥而前。吴會承平日久，人不習戰，又無器械，故所在多被破亡。諸賊皆燒倉廪，焚邑屋，刊木堙井，虜掠財貨，相率聚于會稽。其婦女有嬰累不能去者，囊簏盛嬰兒投於水，[13]而告之曰："賀汝先登仙堂，我尋後就汝。"

[1]上虞：縣名，治所在今浙江省紹興市上虞區。

[2]王凝之：《世説新語·言語》注引《王氏譜》：王凝之，字叔平，右將軍羲之第二子。歷江州刺史、左將軍、會稽内史等職。信奉五斗米道。

[3]陸瓌：瓌，原本作"環"，宋本、殿本作"瓌"，據宋本、殿本改。　臨海：郡名，三國吴置，治所在臨海縣（今浙江省臨海市），尋移置章安縣（今浙江省臨海市東南）。　永嘉：郡名，治所在永寧縣（今浙江省温州市）。　東陽：郡名，治所在長山縣（今浙江省金華市）。

[4]永嘉太守謝逸：中華本校勘記："《安紀》、《通鑑》一一一'謝逸'作'司馬逸'，《宋書》、《南史·張進之傳》作'司馬逸之'。"

[5]中書郎：官名，隸屬中書令。掌草擬詔書、外出執行重要使命等。亦作爲中書通事郎、中書侍郎的省稱。五品。

[6]太子洗馬：官名，東宫屬官。掌太子圖籍、經書，太子出行則前導威儀。七品。

[7]烏程：縣名，治所在今浙江省湖州市南下菰城。　夏侯愔：愔，宋本作"暗"。

[8]吴國：郡國名，治所在吴縣（今江蘇省蘇州市）。　桓謙：字敬祖，本書卷七四有傳。謙，原本、宋本、殿本作"謹"，據中華本校勘記改。

［9］魏傿：中華本校勘記：“《安紀》、《世説·賞譽》注引《魏氏譜》、《通鑑》一一一作‘魏隱’，《謝琰傳》作‘魏鄢’。”

［10］新蔡：郡名，治所在新蔡縣（今河南省新蔡縣）。

［11］征東將軍：官名，東漢末置，與征西、征南、征北將軍合稱四征將軍。魏晋時多爲持節都督，出鎮方面。三品，加持節都督者二品。

［12］衛將軍：官名，魏晋時位在名號將軍之上，多爲軍府名號，加給大臣、重要州郡長官。二品，開府位從公者一品。　謝琰：字瑗度，本書卷七九有傳。　鎮北將軍：官名，東漢建安年間置，與鎮西、鎮南、鎮東將軍合稱四鎮將軍，多爲持節都督，出鎮方面。曹魏二品。晋三品，加持節都督者二品。　劉牢之：字道堅，本書卷八四有傳。

［13］投於水：投，殿本作“没”。

初，恩聞八郡響應，告其屬曰：“天下無復事矣，當與諸君朝服而至建康。”既聞牢之臨江，復曰：“我割浙江，不失作句踐也。”[1]尋知牢之已濟江，乃曰：“孤不羞走矣。”乃虜男女二十餘萬口，一時逃入海。懼官軍之躡，乃緣道多棄寶物子女，時東土殷實，莫不粲麗盈目，牢之等遽於收斂，故恩復得逃海。朝廷以謝琰爲會稽，率徐州文武戍海浦。[2]

［1］句踐：又作“勾踐”，春秋末越國國君，越王允常之子。勾踐三年（前494）與吴軍戰於夫椒，敗後求和，入吴國爲人質三年。回國後與文種、范蠡等大臣共謀强國，卧薪嘗膽，奮發圖强，十年生聚，十年教訓，終於轉弱爲强。十五年，乘吴王夫差北上黄池與晋、魯兩國相會，率軍攻入吴國國都，逼迫吴國與之媾和。以後又多次攻吴，滅掉吴國。句，宋本作“勾”。

［2］海浦：位於今山東省博興縣東北濟水東流入海之處。

隆安四年，恩復入餘姚，[1]破上虞，進至刑浦。[2]琰遣參軍劉宣之距破之，恩退縮。少日，復寇刑浦，害謝琰。朝廷大震，遣冠軍將軍桓不才、輔國將軍孫無終、寧朔將軍高雅之擊之，[3]恩復還于海。於是復遣牢之東屯會稽，吴國内史袁山松築扈瀆壘，[4]緣海備恩。

［1］餘姚：縣名，治所在今浙江省餘姚市。

［2］進至刑浦：中華本校勘記："《謝琰傳》、《通鑑》一一一作'邢浦'。"

［3］孫無終：東晋晋陵（今江蘇省常州市）人，北府兵將領，以驍猛稱。任輔國將軍、冀州刺史等職，後爲桓玄所害。

［4］袁山松：袁喬孫，本書卷八三有傳。　扈瀆壘：位於今上海市青浦區東北。中華本校勘記："《袁山松傳》、《宋書》《南史》武帝紀、《通鑑》一一一'扈'均作'滬'。"

明年，恩復入浹口，[1]雅之敗績。牢之進擊恩，恩復還于海。[2]轉寇扈瀆，害袁山松，仍浮海向京口。[3]牢之率衆西擊，[4]未達，而恩已至，劉裕乃總兵緣海距之。[5]及戰，恩衆大敗，狼狽赴船。尋又集衆，欲向京都，朝廷駭懼，陳兵以待之。恩至新州，[6]不敢進而退，北寇廣陵，陷之，乃浮海而北。劉裕與劉敬宣并軍躡之於郁洲，[7]累戰，恩復大敗，由是漸衰弱，復沿海還南。裕亦尋海要截，復大破恩於扈瀆，恩遂遠迸海中。

［1］浹口：位於今浙江省寧波市甬江河口。

[2]恩復還于海：宋本、殿本無“恩”字。

[3]京口：地名，即今江蘇省鎮江市。

[4]西擊：西，原本、宋本作“要”，殿本作“西”，據殿本改。

[5]劉裕：字德輿，小名寄奴，彭城（今江蘇省徐州市）人，南朝宋開國皇帝。世居京口，初爲東晋冠軍司馬，後被劉牢之任爲參軍。歷任鎮軍將軍、都督十六州諸軍事，官至相國，受封宋王。元熙二年（420）代晋稱帝。卒謚武皇帝，廟號高祖。

[6]恩至新州：州，宋本作“洲”。中華本校勘記：“《通志》一三〇及《通鑑》一一二作‘新洲’，胡注云，新洲在京口西大江中。”

[7]劉敬宣：劉牢之長子，本書卷八四有傳。　郁洲：一名田横島，位於今江蘇省連雲港市東雲臺山一帶。

及桓玄用事，[1]恩復寇臨海，臨海太守辛景討破之。恩窮戚，乃赴海自沉，妖黨及妓妾謂之水仙，投水從死者百數。餘衆復推恩妹夫盧循爲主。自恩初入海，所虜男女之口，其後戰死及自溺并流離被傳賣者，至恩死時裁數千人存，而恩攻没謝琰、袁山松，陷廣陵，前後數十戰，亦殺百姓數萬人。

[1]桓玄：字敬道，本書卷九九有傳。

盧循

盧循，字于先，小名元龍，司空從事中郎諶之曾孫也。[1]雙眸冏徹，瞳子四轉，善草隸弈棋之藝。[2]沙門慧遠有鑒裁，[3]見而謂之曰：“君雖體涉風素，而志存不軌。”

[1]司空：官名，魏晋南北朝爲名譽宰相，多爲大臣加官。晋八公之一，位在三公之末。一品。　諶：盧諶，劉琨别駕、從事中郎。劉琨爲段匹磾所害，率餘衆依段末波，後投後趙石虎。

[2]弈棋：弈，原本、宋本、殿本作“奕”，據中華本改。

[3]慧遠：東晋雁門樓煩（今山西省寧武縣西）人，俗姓賈。二十一歲出家，師事道安，後避中原戰亂，隨師輾轉南遷。太元三年（378）辭師東下，定居廬山東林寺。精通般若性空心學，篤信因果報應。著有《法性論》《沙門不敬王者論》《明報應論》等。慧，原本、宋本、殿本作“惠”，據中華本改。

循娶孫恩妹。及恩作亂，與循通謀。恩性酷忍，循每諫止之，人士多賴以濟免。恩亡，餘衆推循爲主。元興二年正月，寇東陽，八月，攻永嘉。劉裕討循至晋安，[1]循窘急，泛海到番禺，[2]寇廣州，逐刺史吴隱之，[3]自攝州事，號平南將軍，遣使獻貢。時朝廷新誅桓氏，中外多虞，乃權假循征虜將軍、廣州刺史、平越中郎將。[4]

[1]晋安：郡名，西晋武帝置，治所在候官縣（今福建省福州市）。

[2]番禺：縣名，治所在今廣東省廣州市。

[3]吴隱之：字處默，本書卷九〇有傳。

[4]征虜將軍：既是武官名，也作爲高級文職官員的加官。三品。宋本無“虜”字。　平越中郎將：官名，主管南越事務，設府置僚佐，治廣州，多兼任廣州刺史。

義熙中，劉裕伐慕容超，[1]循所署始興太守徐道覆，循之姊夫也，使人勸循乘虛而出，循不從。道覆乃至番禺，説循曰："朝廷恒以君爲腹心之疾，劉公未有旋日，不乘此機而保一日之安，若平齊之後，劉公自率衆至豫章，[2]遣鋭師過嶺，雖復君之神武，必不能當也。今日之機，萬不可失。既克都邑，劉裕雖還，無能爲也。君若不同，便當率始興之衆直指尋陽。"[3]循甚不樂此舉，無以奪其計，乃從之。

[1]慕容超：字祖明，本書卷一二八有載記。

[2]豫章：郡名，治所在南昌縣（今江西省南昌市）。

[3]尋陽：縣名，治所在今湖北省黄梅縣西南。

初，道覆密欲裝舟艦，乃使人伐船材於南康山，[1]僞云將下都貨之。後稱力少不能得致，即於郡賤賣之，價減數倍，居人貪賤，賣衣物而市之。贛石水急，出船甚難，皆儲之。如是者數四，故船版大積，而百姓弗之疑。及道覆舉兵，按賣券而取之，無得隱匿者，乃并力裝之，旬日而辦。遂舉衆寇南康、廬陵、豫章諸郡，守相皆委任奔走。鎮南將軍何無忌率衆距之，[2]兵敗被害。

[1]南康：縣名，治所在今江西省贛州市南康區。

[2]鎮南將軍：官名，與鎮東、鎮西、鎮北將軍合稱四鎮將軍。多爲持節都督，出鎮方面。曹魏二品。晋改三品，加持節都督者二品。　何無忌：東晋東海郯縣（今山東省郯城縣北）人，在京口常參議舅父劉牢之大事。隨劉裕討桓玄，歷任江州刺史、都督荆江豫

三州八郡諸軍事等職。後戰死。

循遣道覆寇江陵,[1]未至,爲官軍所敗,馳走告循曰:“請并力攻京都,若克之,江陵非所憂也。”乃連旗而下,戎卒十萬,舳艫千計,敗衛將軍劉毅於桑落洲,[2]逕至江寧。道覆素有膽決,知劉裕已還,欲乾没一戰,[3]請於新亭至白石,[4]焚舟而上,數道攻之。循多謀少決,欲以萬全之計,[5]固不聽。道覆以循無斷,乃嘆曰:“我終爲盧公所誤,事必無成。使我得爲英雄驅馳,天下不足定也!”裕懼其侵軼,乃栅石頭、斷柤浦以距之。[6]循攻栅不利,船艦爲暴風所傾,人有死者。列陣南岸,戰又敗績。乃進攻京口,寇掠諸縣,無所得。循謂道覆曰:“師老矣!弗能復振。可據尋陽,并力取荆州,徐更與都下争衡,猶可以濟。”因自蔡洲南走,[7]復據尋陽。裕先遣群率追討,自統大衆繼進,又敗循於雷池。[8]循欲遁還豫章,[9]乃悉力栅斷左里。[10]裕命衆攻栅,循衆雖死戰,猶不能抗。裕乘勝擊之,循單舸而走,收散卒得千餘人,還保廣州。裕先遣孫處從海道據番禺城,循攻之不下。道覆保始興,因險自固。循乃襲合浦,[11]克之,進攻交州。至龍編,[12]刺史杜慧度譎而敗之。[13]

[1]江陵:縣名,治所在今湖北省江陵縣。

[2]劉毅:字希樂,本書卷八五有傳。　桑落洲:位於今江西省九江市東北長江中。

[3]乾没:冒險僥倖。

[4]新亭：又名中興亭，位於今江蘇省南京市西南。

[5]萬全之計：之，宋本作“爲”。

[6]柤浦：中華本校勘記：“《安紀》、《宋書》《南史》宋武帝紀、《蒯恩傳》、《通鑑》一一五均作‘查浦’。”

[7]蔡洲：位於今江蘇省南京市西南原長江中，現已併入南岸大陸。

[8]雷池：水名。其源叫大雷水。自今湖北省黄梅縣界東流，經今安徽省宿松縣至望江縣東南，積而成池，稱爲“雷池”。

[9]欲遁還豫章：欲，原本、殿本作“又”，宋本作“欲”，據宋本、中華本校勘記改。

[10]左里：即左里城，又名左蠡城，位於今江西省都昌縣西北左蠡山下。

[11]合浦：郡名，治所在合浦縣（今廣西壯族自治區合浦縣東北）。

[12]龍編：縣名，治所在今越南社會主義共和國河北省仙游縣東。

[13]杜慧度：交趾朱鳶人瑗第五子也。初爲州主簿，流民督護，遷九真太守。瑗卒，府州綱佐以交土接寇，不宜曠職，共推慧度行州府事，辭不就。義熙七年（411），除使持節、督交州諸軍事、廣武將軍、交州刺史。平定盧循有功，封龍編縣侯，食邑千户。劉宋建立後，進號輔國將軍。

循勢屈，知不免，先鴆妻子十餘人，又召妓妾問曰：“我今將自殺，誰能同者？”多云：“雀鼠貪生，就死實人情所難。”有云：“官尚當死，[1]某豈願生！”於是悉鴆諸辭死者，因自投於水。慧度取其尸斬之，及其父嘏，同黨盡獲，傳首京都。

［1］官尚當死：宋本無“尚”字。

譙縱

譙縱，巴西南充人也。[1]祖獻之，有重名於西土。縱少而謹慎，蜀人愛之。爲安西府參軍。義熙元年，刺史遣縱及侯暉等領諸縣氐進兵東下。暉有貳志，[2]因梁州人不樂東也，將圖益州刺史毛璩，[3]與巴西陽昧結謀於五城水口，共逼縱爲主。縱懼而不當，走投于水，暉引出而請之，至於再三，遂以兵逼縱於輿上。攻璩弟西夷校尉瑾於涪城，[4]城陷，瑾死之，縱乃自號梁秦二州刺史。[5]璩聞縱反，自略城步還成都，[6]遣參軍王瓊率三千人討縱，又遣弟瑗領四千兵繼瓊後進。縱遣弟明子及暉距瓊於廣漢，[7]瓊擊破暉等，追至綿竹，[8]明子設二伏以待之，大敗瓊衆，死者十八九。益州營户李騰開城以納縱。[9]

［1］巴西：郡名，治所在閬中縣（今四川省閬中市）。　南充：縣名，治所在今四川省西充縣北。

［2］貳志：貳，宋本作“二”。

［3］將圖益州刺史：圖，宋本作“因”。

［4］西夷校尉：官名，亦稱護西夷校尉。晉武帝太康三年（282）置，治寧州，寧州併入益州後以益州刺史兼領。東晉平蜀後復置，持節統兵，掌益州少數民族事務。立府，置長史、司馬，可與刺史一樣舉秀才、廉吏、良吏。四品。十六國前秦亦置，掌益州及西部地區少數民族事務。北涼段業亦置，掌涼興以西少數民族事務。　涪城：縣名，治所在今四川省綿陽市東涪江東岸。

［5］秦：秦州，治所在冀縣（今甘肅省甘谷縣東）。

［6］略城：略，原本、宋本、殿本作“洛”，據中華本校勘記改。

［7］明子：中華本校勘記：“《安紀》作‘子明’。”

［8］綿竹：縣名，治所在今四川省德陽市北。

［9］營户：魏晋南北朝時兵籍的一種。民有叛離分配軍營者爲營户，名隸軍籍，不屬州郡，服兵役和雜役，亦可放免爲民。

毛璩既死，縱以從弟洪爲益州刺史，明子爲鎮東將軍、巴州刺史，[1]率其衆五千人屯白帝，[2]自稱成都王。明年，遣使稱藩於姚興，[3]將順流東寇，以討車騎將軍劉裕爲名，[4]乞師於姚興，且請桓謙爲助，興遣之。

［1］巴州：治所在墊江縣（今重慶市）。

［2］白帝：即白帝城，位於今重慶市奉節縣。

［3］姚興：字子略，本書卷一一七有載記。

［4］劉裕：宋本無“裕”字。

九年，劉裕以西陽太守朱齡石爲益州刺史，[1]寧朔將軍臧喜、下邳太守劉鍾、蘭陵太守蒯恩等率衆二萬，[2]自江陵討縱。初謀元率，僉難其人，齡石資名素淺，裕違衆拔之，授以麾下之半。臧喜，裕妻弟也，位出其右，又隸焉。齡石次于白帝，縱遣譙道福重兵守涪。[3]齡石師次平模，[4]去成都二百里，縱遣其大將軍侯暉、尚書僕射譙悦屯平模，夾岸連城，層樓重栅，衆未能攻。齡石謂劉鍾曰：“天方暑熱，賊今固險，攻之難拔，祗困我師。吾欲蓄鋭息兵，伺隙而進，卿以爲何如？”[5]鍾曰：“不然。前揚聲言大將由内水，故道福不敢捨涪，今重軍逼之，出其不意，侯暉之徒已破膽矣。正可因其機而攻之，[6]勢當必克。克平模之後，自可鼓行而前，成都必不能守。若緩兵相持，虛實相見，涪軍復來，難爲敵也。進不能戰，退無所資，二萬餘人因爲蜀子虜耳。”從之。翌日，進攻皆克，斬侯暉等，於是遂進。縱之城守者相次瓦解，縱乃出奔。其尚書令馬耽封倉庫以待王師。及齡石入成都，誅縱同祖之親，[7]餘皆安堵，使復其業。

[1]西陽：郡名，治所在西陽縣（今湖北省黄岡市黄州區東）。　朱齡石：字伯兒，沛郡沛縣（今江蘇省沛縣）人。初爲殿中將軍，曾追隨桓脩兄弟，爲脩撫軍參軍，在京口。劉裕克建康，以爲建武參軍。從征南燕，討盧循，率軍征蜀。任太尉諮議參軍，加冠軍將軍、左將軍。

[2]臧喜：中華本校勘記：“《宋書》《南史》朱齡石傳、《通鑑》一一三‘喜’均作‘熹’。”　下邳：郡國名，治所在下邳縣（今江蘇省睢寧縣古邳鎮東）。　蒯恩：字道恩，蘭陵承（今山東省棗莊市東南舊嶧縣西北）人。隨劉裕討孫恩，定京邑，以寧遠將軍領幢。隨振武將軍劉道規西討，平江陵。每有危急，輒率先諸將，常陷堅破陣，不避艱嶮。凡百餘戰，身被重創。劉裕録其前後功勞，遷諮議參軍，轉輔國將軍、淮陵太守，封新寧縣男。

[3]重兵守涪：宋本無“守”字。

[4]次：駐扎。　平模：平模城，又稱彭亡城、彭亡聚、彭模城，位於今四川省眉山市彭山區東南岷江東岸。平，殿本作“彭”，本卷下文此地名同。

[5]何如：宋本無“如”字。

[6]因其機：機，宋本作“兇”。

[7]誅縱同祖之親：宋本無“誅”字。

縱之走也，先如其墓，縱女謂縱曰：“走必不免，衹取辱焉。等死，死於先人之墓可也。”縱不從，投道福于涪。道福怒謂縱曰：“大丈夫居如斯功業，安可棄哉！今欲爲降虜，豈可而得！人誰不死，何懼之甚！”因投縱以劍，中其馬鞍。縱去之，乃自縊。道福謂其徒曰：“吾養爾等，正爲今日。[1]蜀之存亡，實係在我，不在譙王。我尚在，猶足一戰。”士咸許諾。乃散金帛以賜其衆，衆受之而走。道福獨奔廣漢，[2]廣漢人杜瑾執之。朱齡石徙馬耽於越嶲，[3]追殺之。耽之徙也，謂其徒曰：“朱侯不送我京師，滅衆口也，吾必不免。”乃盥洗而卧，引繩而死。須臾，齡石師至，[4]遂戮尸焉。

[1]正爲今日：爲，原本、殿本作“謂”，宋本作“爲”，據宋本改。

[2]道福：福，原本作“覆”，宋本、殿本作“福”，據上文及宋本、殿本改。

[3]越嶲：郡名，又作“越巂”，治所在邛都縣（今四川省凉山彝族自治州西昌市東南），晋時曾移至會無縣（今四川省會理縣西）。嶲，原本作“雋”，宋本作“巂”，殿本作“儁”，中華本作“嶲”，據宋本、中華本改。

[4]齡石師至：中華本校勘記：“齡石師未至越巂，《通鑑》一一六、《通志》一三〇‘師’作‘使’，疑是。”

史臣曰：惠皇失御，政紊朝危，難起蕭墻，毒痡函夏，九州波駭，五岳塵飛，干戈日尋，戎車競逐。王彌好亂樂禍，挾詐懷奸，命儔嘯侶，伺間候隙，助悖逆於平陽，肆殘忍於都邑，遂使生靈塗炭，神器流離，邦國軫《麥秀》之哀，[1]宫廟興《黍離》之痛，[2]豈天意乎？豈人事乎？何醜虜之猖狂而亂離之斯瘼者也！張昌等或鴟張淮浦，或蟻聚荆衡，招烏合之凶徒，逞豺狼之貪暴，憑陵險隘，倔强江湖，[3]未淹歲稔，咸至誅戮，實自取之，非爲不幸。峻、約同惡相濟，生此亂階，孫、盧同類相求，嗣成妖逆。至乃干戈掃地，灾沴滔天，雖樊、謝之毒被含靈，[4]李、郭之禍延宫闕，[5]方凶比暴，弗是加也。譙縱乘兹釁隙，肆彼奸謀，旋踵而亡，無足論矣。

[1]邦國軫《麥秀》之哀：國家痛感於破亡的悲哀。麥秀，指國家破亡。典出《史記》卷三八《宋微子世家》："箕子朝周，過故殷虚，感宫室毁壞，生禾黍，箕子傷之，欲哭則不可，欲泣爲其近婦人，乃作《麥秀之詩》以歌咏之。其詩曰：'麥秀漸漸兮，禾黍油油。彼狡僮兮，不與我好兮！'"

[2]宫廟興《黍離》之痛：朝廷生出亡國之痛。黍離，指亡國。典出《詩·王風·黍離序》："《黍離》，閔宗周也。周大夫行役，至於宗周，過故宗廟宫室，盡爲禾黍，閔周室之顛覆，彷徨不忍去而作是詩也。"

[3]倔强：倔，宋本、殿本作"屈"。

[4]樊：樊崇，新莽末琅邪（今山東省諸城市）人，字細君。天鳳五年（18）率衆起義，部衆十餘萬，號"赤眉軍"。後率衆攻入長安，推翻更始政權。東漢建武三年（27），遭到劉秀所部圍攻，歸降劉秀。後因企圖東山再起，被殺。　謝：謝禄，新莽末東海（今山東省郯城縣北）人，字子奇。新莽末與許宣等響應樊崇起義。

更始二年（24），進兵關中，與樊崇等會師弘農，進至華陰，擁立劉盆子爲帝，任右大司馬。赤眉軍攻入長安，奉命受更始請降。後令部下縊殺更始。東漢建武三年，與樊崇、劉盆子等歸降光武帝，不久又被劉盆子之兄劉恭所殺。

[5]李：李傕，東漢北地（今寧夏回族自治區吴忠市西南）人，字稚然。董卓部將。董卓死後，率部叛亂，攻陷長安，燒殺搶掠。後被段煨討殺。　郭：郭汜，東漢末張掖（今甘肅省張掖市）人，董卓部將。董卓死後與李傕共同叛亂，後被其將伍習所殺。

贊曰：中朝隳政，[1]王彌肇亂。神器流離，生靈塗炭。群妖伺隙，構兹多難。薦食荆衡，陵虐江漢。孫、盧奸慝，約、峻殘賊。窮凶極暴，爲鬼爲蜮。縱竊岷峨，旋至顛踣。

[1]隳政：宋本作“政散”。